Heinrich Hansjakob · Schneeballen · Erste Reihe

# HEINRICH HANSJAKOB

# SCHNEEBALLEN
ERSTE REIHE

# ERZÄHLUNGEN

---

*Illustrationen von*
*Curt Liebich*
*Nach der Ausgabe von*
*Adolf Bonz & Comp.*
*Stuttgart 1911*
*Neu herausgegeben*
*und mit einer Einführung*
*von*
*Helmut Bender*

WALDKIRCHER VERLAG

## INHALT

| | |
|---|---|
| Einführung von Dr. Helmut Bender | VII |
| Vorwort zur ersten Auflage | 5 |
| Die Karfunkelstadt | 13 |
| Der Wendel auf der Schanz | 127 |
| Der letzte Reichsvogt | 197 |
| Der Gotthard auf dem Bühl | 333 |
| Lebens- und Werkdaten | 390 |

Der Charakter der von Curt Liebich illustrierten Ausgabe sollte weitgehend erhalten bleiben. Frakturschrift und die für jene Zeit typische Art von Illustrationen bilden mit den Texten eine Einheit. Um die Lesbarkeit der manchen heutigen Lesern ungewohnten Frakturschrift zu erleichtern, sind die Textkolumnen etwas vergrößert worden. Für die Einbandgestaltung wurde eine diesem Band entnommene Zeichnung von Curt Liebich verwendet (koloriert von Elisabeth Bender). Damit konnte mit traditionell Bewahrtem dem heutigen Zeitgeschmack adäquat entsprochen werden.

# EINFÜHRUNG

Es war einigen Gegebenheiten und Zufälligkeiten zu verdanken, daß die »Dritte Reihe« der »Schneeballen«, die »Schneeballen vom Bodensee« (erstmals 1894), vor den beiden anderen Schneeballen-Bänden (erstmals Heidelberg 1892) in Neuausgabe erschienen sind (Waldkirch 1989). Die Erklärung ist darin zu sehen, daß die Gemeinde Hagnau und deren Bürgermeister ursprünglich an den Stadler-Verlag in Konstanz herangetreten waren, um die gewünschte Neuausgabe von »Schneeballen Dritte Reihe« zu realisieren. Der Stadler-Verlag, bei dem ich selbst einige meiner Bücher veröffentlicht habe, wandte sich an mich in meiner Eigenschaft als Präsident der Hansjakob-Gesellschaft. Doch es gab sich, daß das Projekt dann direkt von der Waldkircher Verlagsgesellschaft, die ja bereits mit ihrer Hansjakob-Edition große Erfahrung hat, übernommen wurde.

Dem »Abseits«, dem 15jährigen Hagnauer »Intermezzo«, wurde so der Vortritt gelassen, was freilich zur Folge hatte, daß nach Art eines Schneeballsystems die beiden Schneeballen-Vorgänger ebenfalls ins Rollen kamen, und jeder Hansjakobleser und -liebhaber wird es begrüßen, daß so die ersten größeren belletristischen Veröffentlichungen unseres Volksschriftstellers (nach den »Wilden Kirschen« von 1888) wieder in attraktiver und einheitlicher Ausstattung zu haben sein werden. Die bisherigen gelegentlichen Antiquariatsangebote konnten die

Nachfrage dieser Erzähltrilogie schon seit Jahren in keiner Weise mehr erfüllen.

Die Hansjakob-Renaissance hat in den letzten Jahren massiv an Boden gewonnen. Was zuerst nostalgisch anmutete, erwies sich als echtes Comeback (um es einmal im Zeitgeist auszudrücken), und das Erfreuliche daran ist, daß es sich keineswegs nur um eine regionale oder gar subregionale »Wiederkehr« handelt.

Hansjakob und sein Werk ist inzwischen wieder in etlichen Neuausgabebänden greifbar; erinnert sei einerseits an die von seiner Heimatstadt Haslach neu herausgegebenen Bände, die vorwiegend Haslach selbst und die umliegenden Gegenden in belletristischer Weise zum Thema haben, und andrerseits an die fünf bereits komplett erschienenen Reisebücher sowie an die drei Bände Tagebücher, die der Waldkircher Verlag in Zusammenarbeit mit der Heinrich-Hansjakob-Gesellschaft und mit mir herausbrachte bzw. bringt. Die drei in der »Badischen Reihe« erschienenen Sekundärliteraturbändchen (»Hansjakob – Leben, Wirken und Werk«, »Hansjakob und Freiburg«, Hansjakob und seine Zeit«) sollen darüber hinaus eine allgemeine und spezielle, eine literatur- und kulturgeschichtliche und in vielem sogar historische Orientierungshilfe darstellen – und sie dürften es für viele In- und Outsider ja auch geworden sein.

So können wir bei Erscheinen der weiteren Schneeballen-Bände genügend Kenntnisse der Leserschaft voraussetzen: sowohl im Hinblick auf die Person des Schriftstellers als auf seine äußeren und geistig-seelischen Lebensumstände, sowohl im Hinblick auf sein Schaffen als auf seine Einstellung, auf Kritik und Resonanz.

Es handelt sich bei den »Schneeballen« um Erzählbände; die ungewohnte Bezeichnung leitet Hansjakob vom Gasthaus »zu den drei Schneeballen« in Hofstetten (nahe bei Haslach i. K.) ab, in dem er öfters seine Ferien verbrachte: »Der Schneeball ist von allen ›Bällen und Ballons‹ der am schnellsten und in der kürzesten Zeit gebildete und geformte« – solche Allegorik gibt sich in Parallele zum Wirtshausschild: Hansjakobs »Aushängeschild des Schriftstellers« soll ja anzeigen, was »der Mann feilbietet«!

Das setzt in der Ersten Reihe mit der »Karfunkelstadt« ein, einer Mischung zwischen Jugendidylle und Sozialproblemen, nicht -anklagen, geschickt mit der Wiederentdeckung nach 40 und mehr Jahren verbunden: Bewohner werden zu Charakteren, Geschichten zu Schicksalen – das alles poetisch und real zugleich berichtet – und ob man seine abschließenden Theorien über die Entstehung der Bezeichnung »Karfunkelstadt« als streng-wissenschaftlich oder eher legendär begreifen möchte, ist nicht von Belang. – Eher tragisch gibt sich die Erzählung »Der Wendel von der Schanz«, worin die Prozeßsucht (mitunter schon à la Kohlhaas) mitsamt viel Trotz und Eigensinn und Rechthaberei und was mehr geschildert und mit dem Bericht des Geschehens auch schon gegeißelt wird. – Letztlich kulturgeschichtlichen Charakter hat »Der letzte Reichsvogt« (der von 1777 bis 1803 im reichsunmittelbaren Zell am Harmersbach regierte): mit Hilfe von alten Akten und Urkunden wird nicht nur ein Stück Rechts-, sondern auch Sitten- und Zeitgeschichte überhaupt manifestiert, wobei das Originelle, wie stets bei Hansjakob, in keiner Weise zu kurz kommt und politische Elemente ebenso wie Bauernschicksale eine mitunter ergreifende Darstellung finden. – »Der Gotthard auf dem Bühl« gibt sich demgegenüber wie ein freundlicher und freudiger Abgesang einer »Tetralogie«.

»Der Vogt auf Mühlstein« ist die mit Abstand bekannteste Hansjakobsche Erzählung überhaupt. Sie steht zu Anfang der »Zweiten Reihe« und ist eine ausgesprochene »Dorfgeschichte«, mitunter wurde sie wegen der verhältnismäßigen Geschlossenheit ihrer Handlung auch als Novelle bezeichnet. Das tragische Geschehen um »Lieben, Scheiden, Leiden und Sterben zweier Naturkinder« (so Johann Karl Kempf in seiner Hansjakob-Biographie, 2. Auflage, Haslach 1922) knüpft an »wirkliche Tatsachen und Personen an« und bemüht sich seitens des Autors um eine poetische Darstellungsweise (auch wenn diese in manchen Sentiments nicht mehr unserm Zeitgeist entsprechen dürfte). Heinrich Auer hat in seinem »Beitrag zu Leben und Werken« Hansjakobs den »Vogt auf Mühlstein« als »das am meisten ausgereifte, wenn auch nicht ganz ausgefeilte Werk« bezeichnet. Wiederholt haben sich auch Laienbühnen sowie Funk und Fernsehen des Stoffes angenommen, allerdings mit dem Resultat, stets weit hinter dem Hansjakobschen Originalwerk geblieben zu sein. Des Verfassers öfterer Besuch auf dem Mühlstein stellt zudem unter Beweis, daß das Ganze mit poetischer Anteilnahme, wenn nicht mit Herzblut geschrieben worden ist. – Weniger düster und dann und wann geradezu humoresk gestaltet sich das Schicksal des »Jaköbele in der Grub«: wie der ehemalige »Postle« (Postknecht) über allerlei Wege und Umwege zu einem Bauern erster Qualität, ja zu einem Großbauern wird und wie der Verfasser ihm auf ganz verschiedenen »Lebensstufen« gegenübertritt und von seinem Schicksal wie von seinen Aktivitäten und Einfällen immer wieder fasziniert wird. – Bleibt »Der Eselsbeck von Hasle«: eine muntere und recht eigenwillige Biographie des Hansjakobschen Großvaters väterlicherseits, in die viel Zeitgenössisches und ein gut Stück liebenswürdiger und kurzweiliger Erzählkunst miteingearbeitet wurde. Geschickt versteht es auch hier der Autor, Chronikales und Stadtgeschichtlich-Exemplarisches mitzuerwähnen bzw. ins rechte Licht zu rücken.

*

Es wäre fehl am Platze, mehr über die Inhalte dieser Erzählungen zu sagen und zu verraten. Es gibt sich das Erzählte wie von selbst und trotz mancher Schlenkerer und manch willkürlicher »Sprunghaftigkeit« angenehm und geistreich und in voller Bandbreite und in ganzer Spannkraft. Gewiß mag manchem heutigen Leser zunächst schwerfallen, sich in die Hansjakobsche Welt hineinzuversetzen und hineinzuleben – doch auch wenn man diese und jene Poetik aus dem Zeitgeist heraus negiert bzw. überliest, verbleibt genügend dichterische oder doch erzählerische Substanz. Wie heißt es am Schluß des »Vogts auf Mühlstein«? »Und wer das nicht verstehen kann, / Der lerne besser lesen.«

Wie ich bereits in meiner Einführung zu den »Schneeballen vom Bodensee« (Waldkirch 1989) betonte, ist es längst an der Zeit, diese Hansjakobschen Erzählbände neu erscheinen zu lassen. Sie eröffnen mithin sein belletristisches Werk nicht zaghaft, sondern sie sind gleich voll und ganz da. Die Einblicke in das für uns alle so wichtige 19. Jahrhundert und zudem gleicherweise in Land und Leute, in unserm Fall in den Schwarzwald mit seinen vielbekannten und -geschätzten Gegenden und in seine beachtlichen, wenn auch manchmal bizarren Charakteren sind enorm, auch und gerade in unserm Zeitalter unablässiger Information, Dokumentation und neuer Aufklärung. So gesehen, gehören die Schneeballen, wenn auch mit dieser und jener Einschränkung, durchaus zu unserm klassischen Erzählgut vor und nach der vergangenen Jahrhundertwende.

Freiburg i. Br., Frühjahr 1990

Dr. Helmut Bender
Präsident der
Heinrich-Hansjakob-Gesellschaft

# Schneeballen

Erste Reihe

von

## Heinrich Hansjakob

Illustriert von Curt Liebich.

Stuttgart
Verlag von Adolf Bonz & Comp.
1911.

In meinen „wilden Kirschen" habe ich vorzugsweise Originalmenschen aus dem Kleinbürgertum, wie es in meinem heimatlichen Landstädtchen ehedem sich zeigte, dargestellt.

Ich habe mir nun seit dem Erscheinen des genannten Buches öfters vorgenommen, noch eine Stufe weiter ins Volk hinabzusteigen und einmal Charakterköpfe zu schildern aus dem Bauernstand, aus der Landbevölkerung, mit der ich als Knabe schon innig bekannt und vertraut wurde und unter welcher ich fünfzehn Jahre als Pfarrer am Bodensee gelebt und gewirkt habe.

Ich nenne diese Leute Schneeballen. Und wie und warum kam ich zu diesem Namen?

Der Titel eines Buches ist nicht bedeutungslos. Er soll in aller Kürze besagen, was das Buch enthält und bietet. Er ist das Aushängeschild des Schriftstellers und soll anzeigen, was der Mann feilbietet.

Wenn nun ein Schriftsteller gar ein solches „Kunterbunt" und Durcheinander auf den Markt bringt, wie unsereiner, so ist es doppelt schwer, einen

richtigen Titel für solch eine „Feilträgerei" zu finden.
So ging es mir schon manchmal und namentlich auch
diesmal, da die Originalbauern mir immer und immer
in den Kopf kamen und mich plagten, geschildert
zu werden. Aber der Titel?

Da war ich denn im vergangenen Sommer,
wie so oft schon, einige Tage in dem kleinen, reizenden Seitentälchen, das südlich von Hasle dem Elztale zu liegt — in Hofstetten beim Jörg, dem Forellenwirt. Von meinen Zimmern aus hatte ich die
schönste Sicht auf der Heimat Berge und Täler,
die ich nach Lust und Laune durchwandeln konnte.

Eines Morgens war ich nun mit dem „Großvater", dem Onkel Jörgs und langjährigem Bürgermeister des Dorfes, auf der Heidburg gewesen und
hatte mir von ihm erzählen lassen von all den einsamen Höfen, an denen wir vorbeizogen und deren
einstige Bewohner ich auch noch gekannt.

Am Nachmittag lag ich unter meinem Fensterchen, träumte ins Tal hinab, dachte an die Bilder,
welche der Großvater mir diesen Morgen wachgerufen, und sagte mir: „Es liegt doch noch in jedem
Dorfe eine Menge Poesie begraben, wie ein ungehobener Schatz." Und die Bauernköpfe, die alten,
die schon lange mich plagten, und die neuen, die
der Großvater diesen Morgen in mir wieder auf=

gefrischt, traten alle drängend vor meine Seele. —
„Du mußt doch was über sie schreiben," sagte ich mir
aufs neue — „aber der Titel?"

Da fiel mein Blick auf das Schild meines Wirtes
Jörg. Unmittelbar unter dem Fenstergesims hing
es, und auf ihm standen die Worte: „Gasthaus zu
den drei Schneeballen". Und wie ein Lichtstrahl
durchzuckte es mich: „Der Titel ist gefunden, du
nennst deine Bauern S ch n e e b a l l e n."

Und alsbald kam auch die Lösung, warum dieser
Name passend sei. Schnee gibt's auf allen Bergen
und in allen Tälern des Schwarzwalds, Schnee gibt's
auch an den Ufern des Schwäbischen Meeres, und
überall da wohnen auch meine Bauern und Land=
leute.

Der Schneeball ist von allen „Ballen und
Ballons" der am schnellsten und in der kürzesten Zeit
gebildete und geformte. So auch der Bauer. Auf
seine Schulbildung verwendet man am wenigsten
Zeit. Um einen Schneeball zu machen, kostet's
wenig Vorbildung, um ein Bauer zu werden bedarf
es wenig des theoretischen Unterrichts.

Wie der Schneeball wertlos als Kanonenfutter
der Knaben benützt und hin= und hergeworfen wird,
so ist auch unser Bauernvolk der Prügeljunge und
das Kanonenfutter der menschlichen Gesellschaft im

Großen. Mit Schneeballen werfen die kleinen Buben den großen Leuten die Fenster ein, mit dem Bauernvolk werfen die großen Herren einander die Grenzpfähle ihrer Länder um.

Auf dem Schnee fahren die Kulturmenschen Schlitten mit Halli und Hallo, und doch ginge ohne ihn dies Vergnügen nicht. Auf dem Bauer prügelt seit Jahrhunderten alles herum, und doch hätte alles Vergnügen und alle Lebenslust bald ein Ende, wenn er nicht da wäre.

Der Schnee schützt die Saaten, damit im Sommer alles Brot habe, und der Bauer schützt „die Staaten" und verhütet, daß nicht alles revolutionär wird.

Der Schnee kommt vom Himmel und kehrt mit den Dünsten der Erde wieder dahin zurück, und der rechte Bauer bewahrt vorab den schönen Glauben, daß er vom Himmel komme und dahin zurückkehre.

Und wie im Frühjahr der Schnee vergeht, einsam vergeht in den Tälern und Bergen und spurlos versinkt in die Erde, so vergeht des einfachen Landmannes Leben. Einsam und ungekannt von der Welt hat er gelebt in seinem stillen Dorf oder auf seinem abgelegenen Berghof, und wenn er ins Grab sinkt, kümmert man sich in der Welt draußen so wenig darum, als um den geschmolzenen Schnee. Unbeschrieen vergehen diese Schneeballen des Menschenlebens zu Hunderttausenden und Millionen. Und doch sind es vielfach Menschenseelen gewesen, origineller, poetischer, charakterfester, als die Gummi- und Woll- und Kautschukballen in der Kultur- und Modewelt.

Drum sollen wenigstens diejenigen, die ich kannte oder von denen ich weiß, nicht so unbeschrieen aus der Welt gegangen sein und hinausgehen, und deshalb will ich im folgenden sie schildern unter dem Titel „Schneeballen", Ballen, mit denen ich nebenbei auch, was man ja mit Schneeballen so gerne tut, zeitgemäße Würfe nach anderen Leuten tun kann.

Es gibt unter den Schneeballen zwei Sorten, wie jeder aus seiner Knabenerinnerung weiß, weichere und härtere. Die letztern nannten wir in meiner Knabenzeit „saftige". Sie entstanden, wenn man Schneeballen machte zu einer Zeit, da ein Bruchteil des Schnees seine Natur etwas verändert und sich in Wasser aufgelöst hatte, das nun ein treffliches Bindemittel abgab beim Formen.

So habe ich auch zweierlei Schneeballen; die weicheren, elegischern, das sind meine Bauern vom Schwarzwald, und die härteren, poesielosern, das sind meine Rebleute vom Bodensee, welch letztere durch einen Zusatz von Seewasser, d. i. von Kultur, ihre Natur etwas verändert und etwas von der stillen Größe des Landvolkes verloren haben. —

Ich bemerke noch, daß meine Schneeballen so wenig, als die „wilden Kirschen", erfunden sind. Sie haben geleibt und gelebt und leben teilweise noch, so wie ich sie darstelle.

Nur bei einer Erzählung, beim „Vogt auf Mühlstein", habe ich, an die wirklichen Tatsachen und Personen anknüpfend, die Entwickelung des Ganzen in naturgemäßer Weise dichterisch wiederzugeben versucht. Sonst sind meine Schneeballen meist lose und kunstlos nebeneinander gelegt, wie es Kinder und ungeschickte Erzähler tun. —

Dem vorliegenden Bändchen wird in Bälde ein neues folgen, das den „Vogt auf Mühlstein", den „Jakobele in der Grub" und den „Eselsbeck von Hasle" enthält.

Eine später erscheinende zweite Folge soll dann die „Schneeballen vom See" bringen.

Freiburg i. B., Ende September 1891.

Der Verfasser.

# Die Karfunkelstadt.

FISCHERBACHER TAL

## 1.

Er war ein winzig kleiner Mann in kurzen Lederhosen, hohen Stiefeln, langem Zwilchrock und schwerem Filzhut, der alte Ramsteiner Jokele aus dem "hintern Fischerbach", einem engen Waldtälchen kaum zwei Stunden nordöstlich von Hasle. An Markttagen ritt er regelmäßig auf seinem kleinen Braunen ins Städtle, tief aus dem einsamen Seitentale heraus, das östlich von Hasle dem waldigen Nillkopf zuzieht. Beim "Becke=Philipp", meinem Vater, stieg er ab.

Bald darauf kam sein Sohn, der große Michel, ein schmucker, dunkler Bursche, der äußerlich vom Vater nichts hatte, als auch ein schielendes Auge wie dieser. Der Michel ging zu Fuß wie ein Heldensohn aus der Nibelungenzeit hinter seinem kleinen Rittervater her.

Marktware brachte in der Regel weder der Vater Jokele, noch Michel, der Sohn. Denn der Jakobele hatte einen „rauhen Hof", meist nur Wald und Weidfeld. Das bißchen Haber und Korn, das wuchs, brauchte der Bauer selber. Bisweilen kam die Bäuerin mit, eine große, hagere Frau, und dann fuhr der Jokele auf seinem „Bernerwägele", das nebst Bäuerin und Bauer eine „Zeine" voll Butter trug. Oder an Jahrmärkten zog der Michel ein Rind hinter sich drein zum Verkauf.

Sonst kamen Vater und Sohn nur, um Käufer zu suchen für Holz und Kohlen oder den Viehpreis zu erkundschaften, damit sie den Haslacher Metzgern, wenn sie in den hintern Fischerbach kamen, nicht alles zu glauben brauchten. Und der lange Sohn ging mit dem kurzen Vater, weil der Michel ein geborener Schlaumeier, der Jokele aber die billige Denkungsart zu Pferd war.

Der Michel gehörte zu jenen für den Handel glücklich veranlagten Naturen, welche hinter einem ganz blöden Gesichtsausdruck ungemeine Klugheit verbergen und so eine Firma tragen, die sie eigentlich gar nicht vertreten. Wer dann auf die gutmütige

Firma hin mit solchen Leuten ein gutes Geschäft zu machen sucht, ist in der Regel „der Dumme" gewesen, wenn das Geschäft fertig ist.

Die Weiber haben stets den richtigen Instinkt in solchen Dingen und so auch des Jokeles Frau und des Michels Mutter. Sie hatte es längst heraus, daß der Jokele im Städtle zu billig verkaufe und zu gut sei für die Haslacher Metzger. Da des Sohnes Michel Schlauheit aber nach dem natürlichen Erbrecht, vermöge dessen die Kinder den Geist der Mutter erben, ihre eigene war, so wurde der Michel eben immer beordert, als Spion und Aufpasser dem Vater nachzumarschieren.

So oft der Jokele sein Pferd sattelte vor seiner alten Strohburg, ging der Michel in seine Kammer und machte sich reisefertig. War dann der Alte hinter dem Kostwald verschwunden, so trabte er hintendrein. Und kaum war der Jokele abgestiegen und saß bei einem Gläschen Schnaps bei meinem Vater, dem Becke-Philipp, so kam der lange Michel unverhofft zur Türe herein als unwillkommene Schutzwache gegen die Handelskniffe auf dem Haslacher Markt. Der Jokele schimpfte alsbald über „das Hintedrilaufe", schimpfte nicht bloß wegen der Spionierung, sondern auch aus einem andern Grunde: er trank gern über den Durst, der kleine Mann, und wackelte dann auf seinem Rößlein; darum sandte die Mutter den Michel auch aus leiblicher Sorge für den Vater. Beim Heimweg marschierte deshalb der Michel stets scharf hinter dem Schweif des braunen Rößleins.

Der Jokele aber war drum doppelt bös, weil das Erscheinen Michels ihn an zwei Schwächen erinnerte, an seine geistige Schwäche und seine Stärke im Trinken. Er „brummelte" einige Zeit und ließ den Michel neben sich sitzen, ohne ihm „das Glas zu bringen", was gegen den ersten Wirtshausanstand der Bauern verstößt. Der Michel aber schaute mit seinem „unschuldigen" Schlaubergergesicht bescheiden und still vor sich hin, bis der Alte, seinem Schicksal sich ergebend, das Glas ihm hinüberschob: „Do trink, Du Gendarm!" Der Michel überhörte gerne den Gendarm, nahm das Glas, sprach: „G'seng Gott[1], Vater", und trank. Und damit war der Friede bis zum nächsten Markttag geschlossen. Beide gingen dann auf den Markt und machten ihre Geschäfte oder schlossen den Verkauf im „Becke=Hus" ab.

Der Jokele und mit ihm der Michel waren guten, uralten Bauerngeschlechts. Vor vielen Jahrhunderten, als noch der Ram, wie die alten Deutschen den Steinbock nannten, vom Rill= und Kostwald herab bis zum

---

[1] Gesegne es Gott.

Schornfelsen wanderte, da saßen vorn im Tal auf
dem Felsen bei der Michelskirche die Ritter von
Ramstein, Edelknechte der Grafen von Fürstenberg.

Ihr Geschlecht pflanzte sich auch in Bastarden
fort, die Ramsteiner hießen. Einem solchen gehörte
ursprünglich der Hof des Jokele, und da auf dem
Schwarzwald die Höfe wie die Burgen in der Regel
den Namen des ersten Besitzers forterben, hießen die
nachfolgenden Bauern alle nach dem Hof „Ram=
steiner" und darum so auch der Jokele, welcher seines
Geschlechtes ein Heizmann war.

Heizmann, Räpple und Armbruster heißen die
meisten Buren im Fischerbachertale. Ramsteiner von
Geschlecht gibt's heute noch, aber wenige. Sein
letzter großer Vertreter in meiner Knabenzeit war
der Bur auf der Bergeck — Gregor Ramsteiner —
in Gesicht und Gestalt ein adeliger Ritter des Mittel=
alters. Er wandelte aber unter seinen Mitburen
als der „Bergecks=Gori", den ich in meiner väter=
lichen Stube gar oft gesehen habe. Erst anno 1861
haben sie ihn, den Kinderlosen, begraben. —

Der Ramsteiner Jokele besuchte Hasle nur an
Markttagen. An Sonn= und Feiertagen wanderte
er über den Sattel des Nillwaldes in die Reichs=
stadt Zell am Harmersbach. Dahin hatte er näher
in die Kirche als in seine Dorfkirche zum hl. Michael

vornen im Haupttale der Kinzig. Und in Zell ist zudem eine Wallfahrt, und da gibt's auch bessere Wirtshäuser und bessere Bratwürste und in der Fastenzeit bessere Stockfische, ein Lieblingsessen der Bauern meiner Heimat.

Nach Hasle geht's mäßig bergab und „heimezu" ebenso mäßig bergauf, nach Zell steil bergauf und bergab. Deshalb ritt der Jokele nach Hasle und wanderte zu Fuß nach Zell.

In Zell gab's nichts zu handeln für die Buren in Fischerbach. Die Buren aus den nächsten Tälern rechts und links von Zell besorgten dies, und vom Gaul konnte der Jokele auch nicht fallen, weil er im Heimweg auf keinem saß, und so ging der Michel in der Regel nicht hintennach, wenn der Vater wallfahrtete, sondern er zog mit den andern hinaus in die Dorfkirche.

So kam es, daß dem Jokele einmal an einem Wallfahrtssamstag in der Fastenzeit ein kleines Malheur passierte. Er hatte im Löwen in Zell gute Gesellschaft getroffen. Der alte Eckerbur, sein Nachbar über der Wasserscheide drüben, hatte beim Schmied in Zell Geld eingezogen für gelieferte Kohlen, und da gab's „Kohlewi", d. h. vom besten Wein, wie üblich, wenn die Bauern im Harmersbacher Tal Kohlen ins Städtle geführt haben.

Der „Kohlewi" im Löwen besteht in der Regel aus Durbacher Weißherbst oder einem starken Vermersbacher, ist also ein Herrenwein erster Klasse. Der Eckerbur kehrte am Nachmittag über den Gröbenerhof, wo auch eine Wirtschaft war, heim und den Entersbach hinauf, der Jokele aber wollte keinen Umweg machen mit seiner Last „Kohlewi" und ging seinen geweisten Weg durch den Schreilesgrund und über die Buchhöfe dem Kamm zu, der das Tal des Harmersbaches vom Fischerbach trennt.

Ganz oben steht einsam ein „Bildstock", von den Bauern der „Bußbildstock" genannt, wohl weil hier einem Bauer namens Buß, eines im Harmersbacher Tal häufigen Geschlechts, einmal was Schlimmes zugestoßen ist. Man hat eine herrliche Schau bei diesem „Marterl", wie die Tyroler sagen, über den Schwarzwald und die Vogesen hin.

Wenn der Wanderer auf dieser Bergwand steht, sieht er auf der einen Seite nach Osten tief unten des Jokeles Hof und auf der andern nach Westen den Hof des Eckerburen. Der alte Eckerbur mochte noch im Gröbenerhof bei einer neuen Auflage „Kohlewi" sitzen, da der Jokele beim Bildstock ankam, müde und keuchend, denn noch lag der Schnee auf allen Bergen, und es war, obwohl Mitte Februar, grimmig kalt. Der Schnee seufzte unter den hohen Stiefeln

des kleinen Mannes, dem der „Kohlewi" mächtig
zu schaffen machte. Die Last war immer schwerer
geworden in der frischen Luft und bergauf.

Endlich oben angekommen, murmelte der Jokele
ein „Gott Lob" und schaute sich, stillstehend, um.
Er schaute aber zu weit ins Tal hinab, Zell zu, und
nach der Richtung des Eckerhofs, so daß er ins
Schwanken kam, das Gleichgewicht verlor und mit
„allen vieren" auf die Schneewand fiel, die steil
ab sich senkte dem Eckerhof zu. Der Schnee war
fest und der Mann leicht, und darum sank der Jokele
nicht ein, konnte sich aber auch nicht mehr aufrichten
und rutschte (glitt) nun sachte die Schneebahn hinab,
wie ein Frosch.

Drunten waren die Knechte des Eckerburen und
sein Sohn Konrad, der heutige Fürst auf der Eck,
eben am Dreschen in der offenen Tenne. Die sahen
ein schwarzes Ding den Berg herabgleiten, frosch=
ähnlich sich fortbewegend, wie ein Riesenamphibium
aus der „Saurierzeit". Sie staunten nicht wenig,
als sie in dem Ankömmling bald darauf den Jokele
erkannten, hoben ihn lachend auf, legten ihn einige
Stunden auf die Ofenbank, wo er den „Kohlewi"
ausschlief, um am Abend sicher über die weiße Decke
seinem Hof zuzuwandern. —

Eines Tages, ich weiß nicht mehr genau, war

es im Februar 1850 oder 51, kam der Jokele in unsere Bäckerstube. Hintendrein alsbald der Michel. Nach dem üblichen Friedensschluß zwischen beiden sprach der Jokele zu meinem Vater: "Philipp, Ihr müßt mir auch einmal etwas abnehmen. Ich brauche Geld; geschlagenes Holz hab' ich keins, wirklich auch kein Vieh und keine Kohlen zu verkaufen, aber einen schönen ‚Eichbosch‘, den geb' ich Euch zum Abholzen und zwei Jahre als ‚Reutfeld‘ um 200 Gulden."

Mein Vater schaute den Michel an und der Michel schielte zu ihm hinauf und sprach: "Jo, Philipp, ich un d'Muatter sind au iverstande." Ich stand daneben und hatte eine Weltsfreude, daß wir einen Wald bekommen sollten. Der Becke-Philipp meinte, es sei sonst nicht seine Sache, solche Geschäfte zu machen, wenn aber dem Jokele ein Gefallen geschehe, so wolle er den "Bosch" in den nächsten Tagen beschauen und dann den Handel fertig machen.

Schon am andern Morgen ging der Vater ins Fischerbachertal; ich durfte nicht mit, der Schule halber, erhielt aber das Versprechen, das nächstemal den Vater begleiten zu dürfen, wenn der Handel richtig wäre. Als der Vater am Abend heimkam, war der Kauf perfekt, und ich jubelte über den Eichbosch, als wäre er ein Rittergut.

Am Sonntag darauf in aller Frühe, während die ersten Bauern aus dem nahen Schnellingen und Bollenbach vor dem Kirchgang ihren üblichen Schnaps bei uns tranken, kamen zwei kleine Bauersmänner, die ich vorher nie gesehen, in unsere Stube, präsentierten sich dem Vater und sprachen: „Wir sind zwei Holzmacher aus der Karfunkelstadt; der Jokele, unser Nachbar, schickt uns zu Euch. Wir wollen den Eichbosch abholzen und alles z'weg richten um 60 Gulden und jede Woche eine Maß Schnaps und vier Laib Brot."

Ich schaute die zwei Männlein in ihren hohen, schweren Filzhüten und den langen, leinenen Röcken an wie zwei Menschen aus einer andern Welt, weil sie gesagt hatten, sie seien aus der — Karfunkelstadt. Vom Karfunkelstein, dem fabelhaften, hatte mir längst die „Lenebas" erzählt, die Schwester meiner Großmutter, daß er so rot und so glänzend sei, daß er leuchte, selbst wenn er in einem Ofenloch läge. Und jetzt sah ich gar Leute vor mir, die aus der Karfunkelstadt kamen, wo ich mir alles voll dieser schönen Steine dachte.

Der Vater schloß mit den zweien das Geschäft ab und setzte ihnen Brot und Schnaps vor. Ich machte mich gleich neben sie und fragte, ob sie keine Karfunkelsteine bei sich hätten. „Büble," sprach der ältere,

„in der Karfunkelstadt gibt's keine Karfunkelsteine, da wohnen nur arme Leute." Ich aber konnte nicht klar werden über den wundersamen Namen der Karfunkelstadt, und es gingen von da ab 40 Jahre ins Land, bis ich mir ihn zurechtlegte und in diese wunderliche Stadt hineinkam. Ich sah sie vorher stets nur von ferne, und es ging mir wie Moses, der bloß einen Blick tun durfte ins Gelobte Land.

Der Tag, da ich zum erstenmal in die Karfunkelstadt hinabschaute, ist mir unvergeßlich. Es war der 10. März eines der obengenannten Jahre. Der Vater hatte mir erlaubt, aus der Schule zu fragen, um in aller Frühe mit ihm in den Fischerbach zu gehen. Er wollte nachsehen, was die Karfunkelstädter im „Eichbosch" schon hantiert hätten.

Wenn ich heute mit einem Extrazug unentgeltlich und mit allen Bequemlichkeiten einer behaglichen Reise um die Welt fahren dürfte, hätte ich keinen Teil der Freude, wie an jenem trüben Märzentag.

Bis zum „Hirschen" in Fischerbach war mir die Welt bekannt. Bis dorthin war ich mit unseren Bäckerjungen Sepp und Peter manchmal im Spätsommer am schmalen Fischerbächlein hinaufgezogen, um wilde Hopfen zu holen. An diesem winzigen Forellenbächlein, das einst die Grenze bildete zwischen den Diözesen Straßburg und Konstanz, wuchsen, an den Erlen- und Haselstauden rankend, die schönsten wilden Hopfen, und die brauchte mein Bäckervater zum Backen anstatt der Hefe.

In der Regel gab uns der Vater für zwei Mann einen Sechser (20 Pf.) und jedem ein halbes Groschenlaible auf den Weg, der um Mittag angetreten wurde. Hopfensuchend zogen wir, am kleinen Bächlein angekommen, an seinen hüpfenden Wassern hinauf bis zum Hirschen. Da wurde der Sechser „vertrunken" in drei Schoppen sogenannten Bieres, das heute kein Mensch mehr trinken würde, uns aber als wahrer Göttertrank galt.

Mit duftenden Hopfenranken beladen, eilten wir am Abend selig aus dem Tälchen der Heimat zu. —

An jenem 10. März gab's aber für mich eine Reise in eine neue Welt. Der „Hirschen" liegt am Scheideweg. Links von diesem Wirtshaus geht's in den Fischerbach, rechts in den Waldstein, zwei enge Waldtälchen, in denen nur der Weg und die Bächlein auf der Talsohle liegen, während zu beiden Seiten die Bergwände mit den vereinzelten Höfen steil abfallen.

Beim „Hirschen" fing es an zu regnen, und der Vater meinte, das sei heute gar nicht gut; denn es sei der Tag der 40 Märtyrer, und wenn es da regne, regne es 40 Tage. Wenn er gesagt hätte, es regne

40 Jahre, hätte er die Freude meines Herzens, in die Karfunkelstadt zu kommen, nicht stören können. Eine Sintflut allein hätte den Sonnenschein in meinem Innern zu begraben vermocht, sonst nichts.

Im Weiterschreiten zeigte mir der Vater die einzelnen Höfe, deren Besitzer ich alle kannte, weil sie beim „Becke=Philipp" ihre Einkehr hatten — den Schüttebur, den Bur im Rechgraben und den auf dem Holzberg. Droben neben dem Kostwald, einem Besitztum des Fürsten von Fürstenberg, thronte der Kostbur, gleich hinter ihm tief unten im Tälchen der Löchlebur. An den erinnere ich mich gar wohl. Er hieß Mathis und war ein stiller, stiller Mann, während sein Nachbar, hoch oben an der dem Kostwald entgegengesetzten Bergwand, der Vogels=bur, ein geborener Redner war, heiter und lebens=lustig, wie ein Vogel.

Nach einer starken halben Stunde sollte meine Sehnsucht gestillt werden. Wo der Weg sich teilt, der eine hinab ins „Löchle", der andere dem Nillkopf und dem Ramsteiner Jokele zu, da hielt der Vater an, zeigte oberhalb des Löchlehof, drunten im tiefen, engen Talrisse, auf drei elende Hütten, die fast nebeneinander standen, und sprach: „Des isch Kar=funkelstadt."

Ich war schon enttäuscht, als der kleine Holz=

macher mir gesagt, in der Karfunkelstadt wohnten
arme Leute, aber noch mehr, als ich die Strohhütten
mit dem duftigen, glänzenden Namen ansah. Doch
der Vater konnte mir den Namen nicht erklären
und auch der Jokele und der Michel nicht, auf deren
Hof wir zuerst einrückten und von dem aus die arme
Karfunkelstadt noch besser zu sehen war.

Mich aber erhielt der Name, den die armseligen
Hütten trugen, fortan wie ein Zauber im Banne
bis zu seiner Lösung nach vielen, vielen Jahren.

Beim Jokele wurden der Vater und ich hoch
aufgenommen, und ich traf alte Bekannte, die ledigen
Kinder Jokeles, die an Jahrmärkten in unser Haus
kamen und die ich wie Michel, den Gardisten, alle
kannte — den Sepp und Jokele, den Jüngern, die
Kreszenz, die Sibylle, die Agnes, die Fränz und
die Helene. Sie waren alle älter als ich, und die
Agnes machte mir anno 49, als die Preußen im Tal
lagen, einmal viel Kopfzerbrechens. Eines Sonn=
tags sah ich sie mit einem preußischen Unteroffizier,
den ich heute noch malen könnte, und der beim
Nachbar Strumpfstricker im Quartier lag, spazieren=
gehen. Ich kam aus dem kindlichen Staunen nicht
heraus, wie und warum der fremde Preuß' und die
schwarze Agnes aus dem hintern Fischerbach sich
gefunden hätten. In aller Unschuld fragte ich die

Zwanzigjährige später einmal, und sie gab mir, dem Zwölfjährigen, die niederschmetternde Antwort: „Des goht kleine Buabe nichts an." —

Nach dem „Diner", aus Schinken, Eiern und Bratwürsten bestehend, führten uns der Bauer und sein Gardist in ein Miniaturtälchen unter dem Nillkopf hin, das so einsam und verlassen daliegt, daß ich wohl glaube, es habe es seitdem nie mehr ein Fremder, auch nicht einmal ein Haslacher, betreten. Es widerhallte heute von den Axthieben der zwei Karfunkelstädter, die von diesem Tage an meine Freunde wurden.

An Sonntagen kamen sie und holten für sechs Tage ihren Schnaps und ihr Brot, und unter der Woche mußte ich, einmal in der Regel, zu ihnen in das einsame Tälchen und schauen, wie es gehe. Der eine hieß Philipp, der andere Theodor und gehörten beide zum Geschlechte der „Armbruster".

Der Philipp war Hausbesitzer und Herr einer der drei Strohburgen in der Karfunkelstadt. Drum hatte der Bauer ob der Karfunkelstadt, der Jokele, ihm auch seine Tochter, die Marie=Anne, zum Weib gegeben, ihm, dem Taglöhner, der nur zwei Kühe hatte.

Sein Bruder Theodor war „Stadtkorber", das ist Korbmacher in der Karfunkelstadt. Im Spät= jahr und zur Winterszeit zog er von Hof zu Hof und

fertigte den Bauern aus den am Bache selbstgezogenen
Weiden Körbe, Zeinen und „Bennen" (für die
Wagen), und im Frühjahr machte er Holz.

Der Theodor fungierte aber noch als etwas
anderes in der Karfunkelstadt. Er war der „Stadt=
metzger". Kälber und Rinder wurden aber in der
Stadt nie gemetzget, höchstens ein oder das andere
Ziegenböcklein oder Schwein. Was der Stadt=
metzger aber in Hülle und Fülle schlachtete, das
waren Hunde und Katzen.

War der Korber in seinem Gewerb' bei irgend
einem Bauer und hörte, daß ein Hund oder eine Katze,
sei es wegen Alters oder Krankheit, das Leben lassen
müsse, so erbat sich der Stadtmetzger das Tier, trug
die Katzen in einem Sack und führte die Hunde an
einem Strick heim, auf daß man sehe, daß er leben=
diges Fleisch schlachte. Am andern Morgen oder
in der Nacht noch metzgete er die Bestie, beizte sie
ein und verzehrte sie mit seinem Bruder Philipple.

Hatte er Überfluß, so wurde ein Teil des Fleisches
geräuchert oder die ganze Karfunkelstadt konnte sich
laben.

Der Philipp und der Theodor hatten noch einen
dritten Bruder, den ich nie zu sehen bekam. Er
hieß „Andres", wohnte ebenfalls beim Philipp samt
Weib und Kind und trug den offiziellen Titel „Stadt=

schnider". Der Schneider aus der Karfunkelstadt war natürlich der einzige Stadtschneider in Fischerbach und Waldstein und darum gesucht auf allen Höfen. An Werktagen schneiderte er und an Sonntagen dinierte er, wo er während der Woche geschneidert hatte, und darum bekam ich ihn nie zu sehen.

Mit Stolz erzählte der Philipp, daß auf seiner „Burg" stets der „Stadtschnider" gewohnt und er selber von seinem Vetter, dem Schnider=Philipp, die Burg und den Namen, der „Andres" aber die „Stadtschniderei" überkommen habe.

Was mir jungen Haslacher am meisten auffiel, war die gemessene Ruhe und die ernste Stille der beiden Holzmacher, Eigenschaften, die ich im Städtle an den Menschen gar nicht gewohnt war.

Ich lag oft stundenlang in der Nähe der zwei Männlein am Waldrand und ruhte mich vom Marsche aus; aber keiner sprach ein Wort bei der Arbeit, auch mit mir nicht. War ich am Nachmittag gekommen und hatte ihnen regelmäßig eine Extraflasche Schnaps mitgebracht, so brach der Philipple, wie er seiner Kleinheit halber überall hieß, nach einiger Zeit das Stillschweigen mit den Worten: „Bruader, komm mir welle 's Vierebrot nehme!" Dann setzten sie sich in meine Nähe, aßen Brot und tranken Schnaps.

Jetzt wurden sie etwas gesprächiger, aber beide redeten so langsam und monoton, als machte das Sprechen ihnen die größte Mühe. Wenn ich dann immer wieder nach der Karfunkelstadt fragte, da meinte der Philipple regelmäßig: „Die Karfunkelstadt ist die ärmste und kleinste Stadt auf der Welt. Da wohnen luter ‚kripplige Lût, voll‘ übel‘ Zît‘[1]." „Ja," fuhr dann der Bruder „Korber" weiter, „es ist ein Spott, daß drei so kleine Hüsle mit armen Lûten Karfunkelstadt heißen."

Woher der Name käme, konnte mir damals auch keiner von ihnen und bis heute kein Karfunkelstädter sagen, ich mußte es selber finden.

Hatten die beiden Männlein ihr Vieruhr-Brot genommen, so sprach der Philipple zu mir: „So, Kleiner, jetz mach Dich auf den Weg, sonst kommsch in d'Nacht. Wir lassen den Vater grüßen und danken für den Schnaps. Am Sunntig kumme mir (wir) au wieder na (hinab)."

Ich schnitt mir noch einige schöne Gerten, ließ mir im Vorbeigehen beim Jokele noch einige Äpfel oder Nüsse einstecken und hüpfte munter in den Frühlingsabend hinein aus den Bergen dem Tale zu.

---

[1] Armselige Menschen voll mühsamen Lebens.

Es war meistens dunkel, wenn ich ans Räpple=Michels Bildstock kam bei der Ausmündung des Fischerbacher Tälchens ins Kinzigtal, und da fürchtete ich mich regelmäßig.

Im Juni 1847 war hier der alte Räpple=Michel, ein Leibgedingmann, der beim „Hirschen" wohnte, wie die Inschrift auf dem Bildstock erzählt, „in die Hände seiner Feinde gefallen; sie mißhandelten ihn barbarisch und zogen ihn hinab in den Bach und ließen ihn halbtot liegen."

Der Steinhauer, der die Legende in den Stein gemeißelt, war Dichter; denn zum Schluß läßt er den Räpple=Michel sprechen: „Adieu Ihr Schwestern und Brüder, am Tag des Gerichts sehen wir uns wieder."

Ich las oft diese Beschreibung im Hinweg, und beim abendlichen Rückweg überkam mich jeweils einiges Grauen, und ich verdoppelte meine Schritte. Noch genau erinnerte ich mich an die grausige Tat, sie war ja kaum einige Jahre zuvor geschehen.

Um den „Hirschen" stehen, was sonst nirgends im Fischerbach der Fall, einige Höfe beisammen. In dem einen saß der Räpple=Michel als einstiger Besitzer und Pensionär (Leibgedinger). Er hatte einem Verwandten den Hof übergeben. Unfern davon stand des Nachbars, des Moserbauern, Hof.

Der brannte eines Tages nieder, und der Nachbar erhielt ein neues Haus. Der Räpple=Michel meinte, es sei das nicht mit rechten Dingen zugegangen, und so oft er, was nicht selten war, einen Schnaps zu viel getrunken hatte und dann den „Moser=Romme" am Kopf sah, riß er sein Schiebfensterle auf, schrie: „Mordbrenner" und schloß es wieder.

Daß grimmiger Haß den Nachbar Roman er= faßte, ist begreiflich. Aber auch in seinem eigenen Haus hatte der Michel einen Feind, und das war Hans, der Bur. Ein Leibgedinger ist in der Regel unwert, und wenn's der eigene Vater ist.

In Stadt und Land können alte Eltern von dieser Welt scheiden, ohne große Trauer zu hinter= lassen, wenn die Kinder einmal alles haben, was jene besaßen. Auf dem Land muß zudem der Bauer dem Leibgedinger „von allem Besten" geben, was wächst und was er pflanzt in Haus und Feld. Drum kommt es bisweilen vor, daß man betet um ein bal= diges seliges Ende für den Vater, Schwiegervater oder Vetter Leibgedinger. Ist dieser gar noch hart und besteht auf pünktlicher Ablieferung alles dessen, wozu er berechtigt ist, so ist „der Teufel beim Bauer bald los".

Der Räpple=Michel, den ich noch wohl kannte, war ein harter Mann und, wenn er zuviel getrunken, mit einer bösen Zunge behaftet. So war es leicht, mit Hans, dem Bur, und mit Roman, dem Nachbar, in Zwiespalt zu kommen. Beide verabredeten demnach, dem Michel aufzupassen und ihn gehörig durchzuhauen, wenn er einmal draußen in Weiler im „Ochsen" seinen Schoppen trinke und heimkehre. An Peter und Paul des genannten Jahres gab's Gelegenheit. Sie lauerten dem Michel am Abend auf und verübten die Tat in einer Weise, die den Tod zur Folge hatte. Am andern Morgen fanden die Knechte vom Roserhof den Halbtoten am Bache liegen; er konnte die Täter noch nennen, und dann starb er.

Ich sah sie von den Gendarmen ins Städtle bringen und manchmal in den kommenden Wochen die blutjunge, schöne Frau des Hans in Tränen vor unserm Hause vorübergehen, wenn sie aus dem Gefängnis kam oder dahin ging. Der Roman erhielt acht, der Hans fünf Jahre Zuchthaus. Der letztere lebte noch samt seiner Frau bis in die neunziger Jahre des vorigen Jahrhunderts, und es muß dem Hans schlimmer zumute gewesen sein, wenn er am Bildstock unfern seines Hauses vorüberging, auf dem er als Mörder gebrandmarkt ist, als einst mir, dem Knaben, wenn ich am Abend von meinen Karfunkelstädtern her an jener Stelle vorüberkam. —

2.

In den halben Sommer hinein arbeiteten der Philipple und der Korber für den Vater, und ebensolange dauerten meine Besuche im stillen Tälchen am Nillkopf. Die zwei Holzmacher brachten an Sonntagen nach und nach auch die andern Häupter der Karfunkelstadt mit, den „Stadtmurer" Eble, den Besitzer der zweiten Strohburg, und den Heizmanns=Jörgle, einen Bruder des Ramsteiner Jokele, den Herrn der kleinsten und letzten Hütte der Stadt.

Der Stadtmurer vertrat das Parlament der Stadt; er war Redner und trug einen „fermen" Schnurrbart, während alle andern nur mit Ohrenbärten behaftet waren. Der kleine Jörgle in seinen kurzen Lederhosen repräsentierte in der Karfunkelstadt den puren Bauer. Er trieb lediglich seine paar Feldchen um, hielt einige Geißen und eine Kuh, gab sich aber in vollster Genügsamkeit mit keinem Nebenverdienst ab. Ja, er teilte seine Burg, die nicht drei Wohnräume hatte, noch mit zwei Brüdern, die ich aber nie sah. Sie arbeiteten bei den umlie=

genden Bauern als Taglöhner und kehrten abends heim in die Burg der Väter.

Der Jörgle hatte nur einen Sohn, den Bonifaz, den wir später kennen lernen, der Philippe aber eine „ganze Herde" kleiner Kinder, der Stadtmurer gar keine. Drum war er in der Lage, von seiner Burg noch ein Gemach abzutreten für die Witwe eines dritten Bruders des Jörgle und für deren Tochter, das Gritle, von dem wir noch mehr reden werden. Um acht Gulden pro Jahr hatte der Stadtmurer sie ins Quartier genommen. Diese beiden sah ich in meiner Knabenzeit nie, nur der Stadtmurer und sein Weib kamen nach Hasle.

Ehedem war des Stadtmurers Burg mit Kindern bevölkert. Sein Vormann im Burgbesitz, der Arnolde-Basche, hatte zehn lebendige Kinder, und als er frühe starb, verlegte sich seine Frau nach alter Art auf „Raubritterei". Sie stahl Geißen und Kühe, führte sie weit über Berge und Tal auf Jahrmärkte und verkaufte sie. Die Gemeinde Fischerbach hatte keinen Sinn für derartige ritterliche und mütterliche Taten zum Ernähren der Kinder. Die „Ritterin" wurde nach Amerika geschafft und ihre Kinder im Tale bei Bauern und Verwandten zerstreut. Die Burg aber kaufte der Maurer Eble und wurde dadurch „Stadtmurer".

Die vier Karfunkelstädter, der Philipple, der Korber, der Stadtmurer und der Heizmanns=Jörgle saßen in obengenannter Zeit manchen Sonntagmorgen in unserer Stube, ein Bild der Einigkeit. Ihre Hütten standen fast so nahe beisammen, als sie selber in meines Vaters Stube beisammen saßen und von der Karfunkelstadt redeten, wo, wie der Stadtmurer zu sagen pflegte, kein Bürger lesen und schreiben könne, keiner über die Armut hinauskomme, alle im Frieden und so tief unten im Tale lebten, daß Sonne und Mond kaum zu ihnen hinabschauen könnten.

Die Karfunkelstadt, meinte der Stadtmurer weiter, sei die einzige Stadt der Welt, die kein Wirtshaus habe, keine Schule, kein Gericht, keine Polizei und keine Stadtlaternen.

Doch hatten die Karfunkelstädter in der Nähe ihre Zusammenkünfte, die das Wirtshaus ersetzen sollten.

An Sonntagnachmittagen und an Winterabenden ist es öde und einsam in den Gehöften der Täler und Berge des Schwarzwaldes. Ein Hof ist vom andern zu entfernt, und so sind die Bewohner der einzelnen Höfe meist auf ihre eigene Einsamkeit angewiesen.

Die Karfunkelstädter wohnten zwar so nahe bei=

sammen, wie die Bäume im Wald, allein sie konnten sich in keiner ihrer Burgen ein Rendezvous geben, weil jede zu klein war, um die sämtlichen Stadt= leute zu fassen. Hinauf zum Ramsteiner Jokele war es nicht gar weit, es ging jedoch bergauf. Aber unter der Karfunkelstadt, „im Löchle", da saß als der nächste der „Löchlebur", der Mathis, und der hatte eine Stube, groß genug für die Karfunkelstädter, und dahin gingen sie und spielten Karten mit dem „Bur" und seinen Knechten.

Daß die Karfunkelstädter arm und genügsam waren, dafür zeugt ihr Spielwert. Sie spielten in der Regel um Nüsse und Bohnen und, wenn's hoch herging, um Kirschenwasser. Und wenn sie spät am Abend vom Löchle hinüberwanderten in ihren stillen „Grund", da waren sie, wie der Stadt= murer, der in der Fremde gewesen, meinte, seliger und zufriedener, als die Geldspieler in Baden=Baden. —

Wie alles in der Welt hörte auch einmal der Holzschlag für den Becke=Philipp zu Hasle auf und mit ihm die Besuche der Karfunkelstädter, die ihren Weg, wie zuvor, meist wieder nach Zell nahmen. Der Ramsteiner Jokele verließ im folgenden Früh= jahr diese Erde. Er war richtig einmal nachts ohne den Michel von Hasle heimgeritten, vom Pferde gestürzt und im Talbächlein ertrunken.

Der Michel wurde Bauer. Ich erlebte es noch beim Beginn meiner Studien, daß er, der wegen der Schulden seines Vaters, die er mit dem Hof übernommen, ringsum im Kinzigtal keine Frau fand, eine ebenso brave als schöne Schappacherin dem Nillwald zuführte. Bald hernach verließ ich selber das Elternhaus, um in Rastatt an der öden Murg meine Tage zu vertrauern als Quartaner.

Die Karfunkelstädter sah ich fortan nie mehr. Ausflüge machte ich in den Ferien keine, ich lag als kleiner Lyzeist in den Wäldern um Haslach und als großer im Bierhaus. So kam ich höchst selten aus dem größern Rayon des Städtchens hinaus. Nur den Michel sah ich bisweilen an Markttagen und erinnere mich noch wohl, wie er mir eines Tages weinend die Hand gab zum Willkommen und erzählte, er habe seine Frau verloren. Noch nach Jahren, wenn ich ihn wiedersah, und fragte, wie es gehe, konnte er weinen, daß der Tod ihm seine erste Frau genommen. Er hatte zwar eine zweite aus dem Tal geholt, aber „die reichte der ersten das Wasser nicht".

Es folgten nun Zeiten, in denen ich auch den Michel nicht mehr sah. Nach vollendeter Studienzeit kam ich selten in die Heimat, nie an Markttagen, und hatte seit dreißig Jahren von Michel und von den Karfunkelstädtern weder etwas gehört noch etwas gesehen.

Da trat im Sommer 1890 eines Tages eine kleine, blasse Frauensperson aus der unteren Volksklasse in mein Pfarrzimmer zu Freiburg und präsentierte mir den „Hochzeitszettel" zum Verkünden. Ich las und ersah, daß sie die Tochter eines „Philipp Armbruster aus Fischerbach" sei. Jetzt fuhr mir wie ein Blitz aus der Tiefe der Seele ein Gedanke auf aus alter Zeit und ich fragte hastig: „Sind Sie aus der Karfunkelstadt und die Tochter des Philipple?" Richtig, so war es, und sie hatte mir mit einem Schlag meine Erinnerungen an die Karfunkelstadt wachgerufen.

Zu den Bauerngestalten, die seit Jahr und Tag in mir herumgingen, kamen nun auch die Karfunkelstädter und ließen mir keine Ruhe, bis ich nach Wochen des Philipples Tochter zu mir berief und mir alles erzählen ließ aus der Karfunkelstadt, was immer sie wußte.

Der Vater ist tot. Er starb 1885, der wackere, kleine Philippus. Die letzten fünfundzwanzig Jahre hatte er drüben im Zeller Stadtwald, dem Hermesgrund, für die alte Reichsstadt und ihre Bürger Holz gemacht. Nach „Hasle" kam er fast nie mehr. Er hatte vor Jahren einen Fuß gebrochen unter einem

Holzwagen und ging fortan hinkend an einem Stecken
in seinen Wald, wohin sein Weib, die Marie=Anne,
ihm das Essen trug; denn die Kinder hatte er bis auf
die älteste, die der Mutter die wenigen Felder be=
bauen half, wegschicken müssen, damit sie ihr Brot
selbst verdienten.

So waren die jüngeren drei Mädle alle mit
sechs Jahren schon aus der Karfunkelstadt fortgeschickt
worden als Kinds= und Hirtenmädchen zu den be=
nachbarten Bauern. Die Fränz, meine Erzählerin,
kam glücklich ins Löchle, also ganz in die Nähe der
Karfunkelstadt, die Kreszenz hinüber auf den Bar=
barast, zum größten Bauer im Welschbollenbach,
und die Anna in den Waldstein zum Dirhold. Ähnlich
die Buben Moritz, Willibald und Jörg.

Die Mutter starb und der Philipple holte drüben
im Entersbach eine Stiefmutter, der es doppelt lieb
sein mochte, daß die Kinder „versorgt" waren.

Der Korber blieb ledig und sein treuer Bruder
und Gefährte; er wanderte mit ihm in den Wald,
so oft er nichts zu „korben" hatte. Der „Stadt=
murer" mauerte bald da, bald dort in den Tälchen
und auf den Bergen herum, schließlich hat er „sich
hinterdenkt", er, der Denker und der Sprecher der
Karfunkelstadt. Er war jahrelang zeitweilig „von
sich", und dann war ihm die Karfunkelstadt zu klein

und zu eng. Er spielte den großen Herrn und arbeitete nichts. War „dieser Geist" wieder von ihm gewichen, so mauerte er unverdrossen, bis der Tod ihn von allem erlöste.

Die Kinder Philipps wurden groß und er selbst älter und älter. Es ging immer mühsamer am Morgen den Berg hinauf und dem Walde zu, aber es ging, und es mußte gehen, und der „Hermesgrund" mit seinen Tannen und Buchen war seine Freude.

Dem ältesten Mädle, der Lis, die daheim geblieben, war das Herz hinabgeflogen bis unter den Kostwald, wo auf einem grünen Hügel der Holzbergerhof liegt und wo ein nachgeborener Sohn Schneider geworden war. Der bisherige Stadtschnider, der „Andres", Philipps und Theodors leiblicher Bruder und Mitbewohner der größten Burg in der Karfunkelstadt, hatte seine Mädle auch längst von der Tischlade weggeschickt. Eine war bis nach Straßburg gekommen und hatte sich verheiratet. Die wollte der Stadtschneider-Vater einmal besuchen, denn Straßburg, die wunderschöne Stadt, hatte noch kein alter Karfunkelstädter gesehen. Er ging und kam nicht wieder.

Straßburg sehen und sterben, war bei dem alten Stadtschnider eins. Weil aber bei jedem Unglück ein Glück sich findet, so war der Tod des alten Stadtschniders das Leben eines neuen. Der Moritz Heizmann vom Holzberg bekam jetzt des Philipples „Lis", wurde in Ehren Stadtschnider und noch mehr. Der alte Holzmacher gab ihm auch die Burg und alles Feld im Burgfrieden samt einer Kuh, zwei Geißen und etlichen Hennen.

Im Leben des Philipple machte das keine Änderung; er ging eben jeden Tag, den der liebe Gott vom Himmel gab, in den „Hermesgrund" und jeden Sonntag in die Kirche nach Zell. Er und sein Weib, die Barbara, aßen jetzt mit dem Stadtschnider, aber am gleichen Tisch und vom gleichen Brot, wie vorher.

Am Ostermontagmorgen des schon genannten Jahres 1885 wanderte der greise Philipple aus der Karfunkelstadt herauf und über den Berg hinab nach Zell in die Kirche. Es war sein letzter Kirchgang, von dem er lebend nicht mehr heimkehren sollte. Am andern Morgen fand ihn sein Bruder, der Korber, im Hermesgrund tot unter einer Tanne. Der Tod hatte ihn auf dem Heimweg vom Kirchgang dahin getrieben, damit er sterbe, wo er meist gelebt — im Walde.

Auf einer Bahre von Tannenästen und Tannenreisig trugen sie den Toten hinüber in die Karfunkelstadt und am zweiten Tage das Tal hinaus auf den herrlich gelegenen Gottesacker des Pfarrdorfes Weiler. Und alle Karfunkelstädter begleiteten ihn, den Ältesten ihrer Stadt. —

Das Kriegsjahr 1870 fand auch einen Soldaten aus der Karfunkelstadt auf der Walstatt. Es war

GOTTESACKER IN WEILER

Philipples Jüngster, der Jörg, der bis dahin als Hirtenbub und Knecht in Berg und Tal gedient. Er holte sich keinen Schuß und kein Eisernes Kreuz, aber eine Krankheit, die schlimmer ist, als invalid, ja schlimmer als der Tod. Der arme Kerl wurde nach dem Feldzug bisweilen von einem Starrkrampf befallen, der ihn bei vollem Bewußtsein jeder Bewegung und jeden Lautes beraubte und wie tot niederlegte. So lag er einmal zwölf volle Tage in der Karfunkelstadt auf dem Heuboden, hörte, wie sie ihn suchten, vernahm jedes Wort, aber konnte kein Zeichen geben. Später, als Knecht auf der Schnellinger Mühle, lag er einmal drei Tage und drei Nächte an der Kinzig, bis man durch Zufall ihn fand.

In allen Zeitungen stand damals von dem armen Jörg, aber dem Bedauernswerten aus dem Invalidenfonds etwas zu verschaffen, daran dachte niemand.

Er lebt heute in Schuttern bei Offenburg als zufriedener, alter Taglöhner, hat aber seine Anfälle verloren. —

Der Moritz, Philipples Ältester und ein Jahr älter als ich, war Taglöhner draußen in Weiler beim Ochsen, hatte sich als Knecht ein eigenes Häusle verdient und lebte Tage harter Arbeit; trotzdem kam er um seine geringe Habe und zog als Waldarbeiter mit Weib und Kindern ins nahe Städtle Wolfe, wo er 1902 starb.

Am besten versorgt ist der Willibald. Er war Knecht auf dem Barbarasterhof und des „Hüsle=Lorenzen" Tochter von Bollenbach, dem lieblichen

Dörfchen unten an der Kinzig, die Magd. Der Hüsle-Lorenz gab ihnen das „Hüsle", sie heirateten sich und der Willibald wurde ein wichtiger Mann in Bollenbach und in Welschbollenbach. Er ist zwar nicht Bürgermeister und nicht Bezirksrat, aber Kohlenbrenner und Strohdecker, zwei Ämter, die ihren Mann erfordern, gesucht sind, und voll von einer Poesie, von der der Meister zwar selbst nichts fühlt, die aber doch über ihm waltet.

Ein gutes Strohdach ist in jenen Tälern des Bauern erste Haussorge, weil er keine Gipsdecke über seinen Kammern hat und zwischen ihm und dem Dachraum nur lose gefügtes Bretterwerk die Grenze bildet. Drum wird das beste Stroh und der beste Dachdecker gesucht, um einen guten Strohpanzer über des Bauern Haupt und seine fahrende Habe zu legen. Dieser Panzer ist zugleich der Pelzmantel fürs Haus, wenn der Schnee auf den Bergen liegt und zu den kleinen Fensterchen der Höfe hereinschaut.

Der Willibald hat's dem alten Strohdecker, der während seines Knechtstandes auf dem Barbaraster die Panzer legte, abgeguckt und so das wichtige Geschäft flott gelernt.

Dazu war er noch bis in seine alten Tage herauf Kohlenbrenner. Wenn der Sommer sich enden will, führt der Bauer das geringe Holz, das nicht verkäuflich ist, auf den einsamen „Kohlplatz", fern vom Hof, und dann bestellt er den „Kohler". Der baut über dem Holz seinen Meiler, schlägt daneben unter einem alten Erlenbusch seine Strohhütte auf, und wohnt Tag und Nacht drei Wochen lang neben dem still rauchenden Meiler in tiefster Einsamkeit, wachend, schürend und dem Ausschlagen der Flamme wehrend.

Ist die Kohle gebrannt, so kommt der Bauer und bringt sie ins nächste Städtle dem Schmied, der an Markttagen sein Roß beschlägt, seinen Wagen flickt und unterm Jahr die Pflugschar schärft. Und der Kohler darf, wenn der Bauer ein rechtes Herz hat, mit in die Stadt und mit dem Bauer „Kohlewi" trinken.

Der Willibald hat mit dem Dachdecken so viel zu tun, daß er das Kohlenbrennen, welches zudem für alte Leute beschwerlich ist, aufgab und nur noch Strohdächer macht. Wenn's auf mich ankommt, muß der Willibald das Herstellen des brandsicheren Strohdaches von Gernentz lernen, und dann ist er erst ein Meister in seinem Fach. —

Das sind die Söhne des Philippe. Und seine Maidle? Die Lis wurde, wie wir gehört, Stadtschniderin und ist's heute noch. Die Kreszenz war Magd auf dem Barbaraster, wurde aber so schwer

krank, daß sie der Landarzt ins Freiburger Spital
sprach. Hier gesund geworden, blieb sie in der Dreisam=
stadt, wo es bessern Lohn und feinere Kost gab. Sie
rief die Fränz und die Anna von den Bauernhöfen,
wo sie dienten, ebenfalls in die Stadt. Erstere wurde
krank, lag lange im Spital und mußte, zum Dienen
untauglich, heim. Siech und elend konnte sie aber
nicht in der Karfunkelstadt leben, weil diese zu weit
weg ist von Doktor und Apotheker. Da nimmt der
Willibald, der wackere Köhler, sie in sein „Hüsle"
zu Bollenbach und pflegt und hegt das kranke „Maidle"
drei volle Jahre lang. Sie genest und geht aber=
mals nach Freiburg in Dienst. Nach Jahr und Tag
lernt sie einen Gipser kennen; den heiratet sie und
erinnert mich bei diesem Anlaß an die Karfunkelstadt.

Sie war wenig zu Hause von ihrem sechsten Jahre
an und konnte mir nur von der Burg ihres Vaters
erzählen und von ihres Vaters Dynastie in der Kar=
funkelstadt. Ich wollte aber noch mehr wissen und
bekam zudem eine Art Heimweh nach der Karfunkel=
stadt, in die ich in meiner Knabenzeit nie hinab=
gekommen, da ich zu meinen Holzmachern nur den
Weg, der hoch über ihr hinzieht, gegangen war.

## 3.

Es war ein wolkiger, warmer Augusttag des Jahres 1890, als ich von meinem Sommersitz in den „drei Schneeballen" zu Hofstetten aufbrach, um die Karfunkelstadt heimzusuchen. Mein Wirt, der Jörg, war noch nie dort drüben gewesen, obwohl der waldige Nillkopf als höchste Kuppe des Tales von ferne stattlich herübergrüßt zu den „drei Schnee= ballen". Er ging mit. Meinen alten Freund, den Erdrich in der Buchen, der jenseits der Karfunkel= stadt auf der Höhe wohnt, hatte ich an den Kostwald bestellt, auf daß er mir den Führer mache in die Karfunkelstadt, in deren Nähe ich seit fast vierzig Jahren nicht mehr gewesen war.

Es war mir eine bittersüße Wanderung von der Kinzig bis hinein ins einsame Seitental von Fischer= bach. Süß ob all der Erinnerungen, die sie mir wachrief. Jeder alte Baum und jede alte Hütte rief mir die Knabenzeit zurück. Wenn ich aber nach den Menschen fragte, überkam mich bittere Wehmut.

Tot, tot hieß es überall. Droben am „Ochsen" vor Eschau, in dem ich als Knabe so manche Hochzeit mitangesehen, manchen Lebkuchen und manche Bratwurst verzehrt, in Glückseligkeit schwelgend, da war alles öde. Das Haus meiner höchsten Kindesfreude still und zerfallen. Und als ich nach dem Schmied aus dem Hagenbach fragte, der daneben seine Esse hatte und damals lustig drauflos hämmerte in seinem schwarzen Lockenkopf, da hieß es: „Gestorben, und seine rothaarige, starke Frau auch!"

Weiter hinten im Tale hackte ein alter Mann seine Rüben am Wege; den sollte ich noch kennen. Richtig! Es war des „Berghof=Bure Andres", der als rotbackiger Bursche im „Kreuz" in Hasle Knecht gewesen war, da ich noch als Knabe dahinkam, um fremder Fuhrleute Rosse zu tränken und zu reiten. Später war er Olerknecht drunten am Klosterbach neben unserer Matte, die ich als Studentlein oft besuchte der Apfel= und Zwetschgen= bäume wegen.

Die alte, zerfallene Mühle dort drunten am Bächlein ist seine Heimat geworden. Ich nehme ihn mit, den alten, braven Kerl, und zahle ihm einen Schoppen in der nahen Wirtschaft „zur Krone", die einsam am Weg liegt, und schlage aus ihm all die Erinnerungen an längst vergangene, schöne Tage wieder heraus, wie Goldkörner aus herbem Granitstein. Er ist noch der gleiche, stille Phlegmatiker, der Andres, wie vor vierzig Jahren, einer jener glücklichen Menschen, die nichts auf Erden aufregt, solange die Sterne nicht vom Himmel fallen.

Ans Räpple=Michels Totenstein nehmen wir Abschied für immer, denn der Andres ist bald darauf heimgegangen. Ich war beim Abschied innerlich bewegt, er gleichgültig, als hätten wir uns vor einer Stunde und nicht vor vierzig Jahren das letztemal gesehen. Ich beneidete den Mann, der das Leben so kühl über sich hingehen ließ, wie sein altes Mühlrad das Wasser des Bächleins.

Von da ab traf ich keinen Bekannten mehr aus der Jugendzeit. Der Hirschwirt hinten im Tal, ein Ramsteiner, ist längst tot. Tot auch der Kostbur, den ich noch als bildschönen, jungen Bauersmann vor mir sah. Auch den Löchlebur, den stillen Mathis, den alten Bur im Rechgraben, den Schüttebur und den Roser=Hans, sie alle hat man schon vor Jahren zu Grab getragen.

Am alten Kreuz, das die Wege scheidet, den einen zum „Löchle" und in die Karfunkelstadt, den andern dem Nill zu, stand heute, einer Verabredung gemäß, der Erdrich, der Akademiker und Geschichtsforscher unter den Bauern in diesen Bergen, um mir den

Führer zu machen durch die Karfunkelstadt und hinüber zu den Buchhöfen.

Wir gehen bergab, Forellen spielen in dem frischen Bergwasser, das von dem Nillkopf herunter

KARFUNKELSTADT.

in die Tiefe fällt, die wir in wenig Minuten erreichen. Die prächtigen Fischlein haben Ruhe hier vor den lüsternen Kulturmenschen. Im Löchle und in der Karfunkelstadt werden keine Forellen gefangen und keine gegessen. Zwischen dichten Erlen führt der schmale Weg am Bächlein hin, das herabkommt aus der Karfunkelstadt und hinübereilt, um die Mühle des Löchleburs zu treiben. Wir gehen am Wasser aufwärts. Der Pfad verläßt Bächlein und Erlen und nähert sich der Bergwand, an deren letztem Gesenke drei Hütten liegen — die Karfunkelstadt.

Die erste und größte bezeichnet mein Führer als die des „Philipple". Aber alles ist totenstill ums Haus, nur die Bienlein summen bei ihren Körben, die vor den Fenstern stehen und einige Hühner picken im Grase. Wir pochen vorn und hinten an den rauchgeschwärzten Holztüren. Kein Wesen regt sich. Auch in der andern Hütte, die kaum zehn Schritte davon liegt, nimmt niemand Notiz von den Fremdlingen in der Karfunkelstadt. Aber dort ist eine Türe auf, und wir dringen ein.

Jetzt erscheint ein junges, blasses Weib aus der Stubenkammer. Sie kennt nicht einmal den Buchhof=
bauer, obwohl er keine Stunde von ihr drüben auf dem Bergrücken sitzt, an dem sie hinabeilt, wenn sie nach Zell in die Kirche geht. Sie läßt uns ein in die Kammer mit dem Bedauern, daß sie nichts habe, um den „fremden Leuten" aufzuwarten, als etwas Speck. Sie bleibt voll stoischer Ruhe, wie nur Menschen sie in der Einsamkeit bekommen, und frägt

uns weder woher wir kommen, noch was uns in die Karfunkelstadt führe.

Sie antwortet auf meine Fragen mit dem gleichen Mangel jeder Neugierde. Im Nachbarhaus, sagt sie, sei alles fort: der Stadtschneider sei im „Kundehus"[1] im Waldstein, die Frau aber droben im Berg und hole Kartoffeln. Ich fragte nun: „Wo ist mein alter Freund, der Theodor, der Korber, Philipples Bruder?" „Der lebt noch und ist drüben im Waldstein und wohnt beim ‚Schliffer=Peter' und korbt immer noch. Er ist fortgegangen aus der Karfunkelstadt nach dem Tode des Philipp."

's muß ihm hart geworden sein dem kleinen, stillen Männlein, nach so vielen Jahren die Karfunkelstadt zu verlassen. Aber er war wohl unwert beim neuen „Stadtschnider", darum wanderte er aus zu dem Sohn des Schliffers, der über der Karfunkelstadt einst daheim und ihm gut Freund war.

Er lebte noch dort gegen das Ende des Jahrhunderts in kleiner, dunkler Hütte im engen Tale und liebte es bis an sein Ende, Hunde und Katzen zu metzgen und als Delikatesse zu verspeisen. —

Aus alten Zeiten weiß die blasse Frau nichts mehr. Sie ist erst seit zehn Jahren in der „Stadt",

---

[1] d. h. er arbeite auswärts bei Kunden.

von draußen, von Eschau an der Kinzig hereingekommen als Weib des neuen Stadtmurers, der Haus und Gewerbe des alten Murers übernommen. Ihr Mann ist fort heute, im Tal draußen an der Arbeit. Ihre Schwiegermutter, meint sie, sei nicht da, die wisse noch mehr aus alten Zeiten, die sei in der Stadt daheim, aber eben drüben im Entersbach und „sage zu einer Leich".

Der Erdrich versprach mir, die Bekanntschaft mit der ihm und unter dem Namen „das Gritle" auf allen Höfen der Gegend wohlbekannten Alten zu vermitteln.

Vor dem Haus bat ich die Frau, die uns gefolgt war, noch um ein Glas Wasser. Jetzt kam die Poesie der Karfunkelstadt zur vollen Geltung. Die Stadtmurerin entschuldigte sich, daß sie kein Glas habe und das Wasser aus einem „irdenen Hafen" schöpfen müsse.

Glückselige Karfunkelstadt, dachte ich, wo kein Glas sich findet am Ende des 19. Jahrhunderts, dir wird die Kultur, die draußen in der Welt alles aussaugt und umbringt, noch lange nichts anhaben! Und der Brunnen! Der quoll aus einem viereckigen Loch unter dem Rasen der Bergwand und über dem Loch lag eine schützende Steinplatte, damit der Rasen nicht auf ihn herabfalle. Das war die einzige Fontäne der Karfunkelstadt und das Wasser kristallhell und frisch, wie ein sonniger Wintermorgen.

Und ich trank aus dem „irdenen Hafen", der mir den Trunk doppelt süß machte, weil er zu meiner Freude mir sagte, in der Karfunkelstadt gibt's noch keine Gläser, und weil die Hebe, die ihn kredenzte, eine Eigenschaft nicht besaß, die sonst alle Damen der Welt besitzen, die Neugierde. Sie ließ uns kommen und gehen, ohne zu fragen, wer die fremden Männer wären und was sie hierhergeführt. Ich würde um dessentwillen dieser „Stadtmurerin" den höchsten Orden verleihen, den Weiber tragen dürfen.

Doch daß man, auch ohne Gläser zu haben, zu viel trinken kann, erfuhr ich bei der dritten Burg der Karfunkelstadt, in der zu meiner Knabenzeit der Heizmanns-Jörgle gewohnt. Sie ist die kleinste, aber jüngste Burg. Und daß sie jung wurde, dafür hat, wie die Leute sagen, der Mann gesorgt, der heute vor derselben stand.

Es war Bonifaz, der Sohn des Heizmanns-Jörgle, des schon genannten Bruders des Ramsteiner Jokeles, und der einzige Erbe der väterlichen Burg. Der Bonifaz, in jenen Tagen, da ich die alten Karfunkelstädter kennen gelernt, ein Knabe wie ich, hatte, als er Mann geworden war und der Vater die Burg ihm nicht abgeben wollte, sich nach Süden gemacht und drüben im Dorfe Mühlenbach ein „Hüsle am Berg" samt einem Weib errungen.

Aber trotzdem es im Mühlenbach viel lustiger hergeht als in der Karfunkelstadt und es dort viel schöner ist, so bekam der Bonifaz, ein schwarzer, dunkler Kerl, doch Heimweh und namentlich ein heißes Verlangen, die Burg seines Vaters sein eigen zu nennen.

Der Vater Jörgle aber wollte die alte Hütte um keinen Preis abgeben. Er pflegte zu sagen: „In dem Hus will ich Meister si (sein), solang ich lebe." So oft der Bonifaz nun kam und den Alten bat um Übergabe der Burg, wurde er mit dem obigen Spruch entlassen. Immer bitterer ging der Bonifaz von dannen und hinüber in den „Müllebach". —

Es war ein schöner Sommertag des Jahres 1861 und zugleich das Fest Christi Himmelfahrt. Die Karfunkelstädter hatten sich über den Berg gemacht nach Zell in die Kirche. Nur die Heizmännin, welche mit ihrer Tochter „Gritle" in der Nachbarsburg des Stadtmurers wohnte, war daheimgeblieben und hütete die unmündigen Kinder der Karfunkelstadt in des Murers Stube. Da sieht sie plötzlich Rauch aufsteigen aus ihres Schwagers Hütte und im gleichen Moment einen dem „Bonifaz" ähnlichen Mann aus dem Heuschober springen, erst bergauf und dann talab dem Kinzigtal zu.

Wenige Minuten später, und die Strohhütte brennt lichterloh und sinkt vor den Augen der hilflosen Frau zusammen, ehe vom Eckerhof, von den Buchhöfen und den Hütten oberhalb der Karfunkelstadt einzelne menschliche Wesen herbeigeeilt waren.

Der alte Jörgle aber hätte, da er am Morgen in die Kirche ging, sagen können: „Heute Herr einer Burg in der Karfunkelstadt und nimmermehr", denn als er um die Mittagszeit heimkam, war sein Häuschen ein glühender Aschenhaufen. Niemand ahnte, woher das Unglück gekommen, und die einzige Zeugin der Tat schwieg aus Furcht vor — dem, der das brennende Haus flüchtig verlassen hatte. Der kam, sobald er es gehört haben konnte, und kondolierte dem Vater Jörgle. Dieser aber weist auf den Aschenhaufen hin und spricht: „So jetz hesch den Aschehufe, ich bau' nimme!" Das hatte der Bonifaz gewollt. Er ging hin, verkaufte sein Hüsle am Berg in Mühlenbach, rückte in die Karfunkelstadt ein und fing an zu bauen. Die umliegenden Buren führten dem durch Brand Verunglückten Steine und Holz gratis zu, wie es im Kinzigtale üblich ist. Bald stand eine neue Hütte, der man die Spuren der Neuheit längst nicht

mehr ansieht. Der Jörgle aber ging bald nach ihrer
Erstehung zur ewigen Ruhe ein.

Vor seiner so unheimlich erworbenen Burg
stand heute, da ich vor derselben ankam, der Bonifaz,
das Bild eines vom Schnaps und vom Schicksal
versteinerten Menschen. Er brachte kaum eine Ant=
wort heraus auf meine Fragen. Nicht einmal, wie
alt er wäre, wußte er. Als ich hierüber staunte,
rief eine schneidige Weiberstimme: „Der isch so dumm,
daß er nimme weiß, wie alt er isch; er word so
sechsafufzgi si."

Droben unter dem Dach zeigte sich ein in Lumpen
gehülltes Weib mit rotem Gesicht und funkelnden
Augen, einen Bund Stroh unter dem Arm. Es
war des Bonifazius Weib — eine echte und rechte
Mühlenbacherin mit altem Römerblut.

Der Ehegatte ließ ruhig seine Dame gewähren
und steckte den Schimpf ein, als ob er auch den nicht
verstanden hätte. Sicher ist, daß der Bonifaz heute
keine Burg mehr mit der Brandfackel erobern würde.

So schrieb ich anno 1890 und hatte mich richtig
in dem Bonifaz getäuscht.

Drei Jahre später ging ich im Mai eines Nach=
mittags das Tälchen hinab von Hoffstetten nach Hasle.
Von unten herauf schritt, ich erkannte ihn am Strauß
auf dem Hut, ein Hochzeitsläder. Als er näher ge=

kommen war und ich ihn fixiert hatte, sprach ich:
„Das ist ja der Bonifaz aus der Karfunkelstadt!"
Und richtig, er war es, hell und frisch, wie ein rechter
Hochzeitslader. Als ich staunend fragte, wie er zu
diesem Amte gekommen, meinte er: „Das Trinken
sei rar in der Karfunkelstadt. Drum hab' er sich
als Hochzeitslader aufgetan, um seinen Durst zu
stillen und dazu noch einige Pfennige zu verdienen,
die er seinem Weib heimbringe, welches schaffe,
während er umherziehe."

Der Bonifaz ist also nicht so dumm, als er damals
aussah, da er im Zeichen des Alkohols unter dem
Tor seiner Burg stand.

Ich fragte ihn nach seinem Hochzeitsspruch, den
er, den Hut abnehmend, feierlich vortrug. Als er
mein Geschenk für die Einladung erhalten, setzte
er seinen Hut wieder auf und hielt noch eine andere
Rede an mich: „Der Kaze=Krämer von Hasle, bei
dem er krome, habe ihm aus einem Buch von mir
vorgelesen, er hätte seinem Vater das Haus an=
gezündet. Jetzt verlange er von mir, daß ich, wenn
wieder ein Buch herauskäme, schreibe, der Bonifaz
habe das Haus nicht angezündet." — Ich versprach
ihm, dies zu tun und erkläre deshalb, der Bonifaz
ist der Mann nicht gewesen, den die Heizmännin
an jenem Himmelfahrtstag vom brennenden Haus

weggehen gesehen hat. Er schüttelte mir die Hand und schied.

Wenige Tage darauf war Maienmarkt in Hasle und ich dabei. Mitten im Gewühle der Landleute traf ich abermals den Bonifaz und mit ihm sein Weib, beide voll Freude, mich zu sehen. Ich lud sie ein zu einer Flasche Wein beim Sonnenwirt und machte die zwei Karfunkelstädter überglücklich.

Die Frau erzählte mit Stolz, daß jetzt auch fremde Menschen in die Karfunkelstadt kämen und nach dem Bonifaz fragten und nach seinem Weib.

Der Bonifaz aber erinnerte mich wiederholt an das Kapitel vom Hausanzünden, damit ihn die Leute nicht darum ansähen, namentlich die Fremden nicht.

Heute, 1910, sind der Bonifaz und sein Weib unter den Toten. —

Ich schritt an dem obgenannten Augusttage des Jahres 1890 aus der Karfunkelstadt hinaus und hinüber zum Hof, in welchem zu meiner Knaben=
zeit der Ramsteiner Jokele und später sein Sohn Michel, der Schlaumeier, residierte. Da sah alles noch aus, wie vor vierzig Jahren. Nur der Michel war auch fort in die Ewigkeit, aber er starb als vermöglicher Bauer, eine Eigenschaft, die sein Vater Jokele sich nicht errungen hatte.

Auch in das weltabgeschiedene Tälchen schaute ich, in welchem einst unser „Eichbosch" gestanden. Es war noch gleich einsam, aber wieder bewaldet, nachdem es seitdem wohl mehr wie einmal kahl gemacht worden war. —

Wir stiegen aufwärts dem Buchhof zu. Auf der Höhe öffnet sich zunächst das Entersbacher Tal. In diesem wohnte zur Zeit, da der Philipple in der Karfunkelstadt sein mühsames Dasein fristete, ein lustiger Mann, trotzdem er noch weniger besaß, als sein Nachbar in der Karfunkelstadt. Es war dies der „Spänen=Benedikt". Er hatte im obern Teile des Tales eine Hütte und darin nichts als ein Bett, einen Trog und seinen Spänenhobel; vor der Hütte ein Rad und ein wenig Bergwasser, um den Hobel in Bewegung zu setzen.

Seine Arbeit bestand nun darin, die Buchen, welche die Bauern von Berg und Tal ihm zuführten, in dünne, glatte Späne zu hobeln, die angezündet den Bauern ihre Stube und den Bäuerinnen die Küche erhellen sollten.

Der Spänen=Benedikt war bei dieser einsamen Arbeit stets heiter und lustig und nach derselben erst recht. An Sonntagen, bei Kirchweihen und Tänzen war er allzeit vornan und spielte seine Rolle, als wäre er der reichste Bauer. Er trug stets schönes „Häs" und trank roten Wein. Da er Geld verdiente und allein war, konnte er sich das leisten.

Einst hatte er sich an einer Kirchweih am Polizeidiener vergriffen und war eine Woche in Gengenbach eingesperrt worden. Er nahm all seine Kronentaler mit, und als die Sitzung um war, geht er in den „Salmen" zu Gengenbach und verlangt eine vierspännige Chaise. Weil er's bar bezahlt, bekommt er sie, fährt vierspännig das Tal hinauf bis zu seiner Spänhütte, zum großen Staunen aller Bauern, was für ein großer Herr durchs Tal fahren möchte.

Von der Hütte fährt er wieder talab und hinein nach Zell vor den Hirschen, wo er bereits hat melden lassen, es käme eine englische Herrschaft vierspännig.

Als sein Wagen über das Pflaster daherrollt und vor den „Hirschen", springen Wirt und Wirtin und Knechte daher mit Stühlen zum Absteigen und zur Begrüßung, und aus dem Wagen steigt — der Spänen-Benedikt.

„Eingesperrt sein, gilt als eine Schande," sagte dieser, „und ich muß mich jetzt wieder in Ehren zu bringen suchen." Zu Fuß ging er dann heim und hobelte wieder Späne.

Der Benedikt war auch Naturdichter, und noch geht eine dichterische Charakteristik aller damaligen Entersbacher Buren und Häuserbesitzer im Tale um, die der Spänenhobler verfaßt hat, und die seinen Humor und seine scharfe Beobachtungsgabe verrät. Sie lautet:

> Der Fürst isch der Bur uff der Eck,
> Der Dame-Karli het lange Säck.
> Der Maier-Zimpfe[1] mit der schwarze Zipfelkapp,
> Der Schilli-Basche[2] het a dicke Sack.
> Der Vollmer-Hans isch an der Wand[3],
> Und der Martisbur fahrt ins Wiland[4].
> Der Bruecher brucht' a baar große Schua,
> Und der hinter Strickerbur bringt s'Mul nimme zua.
> Der vorder Bur am Lehen
> Het den Gasthof voller Flöhen.
> Der Galli-Valli wohnt am Knobel,
> Und der Späne-Benedikt sitzt am Hobel.
> Der Breig lebt arm am Rain,
> Und der Halter hets Geld allein.
> Im vordere Mirebach hän si a schwarz Beiserle,
> Und im hintere gar kein Schnäuzerle[5].
> Der Müller drunte am Weg
> Und die untere Bure[6] henn alle guate Täg'. —

[1] Symphorian, ein häufig vorkommender Name, weil der so genannte Heilige Patron des Zeller „Kirchspiels" ist. [2] Sebastian. [3] d. h. am Aushausen. [4] Damit charakterisiert er ihn als Weintrinker. [5] Der Bauer im vordern Mirenbach hat einen kleinen schwarzen Hund und der hintere Bauer gar keinen, was sonst nicht vorkommt. [6] Die Bauern im untern Teile des Tales und der Müller haben gute Tage, d. i. gute Höfe, die ihren Mann erhalten. —

Über den Hof meines Führers Erdrich und über Zell kehrte ich am Abend mit dem Schneeballenwirt zurück nach Hofstetten. Aber die Hauptperson, die einzige noch in der „Stadt" lebende alte Karfunkelstädterin, das „Gritle", hatte ich nicht getroffen. Ich wollte sie selbst sprechen, und der Buchenbauer sollte sie mir nun bestellen auf seinen Hof, wenn ich einmal käme. —

4.

Fast genau zwei Monate später fand die Begegnung statt, abermals von Hofstetten aus. Es war ein frischer, duftiger Herbstmorgen, da ich, diesmal auf anderm Wege, den Höhen über der Karfunkelstadt zusteuerte. Ich ging die Kinzig abwärts dem Dorfe Bollenbach zu und von da wollte ich das Welschbollenbacher Tal hinauf.

Jeder Schritt war mir auch hier durch Jugenderinnerungen versüßt, namentlich als ich in dem abgelegenen Dörfchen Bollenbach angekommen war. In jedem Häuschen kannte ich vor vierzig Jahren die Menschen und heute sah ich kein bekanntes Gesicht. Sie sind fortgegangen, die alten Bollenbacher, fortgegangen wie mir selber „Jugend, Sang und Frühlingslust". Lassen wir sie hier wieder aufleben.

Da wohnte in meiner Knabenzeit gleich links am Dorfeingang in dem malerischen Bauernhause der alte „Winacker" mit seinen kurzen Hosen, seinen Schnallenschuhen, mit dem langen Zwilchrock und dem Kopf eines römischen Konsuls aus den besten Tagen der Republik.

Er kam mir vor wie ein stolzer Bauerngeneral, wenn er als an Markttagen in unsere Wirtsstube trat, ernst, vornehm, schneidig, kalt und ruhig.

Wenn ich mit dem Brotwägele an seinem Hause vorüberzog und das Brot meines Bäckervaters zu einer Hochzeit führte ins „Kreuz" oder in die „Krone" — und der Winacker schaute zu einem seiner kleinen Fensterchen heraus, so grüßte ich ihn feierlich, so respekteinflößend machte er ein Gesicht. —

Weiter drinnen im Dorf, in des Roser=Hansen Haus, wo eine Base von mir wohnte und ich als Kirchweih=Küchle holte, ist alles fort; zwei Generationen sind seitdem ausgestorben, und das alte Haus kam mir heute vor, wie ein moderner Sarg, in dem so manche glückliche Stunde meiner Knabenzeit begraben liegt.

Dort drüben, links von meinem Wege, liegen die zwei obengenannten Wirtshäuser. Die erschienen mir in jenen Tagen als wahre Freudenpaläste und Paradiesgärten, wo alles zu haben war, was des Knaben Herz erfreute: Essen, Trinken, Musik, Lebkuchen und lustige Menschen. Heute lagen sie vor mir da tot und einsam und verlassen und klein und traurig und armselig, wie Leichenhäuser, in denen nie ein Mensch heiter gewesen.

Mitten im Dörfchen ging ich an der kleinen Hütte vorüber, in welcher vor vierzig Jahren der Mann wohnte, der für uns Haslacher Buben die merkwürdigste Erscheinung war, die über die Kinzig herüber vom Land ins Städtle kam. Und das war der „Muser=Hans" oder „Schnauz=Hans" von Bollenbach.

Er hieß Hans Armbruster, war als Schmied in die Fremde gegangen, hatte sich anwerben lassen und diente in Neapel unter König Murat als Grenadier. Nach seines Königs Ende kehrte er heim ins Kinzigtal und ins stille Dörfchen seiner Väter, wo man ihn längst für verschollen gehalten. Aber er hielt es nicht lange aus in dem einsamen Dorfe. Er bekam, wie alle, die einmal mit dem Herzen dort waren, Heimweh nach Italien. Mittel hatte er keine, und so beschloß er, sich als Schmiedgeselle mit Fechten bis nach Neapel durchzuschlagen.

Fechtend kam er bis Zürich, wurde verhaftet und über die Grenze spediert. Er wanderte nach Donaueschingen und nahm hier als Alt=Fürstenberger Untertan Arbeit bei einem Schmied.

Des Schmieds Tochter verliebte sich in den stolzen Grenadier, und als ihr Gatte und mit ihrem kleinen Vermögen kam er abermals in seine Heimat zurück und baute sich ein Häuschen, um sein Handwerk zu treiben. Mit dem Bau war ihm aber das Geld ausgegangen, und ehe er dazukam, in seiner Schmiede zu hämmern, ward ihm das Häuschen versteigert. Es blieb ihm nichts als eine Herberge darin für sich und sein Weib, das sich, was man ihr als Evastochter nicht verübeln kann, durch eine mehr als billige Denkungsart auszeichnete.

Doch der Hans verlor seinen Mut nicht. Er ließ sich von der Gemeinde als Mäusefänger anstellen und trug deshalb den Namen „Muser=Hans". Unermüdlich stellte er jahrzehntelang den Maulwürfen nach und nebenbei, da das Amt eines „Musers" seinen Mann nicht ernährte, in verbotener Art den Füchsen, Hasen, Mardern, Fischottern und den Fischen.

So schlug sich der kinderlose Mann kümmerlich durchs Leben. Er war schon bejahrt, als ich ihn kennen lernte und bewunderte. Der einstige königliche Leibgardist vom Golf von Neapel hatte nichts gerettet aus seinen Kriegsdiensten als die Bärenmütze des Grenadiers. Und die trug er jeden Sonn= und Feiertag ins Städtle zum Kirchgang.

Dazu hatte er stets ein langes Koller an aus rohem Kalbsfell, die Haare nach außen. So kam er am Sonntagmorgen das Vorstädtle herein, kerzengrad, die Hände auf dem Rücken und mit einem kriegerischen Ernst, als ob er vor König Murat defilieren müßte. Ein Riesenschnurrbart, der ihm noch den Namen „Schnauz=Hans" verschaffte, gab seinem Gesicht den nötigen martialischen Ausdruck.

Buben lachen und spotten gerne, wenn alte Leute sich absonderlich kleiden, aber den Muser=Hans zu verlachen, daran dachte keiner. Sein Auftreten war ein derart imponierendes, daß uns jeder Spott verging. Ja, er zwang, mir wenigstens, noch etwas anderes ab — Mitleid. Man sah dem Hans die Sorge und den Kummer des Lebens an, aber gleichwohl schaute er, wenn ich ihn jetzt mir vorstelle, aus, wie einer, der sich von keiner Last beugen läßt, und je mehr man ihm auflädt, um so gerader sich stellt.

In ein Wirtshaus ging er aus Geldmangel nie, und ich bin überzeugt, daß er manchmal hungrig ins Städtle kam und hungrig hinausging, aber immer gleich stolz und gerade.

Er war ein willensstarker, schmerzverachtender Mann und lebte noch, als ich bereits Student war. Eines Tages erzählte mir mein Freund Feederle, der junge praktische Arzt des Städtchens, daß der Muser=Hans bei einem Unterleibsleiden mutig den Leib mit einem Rasiermesser sich aufgeschnitten habe, um selbst den Schaden zu besehen, weil der Arzt so lange nicht kam.

Dieser traf ihn noch an der schrecklichen Arbeit und rettete ihm das Leben.

Einmal hatte sein Weib, das hochgradig eigensinnig war, wie alle dummen weiblichen Wesen, Streit mit dem Hauseigentümer. Der schlug sie nieder, daß sie nicht mehr aufstand. Um den Totschlag von sich abzuwenden, behauptete der Täter, der Hans habe seine Frau noch vollends erwürgt. Der Muser=Hans meinte ruhig, wenn er so was hätte tun wollen, wäre es früher geschehen und nicht erst am Ende seines Lebens. Seine Frau sei ihm schon vor dreißig Jahren entleidet gewesen. Er ward freigesprochen.

Der Tod hat ihm schon längst die Bärenmütze abgenommen, dem armen Mann, der verachtet war als Mäusefänger, verfolgt von den Jägern und Fischern und verspottet von alten Eseln in Stadt und Land, die nicht ahnten, daß in dem Muser=Hans eine starke Seele wohnte, die sich groß fühlte auch im Elend.

Es gibt viele Leute unter den sogenannten Gebildeten, die hochnasig und protzig in der Welt herumlaufen. Es ist mir dies bei derlei Leuten immer ein Zeichen von innerer Hohlheit. Wenn aber ein armer Teufel, wie der Muser=Hans, stolz einhergeht und mit imponierender Würde sich trägt, so fühlt der Mann eben trotz seiner Armut, daß er zu etwas Besserem geboren wäre und es anderen Leuten unverdient beſſer gehe, als ihm. Und er hat recht, wenn er ſo denkt und ſo fühlt. —

Am Dorfbach blieb ich ſtehen und ſchaute die Hütten hinauf und hinunter. In einer derſelben wohnte in meiner Knabenzeit der „Schweiß-Jörg", der Inhaber eines kleinen Gutes, der Mann von 's „Dolde-Blaſis Theres" von Lachen.

Dieſes Lachen iſt ein reizender Weiler, einſam an der Kinzig gelegen, unterhalb Steinach. Die Theres aber hatte in ihrer Jugendblüte viele Freier, darunter auch den „Schilli-Baſche" von Ober-Enters-bach, Beſitzer eines großen, schönen Bauernhofes. Dem Vater „Dolde-Blaſi" war dieſer „Bur" angenehm, der Thereſe aber ein armer Burſche von Steinach, genannt der Metzger-Seppli, noch viel angenehmer. Er diente mit ihr auf dem Hofe des „Bunke-Stines" im benachbarten Zinken Niederbach.

Sie war Magd und der Seppli Knecht. Als nun der Vater ſie eines Sonntags nach Lachen beorderte und ihr erklärte, ſie müſſe auf Micheli heim und den Schilli-Baſche heiraten, die Hochzeit ſei noch vor Martini — da war ihr das ein ſchweres Leid.

Sie klagte es dem Metzger-Seppli am Abend und beide beratſchlagten, was zu tun wäre. Der Seppli wußte keinen Rat. Die Eva-Thereſe aber war findiger und ſchlauer. Sie meinte, es hänge zunächſt davon ab, die Hochzeit für Jahr und Tag zu verschieben, und da gäbe es nur ein Mittel, der Seppli solle dem Schilli-Basche den Hof anzünden.

Das leuchtete dem Steinacher Helden ein. Am folgenden Abend schon sollte die Tat vollbracht werden.

Es war im Herbst, die Bäuerin im Niederbach saß spät mit ihren Mägden noch am Apfelschnitzen zum Dörren in der Stube. Die Theres war unruhig und mahnte zum Aufhören, sie wolle ins Bett.

Als alles zur Ruhe gegangen, holte sie in ihrer Kammer das weiße Leintuch von ihrem Lager und der Seppli den Rappen aus des Bauern Stall. Das Maidle legt die weiße Decke über den Gaul, der Seppli besteigt ihn und reitet über die Kinzig hinüber dem Entersbach zu. Der Schippenwald, eine hohe Bergwand an der Kinzig, trennt den Entersbach vom Kinzigtal, auf dessen linkem Flußufer Lachen und Niederbach gelegen sind.

Die Theres geht nicht ins Bett, sondern auf den Hügel hinter dem Hof und schaut über die Höhen des Schippenwaldes, über denen Feuer und Rauch in der sternenhellen Nacht signalisieren müssen, ob das Werk gelungen.

Als nach einer Stunde eine Feuersäule hinter dem Schippenwald heraufstieg — da erwachte bei der nächtlichen Schauerin plötzlich das Gewissen. Sie eilt in ihre Kammer, jammert und stöhnt und weckt dadurch ihre Mitmagd, der sie auf Befragen, warum sie weine, alles gesteht, was sie angerichtet.

Der Seppli aber ritt, als das Feuer zum Strohdach hinausschlug, auf seinem „Schimmel" davon und rief durchs ganze Tal: „Feuer, Feuer! Es brennt beim Schille=Basche!" Die vom Schlaf aufgeschreckten Bauern halten den Schimmelreiter für einen „Feuerreiter" und springen harmlos an ihm vorüber der Brandstätte zu.

Schon ist er wieder am Ausgang des Seitentals, in welchem Entersbach liegt, als der Vogt von Entersbach, der damals in „Stöcken" wohnte in dem alten Posthaus am Eingang zum Kinzigtale, ihm entgegenspringt und von weitem ruft: „Wo brennt's?"

Der Seppli kennt den Vogt an der Stimme; er glaubt sich verraten, wenn er an ihm vorbeireitet und darum sprengt er querfeldein. Dem Vogt wird der flüchtige Reiter verdächtig; er schaut ihm nach und sieht, wie er talaufwärts reitet. Am andern Morgen findet man ein Hufeisen, das der Schimmel verloren. Der Schmied von Steinach, dem das Eisen und später der Rapp des Bunke=Stines zum Beschlagen gebracht wird, bringt's an den Tag.

Eines gibt das andere, und am Ende wird der Metzger=Seppli als Brandstifter nach Hasle ins Amts=

gefängnis geführt. Aber jetzt ist er Kavalier, er verrät seine Dulcinea nicht und nimmt alles auf sich. Die mitwissende Magd schweigt. So kommt der Metzger-Seppli — trotzdem man allgemein von der Therese munkelt als Mithelferin — allein ins Zuchthaus, wo er nach kurzer Zeit stirbt. Die schöne Theres von Lachen aber hatte durch die aus Liebesnot und im Liebesrausch erfolgte Tat zwei Hochzeiter auf einmal verloren.

Sie heiratete später hinauf nach Bollenbach, den Schweiß-Jörg, der, ein braver Mann, seinem Namen alle Ehre machte. Im „Schweiße" arbeitete er und rang nach irdischem Gut vom Morgen früh bis abends spät. Der schönen Therese blühten so beim Jörg keine Rosen, wohl aber sieben Töchter und zwei Söhne, alle gute Kinder.

Den Schweiß-Jörg sehe ich heute noch lebhaft vor mir, wie er zur Sommerszeit mit seinen Birnen und Äpfeln ins Städtle fuhr auf den Markt und uns Buben den Mund „wässerig" machte, denn er hatte immer die erste und die schönste Ware.

Ich fragte heute einen Mann, der vor seiner Hütte stand, ob der Schweiß-Jörg und seine Frau schon lange tot wären. „Er ist schon lange gestorben," war die Antwort, „aber sie starb erst diesen Sommer, über 90 Jahre alt." —

Da ich gerade vom Vogt von Entersbach gesprochen, will ich noch etwas einschalten, eine größere Tat eines Vogts von Stöcken[1], die nirgends geschrieben steht.

Es war im Dreißigjährigen Krieg, anno 1646, als eines Tages Schweden von Lahr her ins Kinzigtal einfielen und bei Stöcken ihr Lager aufschlugen, um von da aus das Städtchen Zell zu überrumpeln. Der Vogt, der von seinem einsam gelegenen Hause aus sah, wie sie die Kinzig überschritten und auf dem rechten Ufer sich festsetzten — eilte nach Zell und schlug Lärm. Die Bürger der kleinen Reichsstadt und die Entersbacher Bauern überfielen nun unter Führung des kriegsgewandten Vogts die Schweden, schlugen sie in die Flucht und eroberten das Feldlager mit sechs Geschützen.

Dem tapfern Vogt aber wurde aus der Beute ein mit Silber beschlagenes Schwert überreicht, das in der Gemeine fortan bewahrt wurde. Alljährlich aber feierten die Bauern die Erinnerung an den schwedischen „Schurtig" (Schauertag) in festlicher Art.

Das schönste Maidle und der gewandteste Bursche

---

[1] Stöcken heißt der kleine Weiler am Scheideweg von Kinzig- und Harmersbachtal. Er gehört zur nahen Gemeinde Unterentersbach, die ihre Vögte nicht selten aus dem Nebenort bekam und nahm. Hier waren einst die Zollstöcke (Barrieren) und eine uralte Poststation.

wurden als Schwertmeister und Schwertmeisterin gewählt. Die beiden gingen dann mit dem Schwert von Hof zu Hof und drückten dasselbe jedem Bauer in die Hand, für welche Ehre er einen Kronentaler zu bezahlen oder einen Schinken zu spenden hatte.

Für das so gesammelte Geld ward Wein gekauft, und nun ging die Jugend ans Schmausen, vom Sonntag nachmittag bis Montag abend beim Schwertmeister und vom Dienstag früh bis Mittwoch abend bei der Schwertmeisterin.

Das Schwert ward dabei als Trophäe, als Sieges- und Festzeichen mitgeschleppt.

Als einst an einem „Schurtig" Händel entstanden und ein Mord mit dem Schwert begangen wurde, gab der Reichsschultheiß von Zell den ihm unterstellten reichsfreien Entersbacher Bauern ein hölzernes und nahm ihnen das silberne, das seitdem längst verloren ging.

Das Landvolk, allezeit ein gutes Kind, feierte unverzagt sein Fest auch mit dem hölzernen, so lustig, wie zuvor.

1845 war der letzte Schurtig. Dann kamen das Hungerjahr 1847 und die Revolutionsjahre 1848 und 49. Der Festtag unterblieb bei dem loyalen Volk von Entersbach.

Und nach der Revolution kam die Zeit der Reak=
tion, und da hatte der Oberamtmann von Gengen=
bach den traurigen Mut, den Schurtig zu verbieten.
So starb der schöne Tag, und das Volk, das immer
mehr mit Papier und Aktenzwirn regiert wird, kam
um ein poetisches Fest und um eine schöne Erinne=
rung an eine Großtat, wie sie noch kein Oberamtmann
geleistet hat.

In der „Stampfe" zu Entersbach, wo die Bauern
ihre Gerste stampfen lassen, wohnte der letzte Schwert=
meister, und dort ruht heute noch das hölzerne Schwert,
das der Oberamtmann zu konfiszieren vergaß. —

In Stöcken im Posthaus residierte von alters her
die Familie „der Schweißen", und die beiden Vögte,
die wir erwähnt, gehörten wohl dieser Bauern= und
Posthaltersdynastie an.

Ihre Nachkommen zogen später ins benachbarte
Dorf Biberach und blieben allzeit lustige Leute und
tapfere Männer in Tat und Trunk. Ich hab' manch
einen von ihnen gekannt.

Einer der würdigsten Vertreter „der Schweißen
von Stöcken" wohnt heute, 1910, noch in der schönen
Dreisamstadt. Er ruft seine Mitbürger zum Streit
nicht gegen die Schweden, wohl aber gegen die Wel=
schen. Und unter Alfreds Führung ward schon zahl=
losen Franzosen der Garaus gemacht und mancher

Schurtig gefeiert, denn er ist Generalvertreter der Firma Venoge & Kompanie in Epernay. —

Und nun zurück auf unsern Weg nach der Karfunkelstadt.

Auch eine „wilde Kirsche" ist in Bollenbach gewachsen, an die ich heute, am Dorfbach stehend, erinnert wurde. Hinter dem Haus des einstigen Schweiß-Jörg liegen an einer Berghalde, hier Rain genannt, zerstreut einzelne kleine Häuschen.

Die Besitzer derselben tragen alle im Dorf den Beinamen Rain, zu dem noch der Vorname des einzelnen als Unterscheidung kommt. So gab es zu meiner Knabenzeit einen Rai-Jörg, einen Rai-Jok, einen Rai-Xaveri und andere.

Der Rai-Xaveri war zugleich „Sicherheit", d. i. Polizeidiener. Er konnte aber weder lesen noch schreiben. Wenn er nun ein Schriftstück mit der „Ortsschelle" bekannt machen sollte, so mußten es ihm seine Frau oder seine Kinder so lange vorlesen, bis er den Inhalt auswendig konnte. Alsdann schritt der Rai-Xaveri stolz durchs Dorf und las den Ukas auswendig herunter. Dabei war der Xaveri ein trinkbarer Mann, wie jeder ordentliche Dorfpolizist. Sein Dienst und sein Gütchen vertrugen aber wenig Wirtshausspesen, drum mußte er sich zu helfen suchen.

Es ist nun Sitte, daß jeder Bauer im Wirtshaus dem eintretenden Bekannten das Glas „zubringt", auf daß er trinke. Dem Polizeidiener gönnt es gar jeder. Der Xaveri pflegte bei solcher Gelegenheit das dargebrachte Glas bis auf die Nagelprobe zu leeren. Wenn er aber auf eigene Rechnung einen Schoppen trank, so ließ er sich vom Wirt das kleinste Glas geben aus Furcht, es möchte ihm einer auch so machen, wie er es den andern. —

Des Xaveris nächster Nachbar war der „Rai=Jok", der Vater der „wilden Kirsche", die aber ihren Geist, wie allgemein, von der Mutter schöpfte, welche die Tochter des alten Dorfschullehrers Echle war.

Der „Rai=Jok" war ein ebenso braver als armer Mann. Im Stall stand ein mageres „Kühle", und um das Häuschen lagen einige wenige Felder. Aber das reichte nicht für eine Familie mit fünf lebendigen Kindern. Der Jok bebaute deshalb mit seinem Weib noch bei den Bauernfürsten im angrenzenden Welsch=bollenbacher Tal Neufeld um den dritten Teil, d. h. die Bauern gaben das Feld und bekamen den dritten Sack Kartoffeln oder die dritte Garbe bei der Ernte.

Die Theres, seine Frau, spann im Winter das Garn zum Zwilch, der, blau gefärbt, für alle Familien=glieder die Kleidung abgab. Das brave Weib spann manchen Winter neben ihren fünf Kindern und der

Sorge für die Haushaltung 100 Ellen Zwilch. Sie saß bis zwölf Uhr abends am Spinnrad und um vier Uhr morgens setzte sie das Rädchen schon wieder in Gang.

Vor solch einer Hausfrau habe ich, nebenbei gesagt, mehr Respekt als vor der schönsten und vornehmsten Prinzessin des Deutschen Reiches, die ihr Lebtag noch nichts geleistet und sich stets nur hat bedienen und hofieren lassen. —

In der Fastenzeit kommen alljährlich am frühen Morgen viele arme Bübchen vom Land nach Hasle und bringen Froschschenkel und „Ritschile" (Ackersalat). Die Frösche haben sie in der vorhergehenden Nacht gefangen, mit brennenden Buchspänen an den Wassergräben und Teichen der Wiesen des Tales hinziehend. An Weiden gekoppelt, werden dann im Städtle die Froschschenkel feilgeboten, zu meiner Zeit das Dutzend zu zwei und drei Kreuzer.

Den ersten „Ritschile=Salat" brachten in der Regel die Schnellinger und die Bollenbacher Buben, da beide Dörfer sonnig liegen. Die Rebe und der Pfirsichbaum kommen in ihnen noch fort, kurz ehe der Schwarzwald dies ihnen unmöglich macht.

Unter den „Ritschile=Buabe" zu Ende der fünfziger Jahre befand sich auch des „Rai=Joken" Ältester, der „Sepp", ein blasser, schmächtiger Knabe mit kleinen, lebhaften Augen und einem schwarzen Krauskopf. Er eilte hurtig von Haus zu Haus mit seinem Salat und, wenn er allen verkauft, ebenso schnell mit seinen wenigen Kreuzern heim zur Mutter.

Am Nachmittag mußte er dann in die Bergwälder der Bauern und Holz lesen fürs Vaterhaus.

Noch ehe er aus der Schule entlassen war, verdingte der Rai-Jok seinen Sepp, um ihn von der Tischlade wegzubringen, dem „Heizenbur" in Welschbollenbach als Hirtenbub.

Der Heizenbur, den ich noch gar wohl kannte, war ein kreuzbraver Mann, der in meinem elterlichen Haus seine Einkehr hatte, wenn er zum Markt kam.

Er hatte sechs Söhne und sechs Töchter, die ihm als Knechte und Mägde den Hof bearbeiteten. Zwei Hirtenbuben waren die einzigen Fremdlinge auf dem „Heizenberg".

Da hörte man kein unpassendes Wort, und jeden Abend betete der Heizenbur mit seiner ganzen Familie dreizehn Vaterunser, den Glauben und den Englischen Gruß, an Sonntagen aber den Rosenkranz.

Als der Sepp aus der Schule kam, in der er trotz seines Hirtenlebens der erste war und blieb bis zum Ende, — hätte er gar gern „studiert". Aber der Pfarrer von Steinach riet ihm ab, weil er gar zu arm sei. Betrübten Herzens mußte er sich fügen.

Vom „Studenten" zum Steinklopfer ist ein großer Sprung abwärts, aber den mußte der Sepp machen. Er tat ihn unverdrossen, um seinen Eltern etwas zu verdienen, und klopfte in den sechziger Jahren beim Bau der Schwarzwaldbahn in und um Haslach von morgens fünf Uhr bis abends sieben Uhr Steine und zwar so fleißig, daß er täglich nahezu einen Gulden verdiente und anno 1866, als der Krieg ausbrach, sich eine Zeitung, das „Mainzer Volksblatt", halten konnte, um seine Neugierde und seine Lesesucht zu befriedigen.

Als die Bahn im gleichen Kriegsjahr fertig wurde, war es auch mit dem Geldverdienen aus, und der Vater Rai=Jok beschloß, aus dem Sepp einen Schreiner zu machen.

So kam es, daß ich eines Tages, in der unmittelbarsten Nachbarschaft meines Elternhauses, wo ich gerade zu Besuch weilte, den blassen, schwarzen „Ritschile=Sepp" von Bollenbach als Schreinerlehrling bei Meister Hauschel sah. Vom Handwerk lernte er bei diesem nicht allzuviel, denn seine Werkstätte war das Parlament für verschiedene Haslacher Politiker und Volksredner. Und von denen hat der Sepp zweifellos mehr gelernt, als in der Schreinerei. —

Zehn Jahre später hielt ich eines Abends in einem Dörfchen drunten bei Renchen eine Volksversamm=

lung, um mich den Bauern als Kandidaten für den Reichstag zu empfehlen. Da erhob sich nach mir ein junger Arbeiter und hielt eine Rede, die zweifellos besser war, als die meinige. Ich hörte ihn von einer Nebenstube an, und als er geendet, trat ich auf ihn zu, um ihm zu gratulieren. Ich staunte nicht wenig, da er sich entpuppte als des „Rai=Joke Sepp" von Bollenbach.

Er hatte als Schreinergesell die Welt durchwandert, lange in Berlin gearbeitet und, eingedenk der Haslacher Parlamentarier in des Schreiner Hauschels Werkstätte, sich in katholischen Vereinen der Reichsstadt zum Volksredner herausgebildet, der selbst in Berlin Furore machte.

Es vergingen abermals ein paar Jahre und eines Tages traf ich ihn wieder während eines Landtags in Karlsruhe. Er hatte hier in einer Möbelfabrik gearbeitet, sein Drang, vorwärts zu kommen, ihn aber auf die Kunstgewerbeschule getrieben. Hier blieb er unter Hunger und Entbehrungen aller Art drei Jahre lang, studierte bis nach Mitternacht und machte dann das Examen als Zeichnungslehrer, und zwar als der Beste seines Kurses.

Und heute ist der kleine, blasse „Ritschile=Händler" und „Steinklopfer" Gewerbeschullehrer in einer der ersten Städte des badischen Ländchens.

Ist das nicht eine „wilde Kirsche"?

Und seine brave Mutter hat ihres Sohnes Sieg erlebt. Als der Sepp in die Fremde mußte, sollte er noch eine Reisetasche haben, nachdem die Kleider notdürftig aufgebracht waren. Da nahm die Mutter einen schweren Korb „Kohlsetzlinge" aufs Haupt und den Sepp an die Hand und wanderte mit ihm gen Zell, wo an Samstagen Wallfahrt ist und die Bauernweiber des rauheren Harmersbacher Tales „Setzlinge" kaufen. Der Erlös für die Setzlinge reichte gerade hin, um die lederne Tasche zu zahlen. Da weinte die arme Frau und sprach: „Jetzt muaß i mi Geld alles hergebe für den Bua und in der Frembi wird er villicht a Lump."

Hungrig und durstig zogen beide wieder den weiten Weg heim; aber der Sepp wurde kein Lump, und die gute Mutter freute sich noch jahrelang in ihrem Häuschen „am Rain" in Bollenbach des braven Sohnes, der ihr in jeder Art die alten Tage versüßte. —

5.

Ich schritt das Dorf hinauf dem Tälchen Welsch=
bollenbach zu, das mich auf die Höhe bringen sollte.
Da stand nahe an seinem Eingang einsam und zer=
fallen die Mühle des alten Odilo Schöner, des Ölers
von Bollenbach, wunderbar malerisch mit ihrem
großen, bemoosten Schaufelrad, ihren von Winden
und Wettern längst aufgerissenen Holzwänden und
dem von der Zeit grün gewordenen Strohdach
darüber.

Er kam während meiner Knabenzeit oft in unser
Haus, der Odilo, ein Mann mit einem riesigen Schädel
und krausem, grauem Haar, nicht unähnlich dem fran=
zösischen Bürgerkönig Louis Philipp. Damals schon
war er ein armer Mann, zurückgekommen, wie mein
Vater erzählte, durch seinen „Herrendienst". Der
Öler war in den dreißiger Jahren Vogt für Dorf
und Tal Bollenbach gewesen und, weil sehr gescheit
und witzig, äußerst beliebt bei den Beamten. Und
ihm selber schmeichelte es, mit den „Herren" verkehren

zu dürfen. Er blieb bei jeder Gelegenheit bei ihnen sitzen als guter Unterhalter, und daheim stand seine Mühle still und sein Gut ward schlecht bestellt.

Er konnte meisterhaft erzählen, und wenn er in unsere Stube kam, so führte er unter den Bauern das erste Wort, und aller Augen hingen an seinem Riesenkopf.

In seiner Ölmühle, wohin ich ein oder das andere Mal kam, um Öl zu holen, war er eine komische Gestalt. Aus seinen schmutzigen, mit Öl getränkten, groben Zwilchkleidern schaute sein großes Medusenhaupt grauenhaft hervor, und wer ihn nicht gekannt, wäre geflohen. Dabei

DIE ALTE ÖLMÜHLE

war er in seinen hohen Jahren noch äußerst beweglich und sprang behend in sein altes Wasserrad, wenn es zu wenig Wasser hatte, und trieb es an; ein Kunststück, das er gerne zum besten gab.

Die Leistungsfähigkeit seiner primitiven Mühle war nur eine kleine. Er „rollte" den Bauernweibern Gerste zu Suppen und preßte Nüsse und Buchkernen aus, welche die Leute ihm brachten. Den Lohn nahm er in natura und verkaufte dann seinen Anteil an Öl und Gerste auf dem Haslacher Wochenmarkt. Er brachte aber meist seine ganze Ware auf dem Rücken in einem langen Sack, und der ehemalige Vogt und Herrenunterhalter trug in allem den Typus des armen Mannes.

Aber der Öler hat zu allen Zeiten Schicksalsgefährten seiner Art in Menge gehabt. Denn es ist für den gemeinen Mann, der keine Besoldung hat, von der er leben kann, stets gefährlich, in jenes Reich einzutreten, das jeden Menschen verdirbt, in das der „Bureaukratie". —

Noch einen Sonnenschein erlebte der Öler-Vogt am Ende seines Lebens. Er brachte, trotzdem er ihr nichts geben konnte, seine alternde Tochter bei einem alten Mann an in Biberach. Die Hochzeit ward im „Kreuz" zu Vollenbach gehalten und ich als Knabe mit meiner Mutter war auch dabei. Mich freute es, an=

wohnen zu dürfen, als wäre es die Hochzeit einer Prinzessin und nicht einer alten, armen Olerstochter. Und keine Hochzeitsfeier der Welt könnte mir heute jenes Vergnügen bieten.

Schon in der Frühe war ich im Dorf gewesen mit unserem Lehrbub, dem Peter. Wir hatten Brot ins „Kreuz" geliefert und eine „Zeine" voll dem Oler gebracht zur „Morgensuppe". Und am Nachmittag rückte ich im Sonntagsgewand mit der Mutter bei der Hochzeit an. Ich war stolz, das erstemal ein Hochzeitsgast zu sein, und jener Tag ist mir noch gut in Erinnerung. Ich könnte, so ich Maler wäre, die Hochzeiterin noch malen und den alten Oler, der an der Hochzeitstafel präsidierte, dazu. —

Es war im Herbst 1893, zweiundvierzig Jahre nach diesem schönen Tag, als eines Morgens eine alte Frau in der Kleidung der Bauernweiber des mittleren Kinzigtales die Stiege meines Pfarrhauses in Freiburg heraufkam und meiner Schwester die Hand zum Gruß bot. In diesem Augenblick trat ich hinzu und sah, wie meine Schwester die Frau wildfremd anschaute. Ich aber rief alsbald: „Das ist des Olers Nanne von Bollenbach!" Von ihrem 35. Lebensjahre bis zum 77. hatte ich sie nicht mehr gesehen, aber die goldene Knabenzeit hatte mir das Bild der Hochzeiterin so diamanten in die Seele geschrieben, daß ich es auch in der Greisin alsbald wieder erkannte.

Ihr Mann ist längst tot. Sie hat, kinderlos, Haus und Gärtchen einem Verwandten ihres Mannes abgetreten und sich nur eine Stube vorbehalten. Sie will aber auch im Alter der Welt noch nützlich sein und erzieht jeweils bis zur Schulentlassung ein Kind, das Waise ist oder eine Mutter hat, die nichts für dasselbe tun kann. So hat sie jetzt einen armen Knaben und dem wollte sie eine Freude machen und Freiburg zeigen. So kam sie zu mir, und ich hatte eine größere Freude an der Nanne und an der Erinnerung an ihren Hochzeitstag, als wenn eine Fürstin mich besucht hätte.

Sie hatte nur einen Wunsch, das Buch zu besitzen, in dem „von ihr geschrieben stehe". Sie bekam es und ein schönes Gebetbuch dazu.[1] —

An jenem Hochzeitstage sagte der Alte zu meiner Mutter: „Becke-Philippi, Euer Bua, den Heiner, müsse Ihr kei Beck werde lasse, er isch z'bleich dazu."

Die Hochzeit hatte des Alten letzte Groschen gekostet. Er kämpfte fortan mit Nahrungssorgen, und als sie ihn bald darauf über den „Bollenbacher Steg" über die Kinzig und auf den Steinacher Kirchhof

[1] Sie starb erst im 20. Jahrhundert in der Armenanstalt zu Fußbach, drei Stunden unterhalb Hasle.

trugen, da haben sie den einst gescheitesten Vogt im
Tal, aber einen blutarmen Mann begraben.

Heute stand ich vor seiner Öle. Kein Mühlrad
rauschte, keine Seele ließ sich blicken, der Öler ist längst
verschwunden, der da gewohnet hat, — aber lebendig
stand vor mir, dem „bleichen Heiner" mit den blei=
chenden Haaren, die Erinnerung an den Alten. In
tiefer Wehmut ging ich weiter. —

Wir kommen ins enge Bergtälchen hinein. Hier
wohnen die Großbauern, im Dorfe die Taglöhner.
„Dorfer" und Taglöhner ist in der Gegend meist e i n
Wort. Die fünf Bauern im Tal haben mehr Eigen=
tum, als die „Dorfer" alle zusammen.

Im ersten Hof, dem „vorderen", schaut die
Bäuerin eben zum Fenster heraus, eine alte Bekannte
von mir. Sie war in meiner Studentenzeit das
schönste Mädchen in Mühlenbach und heiratete auf
den „vorderen Hof". Aus der schlanken, stolzen
Jungfer von damals ist aber eine breite Riesendame
geworden, trotzdem ihr wenig Rosen geblüht im ein=
samen Hof des stillen Tälchens. Sie hat bereits zwei
Männer begraben müssen und lebt jetzt mit dem dritten.
Der Hof ist ihr zudem in den siebenziger Jahren ab=
gebrannt.

Bei diesem Brande geschah eine Heldentat und
zwar von einem kaum dem Kindesalter entwachsenen

Bauernmädchen. Dieses war mit der närrischen Mutter des Bauern und einem Häuflein Kinder an einem schönen Maientag des Jahres 1874 allein in der hintersten Stube des großen mit Stroh gedeckten Bauernhofes. Die närrische Alte entfernte sich und steckte in ihrer Narrheit das Haus in Brand. Bald darauf hörte das Mädchen ein Knistern, und als es die Türe öffnet, schlägt ihm schon dicker Rauch entgegen.

Es rettete, wie die ältern Kinder es nachher erzählten, nun eines der Kinder um das andere durch Rauch und züngelnde Flammen hindurch hinaus ins Freie. Schon glaubte das brave „Maible" seine Arbeit beendet, als ihm einfällt, das jüngste Kind schlafe noch in der Wiege. Mutig stürzt die kaum Fünfzehnjährige abermals in das brennende Haus, um auch dies letzte Kind zu holen.

Die junge Heldin kam nicht wieder. Verkohlt fand man ihre Leiche unmittelbar vor der Haustüre, das Kind im Arm. Noch wenige Schritte und ihr Rettungswerk wäre gelungen — da stürzt der Dachstuhl, bedeckt den Ausgang und begräbt sie.

Droben im Berg aber saß die närrische Großmutter und lachte über das Werk, so sie angerichtet. Das Mädchen, welches mehr Seelengröße bewiesen, als mancher „berühmte" Mann, hieß Afra Uhl und war aus dem Dorfe Mühlenbach.

Es steht wahrscheinlich kaum mehr ein Kreuz über seinem Grab auf dem Kirchhof in Steinach; drum wollen wir es hier nicht vergessen im Vorbeigehen am „vorderen Hof".

Die vordere Bäuerin aber, die heute so lebensfroh zum Fenster hinausschaute und vergeblich mich einlud, bei ihr anzukehren, hat wohl damals nicht daran gedacht, daß man auch sie bald hinabtragen würde auf den Gottesacker von Steine. —

Ich ging langsamen Schrittes weiter. Nach einer Viertelstunde erscheint wieder ein mir wohlbekanntes Gehöfte. Es ist der „Schilli=Hof". Da wohnte bis vor zwölf Jahren mein Freund, der „Jaköbele", als Hofbauer. Wir waren so ziemlich gleichalterig und kannten uns schon von den Knabenjahren an. Wenn ich als zehnjähriger Bube da vorbeiging zu meinen Schafen auf dem Dierlisberg und er am Bache saß und Pfeifen schnitzte, ging er mit mir.

Der Jaköbele war zu seiner Zeit zweifellos der körperlich kleinste und schmälste Bauer des Schwarzwaldes, eine Miniatur, welche in dem langen schwarzen Samtrock fast verschwand. Seine Fistelstimme und sein bartloses, blasses Gesicht paßten eher für eine winzige Nähmamsell, als für einen Bauer im Kinzigtal.

Fürs Bauerngeschäft taugte der Jaköbele nie

recht, er war zu schwächlich für die harten Arbeiten auf dem steilen Gebirgshof. Er legte sich deshalb einen kleinen Weinberg an hinter dem Haus und pflanzte darin einen guten Rotwein, mit dem er nicht geizte, wenn Gäste kamen. Auch weilte er viel in

SCHILLIHOF

seiner kleinen Mühle am Weg und machts Mehl, so lange er Wasser hatte.

Zur Winterszeit, wenn die Knechte Frucht droschen, saß der Jakóbele in der Stube und machte Figuren für seine Weihnachtskrippe: Hirten, Jäger, Drei=Könige, Apostel. Und hierin leistete er, ohne je etwas der Art gelernt zu haben, Großes.

Ich war einmal in der Mitte der siebenziger Jahre über die Weihnachtszeit bei ihm und sah seine Krippe. Er hatte sie im „Stubenwinkel" zwischen den Fenstern. Vor dem heiligen Krippenkind defilierten in vom Jaköbele selbst geschnitzten Figuren die Hirten, die Drei=Könige und die zwölf Apostel.

Sein Brunnen vor dem Hause setzte die Figuren durch kunstreiche, von dem kleinen Bauer angelegte Transmissionen in Bewegung. Das Ganze zeigte Kunst= und Scharfsinn. —

In jener Zeit besuchte er mich einmal in Karlsruhe, um den Landtag anzusehen und einer Kulturkampf=Debatte anzuwohnen; denn der Jaköbele war der feurigste Bekenner des Zentrums im ganzen Tal und ein tiefgläubiger Mann. Er war noch nie in einer größern Stadt gewesen und hatte deshalb meinen Bruder, den Sonnenwirt von Hasle, seinen Herbergsvater an Markttagen, mitgenommen.

Als nun beide am Abend im Hotel in einem Zimmer sich zur Ruhe begaben, protestierte der Jaköbele energisch gegen das Vorhaben des Sonnenwirts, die Stiefel vor die Zimmertüre zu stellen, weil sie unfehlbar gestohlen würden. Der Sonnenwirt gab dem ängstlichen Männlein nach.

In der Nacht seufzte das Bäuerlein, daß man „in dem Karlsruhe" so kurze Betten habe. Er sei doch so klein, vermöge sich aber trotzdem nicht zu decken und friere. Sein Cicerone steht auf, zündet ein Licht an und sieht nach. Da liegt der gute Jakobele nicht im Bett, sondern bloß unter dem „Plumeau", das begreiflicherweise den ganzen Mann nicht deckte.

Der Hausknecht, wissend, daß in der betreffenden Nummer zwei „Herren" logierten, klopfte am Morgen und fragte nach den Stiefeln. Da schrie der Kleine mit seiner Fistelstimme, er solle machen, daß er fortkomme. Das habe er, der Jakobele, nicht nötig, die Stiefel herzugeben, damit sie gestohlen würden.

Der Sonnenwirt gab die seinigen ab, der Jakobele aber trennte sich um keinen Preis von seinen Stiefeln, traute selbst seinem Herbergsvater nicht und glaubte, man wolle ihn in Verlegenheit bringen, damit er in Karlsruhe nicht ausgehen könne.

Er dachte wohl an das im Kinzigtal viel gesungene Volkslied:

Z' Lautebach hab' i mei Strümpf verlore,
Ohne Strümpf geh' i nit heim —

und drum wollte der Jakobele seine Stiefel nicht in Karlsruhe verlieren.

Seine Frau, die Käther, Tochter vom obersten Hof im Tal, vom Barbaraster, war ebenso klein, wie er, aber in dem Grad korpulent, in welchem der Jakobele mager. An Gutmütigkeit und Bravheit übertraf sie alle Bäuerinnen weithin und paßte in ihrem stillen, ruhigen Wesen vortrefflich zu dem aufgeregten, zappeligen Jakobele.

Sie starb in jungen Jahren, und nach ihrem Tode sandte mir das Bäuerlein ihre Photographie zum Andenken mit dem folgenden von ihm gefertigten Vers auf der Rückseite:

> Mei' Käther ist gestorben
> Nach Kummer, Sorg und Müh'.
> Und mir ist alle Freud' verdorben,
> Doch nie vergeß ich sie.

Der Jakobele lebte nur noch wenige Jahre nach ihrem Hinscheiden, und dann führten sie auch ihn im „Totenbaum" das Tal hinaus.

Sepp, der Sohn und Stammhalter, hat bald darauf mit Hilfe einiger Juden „Hab und Gut" verloren. Traurig und öde sah es heute aus, wohin ich blickte. Die gute Käther würde sich zu Tod weinen, wenn sie wiederkäme. —

Die folgenden Höfe im Welschbollenbacher Tälchen liegen alle abseits des Weges auf den Höhen und sind nicht sichtbar, bis hinauf zum obersten, zum Barbaraster.

Der Weg wird immer steiler. Mühsam drängen kleine Bächlein zwischen Erlengebüsch in tausend Win=

dungen talabwärts, aus den zerrissenen Bergwänden
herabfallend, an deren einer wir emporsteigen müssen.
Je höher wir kommen, um so lichter wird's, und der
Blick wird frei hinaus ins große Kinzigtal und über
die Kinzig hinüber in die Seitentäler ihres linken
Ufers. Wo ich hinschaue, auf die Berge, Wälder,
Höfe — überall tauchen Jugenderinnerungen vor
mir auf, wie längst Tote, die wieder auferstehen. Ich
stehe oft und lange still und lasse diese Auferstandenen
an mir vorüber= und mit Wehmut und mit Lust in
meine Seele hineinziehen.

Bevor die Höhe vollends erstiegen ist, liegt, ge=
schützt von der Kuppe der das Tälchen abschließenden
Bergwand, der letzte und größte Hof in Welschbollen=
bach, der Barbaraster[1].

Am Wege, entfernt vom Hof, liegt einsam der
Garten der „Barbarasterin". In ihm blühen heute
zahlreiche Astern in allen Farben. Diese mir so sym=
pathischen Herbstblumen, welche ihr volles Leben
zeigen, wenn die Natur sich zum Sterben anschickt,
kamen mir ungemein vornehm vor in diesem ver=
lassenen Gebirgswinkel. Sie erschienen mir wie
verirrt in diese Einsamkeit, wo der Buchwald nebenan
seine gelben, toten Blätter auf sie herabwirft und wo

---

[1] Siehe „Wilde Kirschen" das Kapitel „Der Hosig".

auch nirgends ein Grab ist, das sie schmücken können zur Allerseelenzeit; denn die Toten des Barbarast werden hinabgeführt, zwei Stunden weit, ins Dorf Steinach an der Kinzig.

Aber noch ein Gedanke kam mir. Wie viele Blumen blühen auf der weiten Erde und nur Gottes Auge schaut sie. Sie kommen und gehen, und kein Mensch hat sie gesehen, die Blumen auf einsamer Heide, oder die Alpenrosen und das Edelweiß auf unzugänglichen Bergen.

Und so geht's auch mit vielen Menschen. Sie leben und sterben einsam und ungekannt von der Welt — Schneeballen. Und wie viele Seelen leben mitten in der Welt, und nur Gottes Auge schaut ihre Leiden, ihre Kämpfe und ihre Siege, weil sie niemandem sie sagen und klagen! — Edelweiß und Alpenrosen! —

Doch die Astern auf „Barbarast" blühten nicht so einsam, wie ich glaubte. Während ich so dastand, kam die Bäuerin mit einer Schar kleiner Kinder, lauter Mädchen, vom Hof herüber und führte sie in den Garten. Frühlingsblumen der Menschheit und Herbstblumen der Natur, wie wunderbar stimmte das zusammen!

Und wie ich ein alter Mann geworden, das fühlte ich auch. Den Großvater der Bäuerin, die auch gegen vierzig gehen mag, hab' ich noch gekannt, als wär' er erst gestern gestorben. Es war der alte Prinzbach droben im Fischerbach, ein stattlicher, behäbiger Bur in seinen kurzen „Stumphosen". Geld und Gut hatte er mehr als genug. Ich war einmal dabei, als ihm mein Vater ein Faß voll „eingemachte Kirschen" abkaufte, um Kirschenwasser daraus zu machen, und durfte bei ihm Honig essen im Überfluß. Drum hab' ich ihn nie vergessen.

Seine Tochter, die Theres, die Mutter der Barbarasterin, war das schönste Mädchen an der obern Kinzig. Sie heiratete den Dreher-Simon von Esche, einen stillen Mann.

Der Großvater ist längst tot, Vater und Mutter sind auch tot und die Barbarasterin nähert sich der „Asternzeit" des Lebens. Sie ist jetzt, da dies Buch wieder neu erscheint, auch tot und ihr braver Mann, der Barbaraster, ebenso. Und da soll unsereiner nicht alt sein und voll werden von Gedanken menschlicher Armseligkeit und Vergänglichkeit! —

Ich ging vom Weg, der durch den Buchwald führt, ab und in gerader Richtung das Weidfeld des Barbarasters hinauf, um auf die Höhe zu kommen. In diesem Buchwald, der noch zahlreiche zerfallene Gänge von Silbererz-Gruben zeigt, spielte sich unter dem alten Barbaraster, dem Vater des jetzigen Bauern, öfters eine lustige Szene ab zur Nachtzeit.

Der alte „Fürst vom Barbarast", den ich noch gar wohl kannte, ein Mann von großem Humor, hatte zwei Schwäger im obern Kinzigtal, im Weiler Breitenbach bei Husen, — den Goresbur und den Mathesenbur.

Diese hatten Mangel an Buchwald, und das war vor vielen Jahren noch ein empfindlicher Mangel, denn die Buchspäne waren die Kerzen, welche an den Winterabenden des Bauern Stube erleuchteten, und um welche die „Wibervölker" saßen und spannen, während die „Mannsvölker" auf der Ofenbank lagen und rauchten. Die schönsten und glattesten Buchen wurden zu diesem Zweck gehauen und auf der Säg= mühle in Lichtspäne verwandelt.

Der Barbaraster hatte seinen zwei Schwägern versprochen, sie dürften miteinander alljährlich in seinem Buchwald eine Span=Buche holen, aber es müßte dies heimlich geschehen, ohne daß sein Hund belle und er und seine Knechte etwas merkten, bis die Buche gefällt sei, und der Goresbur und der Mathesenbur müßten selbst mit dabei sein.

Die zwei wohnten weit, fast drei Stunden vom Barbarast entfernt. Den gewöhnlichen Weg, den ich heute gemacht, konnten sie nicht machen wegen des

Hundes. Sie mußten also den Hof umkreisen. In
einer hellen Frühjahrs=Mondnacht brachen sie jeweils
mit ihren Knechten, welche Säge und Äxte trugen,
an der obern Kinzig auf, zogen am rechten Flußufer
auf engen Gebirgswegen dem Fischerbach und der
Karfunkelstadt zu und kamen über den Vogelsberg
auf die Höhe über dem Barbarasterhof und zum
Buchwald.

Mit Hilfe des Mondlichtes, das durch die Blätter
sich hindurchdrängte, ward ein stattlicher Baum aus=
gesucht. Und nun begannen sie zu sägen, leise und
immer leiser, bis der Stamm fiel. Da rauschte es
mächtig im Walde. Drunten im Hof gab der Hund
laut, der Bauer und seine Knechte wurden wach,
und die Obertäler jauchzten ins mondbeglänzte Täl=
chen hinab.

Jetzt ward's lebendig auf dem Barbarast. Die
Holzhauer kamen herunter, die Bäuerin servierte
eine „Morgensuppe" nebst Käs und Kirschenwasser.
Sobald das erste Morgenrot über die Schornfelsen
hereinbrach, gingen die Obertäler Bauern daran,
die Buche zu entästen, und der Barbaraster befahl
seinen Knechten, den Wagen zu richten, damit die
Buche „in Ehren" heimgeführt werde.

Er selbst schritt mit seinen Schwägern und ihren
Knechten hinter dem Wagen drein. Vor jedem

ordentlichen Wirtshaus bis hinauf in den Breitenbach ward eingekehrt, und die Obertäler zahlten die Zeche.

Heiter und angeheitert, kam der Barbaraster spät in der Nacht mit seinen Knechten heim aus dem Obertal, wohin sie „Licht" gebracht für zwei Höfe auf einen Winter lang.

Das heiße ich Volkshumor in seiner Eleganz, im „Sonntagshås." —

## 6.

Ich war auf der Höhe angekommen. Die Sonne hatte den Winterduft des Morgens hinabgeworfen in die Wiesengründe des Kinzigtales, und eine herrliche Fernsicht erfreute mein Herz. Hatte ich bisher das Tälchen hinauf mit allerlei Wehmut gekämpft bei der Erinnerung an vergangene Menschen und Zeiten, so ward es jetzt helle in meiner Seele beim Ausblick in die ewig junge und ewig schöne Natur.

Vom Kniebis bis hinab zu den letzten Ausläufern des Schwarzwaldes im Oostale bei Baden=Baden, von da am Straßburger Münster vorbei und an den Vogesen hin bis hinauf zum Belchen und von diesem im Halbkreis wieder herüber zum Kniebis lag die Gebirgswelt im frischen Sonnenlicht eines Herbsttages vor mir.

Dort drüben sah ich zwei Menschen. Der eine saß auf einem Stein und der andere, eine „Gräze" auf dem Rücken, stand vor ihm. Unbekümmert um

das Naturbild sprachen sie miteinander. Ich schritt
auf sie zu und erkannte alsbald im Sitzenden Konrad,

den Fürsten von der Eck, d. i. den Eckerbur. Er hatte
ein Gewehr über den Knieen liegen, den blauen Woll=
schoben an und eine runde Wollkappe auf seinem

Haupt, das hell und frisch in die Welt schaute, wie der heutige Herbstmorgen. Der Mann vor ihm war ein Schwarzwälder Uhrenhändler.

Der Fürst befand sich auf einer Morgenjagd in seinem Hochpark, den aber nur Heidekraut, Stechpalmen, Wacholder, spärlich vermischt mit Föhren und Tannen, ausmachen. In den Taschen seines Schobens hatte er, in der einen einen „Pudel" Kirschenwasser und in der andern ein Stück „rohen Speck". Seinen Hund hat er abgeschickt zum Suchen, und während er auf dem „Anstand" sitzt, kommt der Uhrenmacher aus der Karfunkelstadt herauf, und da gab „ein Wort das andere", bis ich von der andern Seite auf der Bergeshöhe erschien.

Es war ein prächtiges Bild. Eine einsame Höhe. Ringsum die große Natur. Ein Bauersmann sitzt mit der Flinte auf einem Stein, und ein fremder Hausierer erzählt ihm von seinen Wanderungen über Berg und Tal, auf denen er den vereinsamten Menschen seine Holzuhren feilbietet, damit sie die flüchtige Zeit messen können.

Der Fürst von der Eck hatte gewußt, daß ich nächstens einmal auf die Berge komme, aber nicht wann. Sein Nachbar in den Buchen hatte erst gestern meine Depesche erhalten, und die zwei wohnen eine halbe Stunde voneinander entfernt. Er war erstaunt, daß

ich so früh am Morgen schon ihn auf der Jagd über=
raschte.

Mit dem Jagen war's jetzt fertig. Er pfiff
seinem Hund zum Rückzug. Ich lud ihn ein, bis Zell
hinab mitzugehen. „Da wäre ich heute so wie so
hin," meinte der Konrad, „denn heut' isch mein sech=
zigster Geburtstag. Ich wollt' ebe ein Häsle schießen
und dann hätt' i den Suffkittel anzoge und wär'
mit dem Häsle uff Zell in ‚Löwe' und hätt' neue
Durbacher dezua trunke."

Indes kam aus dem fernen Buchwald des Bar=
barasters, der sich bis an die Grenzen des Eckerhofs
erstreckt, ein Gespann daher, in welchem mein Vetter
Franz, der Kreuzwirt von Hasle, meine beiden Reise=
begleiter brachte, die ich in Hasle verlassen hatte,
weil ich allein und zu Fuß durch den klassischen Boden
meiner Jugenderinnerungen wandern wollte — den
schwäbischen Kriegsminister General von Steinheil
und seinen Adjutanten Major Funk.

Sie waren, dank dem ebenso kühnen als geschickten
Rosselenker und kraft seiner beiden überkräftigen
Schimmel, glücklich den ebenso steilen als elenden
Gebirgsweg zu Wagen heraufgekommen.

Beide waren voll des Entzückens über die Schön=
heit dieses Teiles des Schwarzwaldes und über den
herrlichen Ausblick von dieser Höhe.

Wir gingen jetzt dem Eckerhof zu, wo der „Fürst" im alten, mächtigen Strohhause in einfachster Art wohnt und wo der Rauch, kaminlos, zu allen Poren des Palastes herausdringt.

Aber sein Speck und sein „Chriesewasser" waren fürstlich, und als er uns, auf meinen Wunsch, in den „Spicher" führte und wir alle seine Schätze sahen, bestehend in Frucht, Speck, Schinken, Kirschenwasser, Hanf, Leinwand, Schmalz, Wolle, die alle in Fülle vorhanden waren, da kam uns der Konrad in der Tat vor wie ein alter alemannischer Häuptling, dem die Keltenbäuerlein ringsum den Zehnten von allem gebracht haben.

Weil er aber das alles selbst „gepflanzt" und vom eigenen Gute gewonnen, steht er noch größer da.

Als wir uns aufgemacht hatten, um zum Buchhof hinüber zu gehen, zog oben über den Kamm des Berges, von der Karfunkelstadt herauf, die wir ihrer tiefen Lage wegen nicht sehen konnten, eine weibliche Gestalt. Es war, wie ich gleich dachte, das „Gritle", welches dem gleichen Ziel zusteuerte, wie wir.

An den Grenzen seines Gutes stand der Buchhofbauer, der Erdrich, um uns zu empfangen und uns auf seinen Hof zu begleiten. Auch er ist ein Fürst, und sein Wahlspruch lautet:

> Es gibt kein schöner Wappen in der Welt,
> Als des Bauern Pflug im freien Feld.

Er ist leider schon „herrenmäßig" eingerichtet und sein Empfangssalon tapeziert. Während meine Begleiter hier dem Schinken und den Bratwürsten, dem Zeller Roten und dem Kirschenwasser zusprachen, suchte ich zunächst die Alte aus der Karfunkelstadt auf. Sie war vor uns angekommen und saß in der großen Bauernstube, ein winziges, altes Keltenweiblein mit kleinen, dunklen Augen und im Gesicht von einer merkwürdigen Ähnlichkeit mit dem „Ramsteiner Jokele", dessen Geschlecht sie angehört.

Zuerst fragte ich sie natürlich, warum sie „Gritle" genannt werde. Mit allem Pathos, dessen sie fähig war, sagte sie: „Ich heiße Margarita, nicht Margareth, und aus der Margarita und meiner kleinen Person haben die Leute in den Bergen, zu denen ich komme, schon so lang ich denken mag, Gritle gemacht, und weil ich eine ledige Weibsperson bin, heiße ich eben „das Gritle"[1].

Wir sehen aus dem Namen „Margarita", einem Wort, das Perle heißt, daß die alten Karfunkelstädter doch eine Ahnung hatten von Karfunkel und Edelgestein.

---

[1] Mädchen und ledige Frauenspersonen werden in der alemannischen und schwäbischen Volkssprache stets als Neutra behandelt.

Ich bin überzeugt, daß der Name Margarita in der ganzen Umgegend nicht vorkommt.

Des Gritles Leben ist kurz erzählt. Sie hat, erwachsen, als Magd gedient im Adlersbach und im Prinzbach, zwei Talgemeinden an der Kinzig — und „ledigerweise einen Sohn bekommen, den jetzigen „Stadtmurer". Dann ging sie heim und blieb seitdem in der „Stadt." Nach Hasle kam sie in ihrem Leben „fast nie", um so öfter nach Zell. Von den alten Karfunkelstädtern konnte sie mir nicht viel mehr erzählen, als ich selber schon wußte, und sie wollte gar nicht begreifen, woher ich das alles wisse.

Nur von ihrem Vater hat sie mir etwas „Wunderbares" berichtet. Der war des schon genannten Heizmanns-Jörgles Bruder und hieß Sebastian, wegen seiner Leibesstärke der „dicke Basche" genannt. Er war „grausam fleißig" und arbeitete Tag und Nacht als Holzmacher; selbst in mondhellen Nächten ging er in den Wald zur Arbeit.

Da machte er, so erzählte das Gritle, einmal „Wellen" auf dem „Kaneckle", unter dem Nillkopf. Um Mitternacht kam ein schwarzer Hund daher und stellte sich vor ihn hin. Mein Vater schlug nach dem Hund, er traf ihn nicht und der Hund wich nicht. Da erfaßte den Vater ein Schrecken; er ging heim und ward von Stund an krank, wurde nimmer gesund und starb in den besten Jahren. —

Auf mein Befragen, wovon sie lebe, sagte mir das Gritle: "Ich mache Altartüchle und sage zur Leich." In der Karfunkelstadt ist keine Kirche und weit und breit davon auch nicht, wozu also "Altartüchle"? Jetzt klärte mich die Alte auf und verklärte sich selber in meinen Augen zu einem Stück Poesie.

In jedem Bauernhaus des Schwarzwaldes ist ein Altar, an den ich, als ich von Altartüchern hörte, gar nicht gedacht hatte. Es ist die vorderste Ecke in der Stube, zwischen den Fenstern, und heißt "Herrgottswinkel", weil das Kruzifix in ihr hängt. Vor diesem Herrgottswinkel hat jede Bäuerin ein Brettchen, auf dem kleine Heiligenfiguren und Bilder stehen. Dieses Brettchen aber ist am Rand mit farbigem Papier behangen und dieses heißt "Altartüchle". Und solche Altartücher fertigt das Gritle in der Karfunkelstadt für die Bürinnen der Berge und Täler rechts und links von ihrer Heimat.

Auf die Osterzeit erneuert jede Bäuerin das Altartüchle, und das Gritle hat den ganzen Winter über solche gemacht. In Zell beim Buchbinder kauft es Papier von allen Farben, auch Gold- und Silberpapier, und daraus macht es seine Tüchle "fein und fürnehm".

Geht die Fastenzeit dem Ende zu, so bricht das Gritle aus der Karfunkelstadt auf, zieht von Hof zu Hof und verkauft seine poetische Ware um den Preis von 20 und 40 Pfennig, je nachdem mehr oder weniger Arbeit und Goldpapier daran ist. Kommt dann der Ostertag, das Fest des Frühlings und der Auferstehung, und zieht das Volk der Berge in seinen bunten Trachten der Kirche zu, so hat sich auch der „Herrgottswinkel" neu gekleidet und schimmert silbern und golden in die einfachen Holzstuben und erfreut die Herzen des Volkes, dieses Naturkindes.

Und das hat mit seinem Schneiden und Zieren das Gritle aus der Karfunkelstadt getan. Da sage mir einer, in der Karfunkelstadt lebe nicht noch der Geist vergangener, glänzender, funkelnder Tage. Er lebt und wirkt durchs Gritle. Und wie die Ahnen der Karfunkelstädter, wie wir gleich sehen werden, einst Edelgestein und Geschmeide hinabtrugen auf die Schlösser und Burgen, so trägt jetzt das Gritle seine goldenen und silbernen Altartüchle auf die Höfe der heutigen Bauern.

Und dieser Geist im Gritle beweist mir, daß ich recht habe mit dem, was ich unten über die Karfunkel= stadt sagen und behaupten werde.

Das Gritle hat mir bald nach unserem Rendezvous ein Altartüchle geschickt, das ebenso naiv als harmonisch farbenprächtig beweist, daß das Volk von Natur aus nicht bloß Poet, sondern auch Maler von Gottes Gnaden ist. —

Das ganze Jahr über treibt die alte „Perle" aus der Karfunkelstadt noch einen andern Beruf. Sie ist „Leichenbitterin", ein trauriges und mühsames Geschäft in jenen Bergen, aber doch nicht ohne Volkspoesie. In unsern von der Kultur ausgesogenen Städten, da besorgt das „Tagblatt" und die gedruckte „Todesanzeige" in trockenen und stereotypen Sätzen die „Leichenbitterei".

Auf den Bergen des Schwarzwaldes geht ein altes, armes Weiblein als Todesengel von Hof zu Hof, sagt in christlich schönen Worten zur Leiche und bittet um das Gebet für „das Verstorbene". Es weiß dann auch noch des Ausführlichen zu berichten, wie und an was „das Tote" gestorben. Und da wir Menschen auch am Leid des Mitmenschen und an seinem Tod den Reiz des „Neuen" finden, so ist die Leichenbitterin auf den einsamen Höfen nicht unwillkommen. Sie berichtet, was auf anderen Höfen vorgeht, und wenn es auch nur ein Todesfall ist. Daß sie in echt weiblicher Art auch andere Neuigkeiten bringt, versteht sich von selbst.

Ihr Lohn ist Brot oder Bohnen, Schmalz, Mehl, Speck. Und am Abend, wenn die Frau von den

Bergen heimkehrt, hat sie Viktualien, so viel ihr Schurz
und ihre Rocktaschen tragen können. Sie ist zwar
todmüde, hat aber wieder wochenlang Zeit zum
Ausruhen in ihrer einsamen Hütte. —

Ich verabschiedete mich gebührend von der
poetischsten Gestalt der heutigen Karfunkelstadt. Auch
die Bäuerin, Erdrichs freundliche Frau, ließ das
Gritle nicht leer von dannen ziehen, und hurtig, wie
gekommen, eilte es über den Berg „der Stadt" zu[1].

Meine Begleiter hatten indes in Erdrichs „Salon"
gespeist und getrunken. Die zwei Soldaten fanden
namentlich das Kirschenwasser ganz vorzüglich. So
ein echtes Schwarzwälder „Chriesewasser" ist aber
auch ein Labsal für ein Soldatenherz. Schon die
„Border=Bäuerin", von mir avertiert, hatte die Herren

---

[1] Das Gritle lebt heute, 1910, noch 86jährig. Es
hat aber seinen Wohnsitz oberhalb der „Stadt" auf=
geschlagen und lebt beim Rechenmacher „in den Muren".
Das Weib ihres Sohnes, die gleiche Person, die mir Wasser
zu trinken gab, und sie kamen nimmer aus miteinander.
Aber Altartüchle, die jetzt gar nicht mehr begehrt sind,
weil die Weiber neumodisches Lumpenzeug kaufen, macht
es keine mehr und kann auch altershalber nicht mehr „zur
Leiche sagen".

Ich versüße ihm sein Alter von Zeit zu Zeit mit einer
Geldsendung, die mein Freund Erdrich ihm über den
Berg her bringt.

am Wege begrüßt mit einer „Zeine voll Küchle" und einer Flasche Kirschenwasser. Und seitdem kam auf jeder Station solches, eines älter und feiner und süßer als das andere, so daß der General meinte, in diesen Bergen wäre „das Kirschenwasser-Paradies".

Am Nachmittag stiegen wir vom Berg zu Tal, hinunter in den Harmersbach. Der Major und ich gingen mit den zwei „Bergfürsten" zu Fuß durch den Wald hinab, der General fuhr mit seinem gewandten Rosselenker.

Drunten im Tal wohnt Erdrichs Bruder, der Joseph, ein Bauernfürst außer Dienst. Er hat sein Fürstentum übergeben und lebt, das Bild eines alten Ritters auf dem „Leibgeding", nur noch seinem Gott, seiner Seele und der Pflege seines Weinkellers.

Er hat noch 1868er Bermersbacher, die Blume aller Weine am Kinzigstrand. Diesen „Firnewein" haben wir an jenem Tage auch noch gekostet, den Keller des Joseph inspiziert, und dann fuhren wir Fremde der alten Reichsstadt Zell zu. Der Konrad von der Eck, der Erdrich von der Buchen und der Kurfürst Joseph, der fromme, stille, ewig heitere Besitzer des Bermersbachers, gingen fürbaß hintendrein.

In Zell bei der Löwenwirtin ward nochmals Einkehr gehalten. Sie hat den besten Rotwein im Lande Baden und gehört in die Erinnerungen meiner

Studienzeit. Ihr Bruder „Louis", ein musikalisches Genie, war ein Studienfreund von mir. In seinem Elternhaus, im „Bären" zu Zell, haben wir als Studenten manchmal tagelang gesungen. Seine Schwester Anna, die heutige Löwenwirtin, war damals ein frisches, heiteres Mädchen und sang oft mit uns oder war Zeugin unserer Lebenslust. Sie ist jetzt auch alt geworden und das Singen ihr längst vergangen, wie mir auch.

Bei ihr ward noch angestoßen mit „einem roten Durbacher" auf das Wohl Konrads, des Sechzigers von der Eck, und dann fuhren wir ins Kinzigtal hinaus, Hasle zu. General von Steinheil aber meinte, als wir von den drei Bauern Abschied genommen: „Wahrlich, das sind Fürsten, und der Tag auf diesen Bergen gehört zu den schönsten meines Lebens."[1] —

---

[1] Die genannten drei Fürsten leben heute, 1910, noch alle drei; aber der General von Steinheil, ein Ehrenmann erster Güte, ist heimgegangen und auch die Löwenwirtin.

## 7.

Einige Tage später kam auf meine Pfarramts=
stube in Freiburg eine greise Dame in ärmlichen Klei=
dern und brachte mir ihren „Hochzeitsschein" zum
Verkünden. Dieser besagte, daß sie Arnold heiße
und in Fischerbach — der Gemeinde, in welcher die
Karfunkelstadt liegt — geboren sei. Der Geschlechts=
name fiel mir auf und ich fragte: „Seid Ihr nicht
aus der Karfunkelstadt?" Getroffen, so war es und
sie die Tochter des einstigen Besitzers der mittleren
Burg und jener Mutter, von der ich oben berichtet,
daß sie nach dem Tode ihres Mannes „Raubritterei"
trieb und deshalb von Gemeinde wegen nach Amerika
spediert wurde.

Die Braut wußte aber aus der Karfunkelstadt
nur noch den Tod ihres Vaters und das außereuro=
päische Schicksal ihrer Mutter, von der „man nie mehr
etwas gehört". Sie selber kam, wie die übrigen
Kinder, als kleines Mädchen fort und wurde im
Waldstein vom Großvater erzogen. Später heiratete

sie einen „armen Mann" im „Müllenbach" bei Hasle. Als der starb, war eine Tochter von ihr in Freiburg verheiratet, und die rief die Mutter in die Dreisamstadt.

Diese fand hier in ihren alten Tagen noch einen Hochzeiter, einen „Zementarbeiter", und mit diesem, einem biederen, alten Knaben, hab' ich sie richtig „zusammengegeben" und mich gefreut, in einem Jahre zwei Damen aus einer Stadt, die nur drei Häuser hat, getraut zu haben.

Die Alte mußte wohl gemerkt haben, daß ich an ihr, als einer geborenen Karfunkelstädterin, mein Wohlgefallen hatte. Als ich an Weihnachten eine Bescherung armer Schulkinder veranstaltete, kam eines Morgens ein kleines Mädchen und bat weinend, ihm doch auch etwas zukommen zu lassen, die Großmutter habe es zu mir geschickt und „die Großmutter sei aus der Karfunkelstadt". — —

Und nun, nachdem wir so viel aus ihr erzählt, einmal eine Antwort auf die Frage: Woher Ursprung und Name der Karfunkelstadt?

Ich behaupte kühn, die Karfunkelstadt, diese einsamste und armseligste auf Erden, ist römischen Ursprungs und Namens, und ich beweise dies.

Zunächst ist Karfunkel ein römisch=lateinisches Wort, und es bedeutet carbunculus in dem Latein der Kaiserzeit einen glänzenden Edelstein. Es heißt aber wörtlich „ein Stückchen Kohle". Haben die Römer wohl geahnt, daß der herrlichste und kostbarste Edelstein, der Diamant, nichts anders ist, als flüssige Kohle? Bei Plinius finden wir als carbunculus amethysticus den Rubin bezeichnet und mit carbunculus carchedonius den Granatstein.

In unserer Karfunkelstadt nun haben die Römer Edelsteine gegraben und geschliffen, wie man bis vor wenigen Jahren noch im benachbarten Städtchen Zell Granaten schliff. Noch im 18. Jahrhundert hat man nicht weit von der Karfunkelstadt, im Wolftale, Gruben auf Achat und Jaspis bebaut.

Die neueste geologische Forschung[1] sagt, daß „am Vogelsberg (an dessen Fuß die Karfunkelstadt liegt), im Nillwald und am Kostberg (beide in der Nähe der Stadt) herrliche, violette, bräunliche, rauchgraue, lebhaft glänzende Kristalle sich vorfinden".

Drüben über der Kinzig im „Prinzbach", zwei Stunden von der Karfunkelstadt, war eine römische „Münzstätte" mit Silbergruben, angelegt vom Kaiser Hadrian. Dieses Prinzbach ist möglicher=

---

[1] Vogelsang, Geognostisch=bergmännische Beschreibung des Kinzigtäler Bergbaues. Karlsruhe 1865.

weise die verloren gegangene Stadt „Adrianotheros[1]".

Eine Stunde von der Karfunkelstadt, gerade über dem Berg, der es deckt, drunten lag das Tal Harmersbach, wo die Römer die Erze vom Prinzbach pochten und schmolzen.

Und in der Karfunkelstadt wurden edle Steine gewonnen, teilweise da geschliffen und mit dem Silber der Nachbarschaft gefaßt. Ich bleibe den Beweis hiefür nicht schuldig. Die heutigen Karfunkelstädter haben, wir wissen es, so wenig als ihre nächsten Ahnen auch nur einen Schimmer, woher der Name komme. Aber etwas anderes hat sich erhalten.

Gerade oberhalb der Karfunkelstadt, nicht zehn Minuten von den drei Hütten entfernt, welche diesen Namen tragen, weil bei ihnen wohl die Eingänge waren zum Karfunkelstein des Berges, liegt ein Häuschen, und das heißt bis zur Stunde „die Schliffe" (Schleife), und sein Besitzer trägt jeweils den Namen von ihr.

---

[1] Wer sich an der griechischen Endung stoßen wollte, der möge sich erinnern, daß zu Hadrians Zeit die römischen Gebildeten und besonders die Hofleute griechisch redeten, wie ihre heutigen Standesgenossen französisch. Und wir wissen ja, daß manch ein deutscher Fürst seinem Schlößchen einen französischen Namen gab. Hadrian besonders schrieb und redete mit Vorliebe griechisch.

In meiner Knabenzeit wohnte da der „Schliffer-Christe", ein Steinhauer, und sein Sohn, der „Schliffer-Hans", ist heute Besitzer. Zu schleifen gibt's aber schon längst nichts mehr da oben; jeder Bauer hat im Hause seinen Schleiftrog, und der heutige Name „Schliffe" kann nur auf alte Zeiten gehen. Und ich sage: Da, wo sie steht, standen die römischen Schleifsteine, und ihr Dasein hat sich im Namen vererbt bis zur Stunde.

Noch mehr! Keine fünfzig Schritte von der „Schliffe" entfernt wohnt ein armer Rechenmacher, der Reche-Peter, und da, wo seine Hütte steht, heißt man's im ganzen Fischerbach „in den Muren" (in den Mauern). Auf den Haupttrümmern der einstigen Karfunkelstadt entstand jene Hütte, und das Volk sagt mehr als genug mit jenem Beiwort, das es dem Reche-Peter und seinen Vorfahren gegeben hat.

Ich bin noch nicht zu Ende. Wenn man von der Karfunkelstadt herauf durch das Miniatur-Tälchen meines einstigen Eichbosches über den Bergrücken unter dem Nillkopf hinübergeht, kommt man in den „hintern Waldstein"; da liegt allerlei Gestein, und fragen wir das Volk ringsum auf den spärlichen Gehöften, so sagt es uns: „Da stand eine Heidenkirche." Heidenkirche und römischer Tempel sind beim deutschen Volke stets identisch; denn die alten Kelten und die alten Germanen bauten keine Kirchen. Das Volk will also sagen, daß dort einst ein Heiligtum der heidnischen Römer stand.

Also kurzum, hier in dieser Einöde, die heute noch nicht einmal ein Tourist des badischen Schwarzwaldvereins betritt, saßen die Römer, jenes größte Volk aller Zeiten, vor dem ich allen Respekt hätte, auch wenn ich von ihm gar nichts wüßte, als daß es vor zwei Jahrtausenden den Weg gefunden hat in die einsame Karfunkelstadt und in den weltfernen Waldstein.

Was sind wir Neugermanen und Preußen mit all unserem Größenwahn für armselige Schlucker gegen jenes Volk! Ich bin ein bekannter Verehrer aller heutigen Großdeutschen, d. i. der Preußen, aber zwischen ihnen und den Römern, die unterm Nillkopf Silber und Edelsteine verarbeiten ließen, ist ein ebenso großer Unterschied als der zwischen der heutigen Karfunkelstadt und zwischen Berlin. —

Es ist gar nicht unmöglich, daß der Kaiser Hadrian, der im Jahre 121 n. Chr. in der Gegend war[1], auch die Karfunkelstadt besuchte, in der, ich wette, noch kein badischer Amtmann des 19. Jahrhunderts gesehen wurde. —

Die Völkerwanderung gab der Karfunkelstadt

---

[1] Gregorovius, Der Kaiser Hadrian, S. 75.

(statio carbunculorum) und dem Weltreiche der Römer den Todesstoß. Zwar mögen die Karfunkelstädter noch lange nachher ihre Steine hinausgetragen haben auf die römischen Kastelle, wo nach dem Sturz des Römerreichs alemannische Herren saßen, und besonders hinüber auf den „Schwiggenstein", oberhalb Haslach, Eschau gegenüber, wo heute noch das „geschwiegen Loch" und das „Schwiegbrückle" an die alemannischen Grafen von Schwiggenstein erinnern, denen alles Land gehörte von da ab bis hinunter nach Achern. Aber die Blütezeit der Karfunkelstadt war mit den Römern dahin.

Auch die Franken, welche die Alemannen hier verdrängten, waren keine Römer; der Export ins Weltreich fehlte, und so ging die Karfunkelstadt fast spurlos unter, noch ehe die Mönche von Gengenbach, denen ein fränkischer Herzog die Grafschaft Schwiggenstein schenkte, hierherkamen und noch ehe sie die Urkunden schrieben über ihre Besitzungen.

Und als im elften Jahrhundert die Bauern drüben im Waldstein einen Abt von Gengenbach erschlugen im Streit um eine Klostermühle — da mochte von der Karfunkelstadt kaum viel mehr übrig gewesen sein, als heute, und nur das Klosterbäuerlein, welches auf dem heutigen Ramsteinerhof „unter den Muren" saß, mag damals die Klosterherren interessiert haben.

So sank die Stadt mit dem glänzendsten Namen aller Städte auf deutscher Erde in völlige Vergessenheit. Und der Bauer, welcher bis Ende der achtziger Jahre über der Karfunkelstadt auf dem Vogelsberg saß, mein alter Jugendbekannter, der „Vogelsbur", er konnte auf die arme Stadt die folgenden Spottverse machen:

D' Karfunkelstadt ist vornen und hinten nit fest;
D' Karfunkelstadt ist nur ein Bettelnest.

Mir aber ist der einsame Ort von einem Zauber umsponnen von den Tagen an, da der Philipple und sein Bruder, der Korber, zum erstenmal in unser Haus kamen — bis zur Stunde. Und wenn ich nicht „von Hasle" wäre, so möchte ich aus der Karfunkelstadt sein.

ECKERBUREHOF

# Der Wendel auf der Schanz.

SCHNELLINGEN.

1.

Acht Jahre nach meinen ersten Wanderungen in das Gebiet der Karfunkelstadt bummelte ich als langer Rastatter Lyzeist während der Herbstferien oft am rechten Ufer der Kinzig hinab nach dem lieblichen Dörfchen Schnellingen. Vor dem Dörfchen draußen, unfern des Flusses, war die Mühle, lustig gelegen wie selten eine. Vor sich die rasch dahineilenden Bergwasser und über diesen die dunklen Tannen des Strickerwalds, hinter sich die üppigen Baum= und Rebgelände des Dörfchens, die auf der Höhe abermals dunkler Wald abschließt.

Neben der Mühle baute damals eben der Kaufmann Gotterbarm von Hasle eine Ölfabrik und in der Mühle hatte das Kontor sein „Prokurist", des Fabrikanten Bruder und mein Freund, „der Franzsepp". Und wenn ich an schönen Werktagen im Städtle keinen Kumpan fand, der mit mir im „Bayerischen Hof" Bier trank und kegelte, so wanderte ich manchmal am Fluß hinab und war in zwanzig Minuten beim Franzsepp.

Der war zehn Jahr älter und damals zehnmal gescheiter und ebensovielmal lustiger als ich. Al pari standen wir uns nur im Biertrinken. Er hatte bereits 1848/49 in großer Politik gemacht und war auch für die „Haslemer Republik" gesessen. Wallendes Lockenhaar umgab sein schönes Demokratenhaupt, und in seinem Herzen schlug es trotz Gefängnis immer noch warm für die Freiheit.

Wenn ich kam, lag er über seinen Folianten und trug das Soll und Haben ein. Er legte aber alsbald diese Arbeit nieder, und wir haslacherten, d. h. wir schwatzten über alles mögliche, wie's uns eben auf die Zunge kam. Waren wir zu Ende mit Scherzen, Spotten und Räsonieren, so gingen wir bisweilen hinauf zum alten Müller.

Das war ein merkwürdiger Müller, der alte Fehrenbacher. Dort drüben über dem Strickerwald auf dem hohen Gebirgsrücken, den die Österreicher im vorigen Jahrhundert mit Hilfe der Bauern verschanzt hatten, um die das Tal heraufrückenden Franzosen abzuhalten, war er Bauer gewesen.

Es ist eine herrliche Sicht „von der Schanz" aus hinab ins Tal und hinüber zur sagenreichen Burg Geroldseck. Hinter der Schanz, geschützt gegen Sturm und Wind, mit dem Blick nach dem tief unten im Tale gelegenen Dörfchen Hofstetten war der Hof des Fehrenbachers da, wo das enge Tälchen Altersbach auf der Höhe des Gebirges seinen Anfang nimmt.

Wald und Feld auf der Höhe und tief in den Altersbach hinab gehörten zum Hof. Sorgen hatte der Bur keine und noch Geld zum Gut.

Er war einst selbst Bürgermeister von Hofstetten gewesen, aber im Laufe der Zeit wegen seiner Prozeßsucht und Geldgier bei den Hofstettern mehr und mehr mißliebig geworden. Drum dachte er ans Fortgehen.

Da wurde drunten im Tal, drüben über der Kinzig, die Mühle feil, und es fiel dem alten Witwer ein, Müller werden zu wollen.

Buben und Mädle hatte er nach Auswahl; denen überließ er es einstweilen, das Hofgut umzutreiben, bis der Jüngste, der Wendel, als Erbprinz einmal das hoffähige Alter hätte. Eine oder die andere Tochter war auch schon verheiratet, und die „Jüngste", die schöne „Mine", nahm der Vater mit hinab auf die „Schnellinger Mühle", die er im Elendjahr 1853 billig gekauft hatte.

Zur Strafe dafür, daß die Advokaten und sonstige Schreier im Lande Baden sinn- und kopflos Revolution gemacht hatten, wurde in der darauffolgenden Reaktion mit aller Schärfe das Zwangsverfahren gegen arme Bauern angewandt. So geschah es, daß eine Menge Anwesen unter den Hammer kamen, deren Besitzer fast alle zu retten gewesen wären, wenn die badische Bureaukratie nicht so gewütet hätte — gegen die Unschuldigen.

So war die Mühle in Schnellingen unter den Hammer gekommen und drunten in Steinach gar ein Haus für zehn Gulden versteigert worden. Spekulanten wurden reich, aber eine Menge braver Leute im Tal an den Bettelstab gebracht und nach Amerika getrieben.

In jenen Tagen kaufte der Bauer vom Altersbach die Mühle samt Feldern und Matten. Vom Mahlen verstand er nichts, er hielt sich einen „Mühlarzt", während er im langen, schwarzen Samtrock ab und zu, meist aber hinüber ins Schnellinger Wirtshaus ging, wo er wenig trank, aber umsomehr redete und Karten spielte.

Viel wußte er zu erzählen von seinen „Mühlärzten", die den Alten betrogen, wo sie konnten. Doch hatte er stets ein Einsehen, wenn sie bei ihren Manipulationen zu seinen Ungunsten es nur recht schlau machten; dann pries er sie drüben beim „Blumenwirt".

Noch mehr als über seine Müllerfüchse hatte der alte Sepp in der ersten Zeit über die fürstenbergische Rentamtskanzlei in Wolfach zu klagen, die ihn gleich bei seiner Ankunft verklagt hatte wegen des noch von seinem Vorgänger her rückständigen Zehntens, bestehend in zehn Sestern Korn und einem „Mutterschwein". Er weigerte sich, für andere zu bezahlen, verlor aber den Prozeß und mußte für acht Jahre nachliefern. Nun suchte er sich zu rächen.

Als der Rentamtmann eines Tages zum Einzug der Gefälle in den Fürstenbergerhof nach Haslach gekommen war, fuhr der Schnellinger Müller vor. Auf einem Wagen hatte er acht Säcke Korn und acht junge Mutterschweine. Er rief den Rentmeister ans Fenster, zeigte ihm seinen Zehnten und sprach: „Herr Rentmeister, da ist Eure Ware, macht damit, was Ihr wollt." Dann ließ er die acht Schweine springen, stellte die Säcke vors Haus und entfernte sich.

Der Müller hatte zwar den Prozeß verloren und damit den Schaden, der Rentamtmann aber den Spott, und das wog dem alten Fuchs alles auf. —

Ein besseres Geschäft hatte er einst, da er noch Bauer auf der Schanz war, drüben in der Stadt Lahr gemacht. Nach dieser Industriestadt haben die Bauern des Kinzigtales wenig Verkehr. Sie liegt zu weit ab, und der Weg dahin ist zu beschwerlich. Der Fehrenbacher gehörte zu den wenigen Bauern, die von jeher dort bisweilen verkehrten. Obwohl er von seinem Hof aus die Burg Geroldseck, die berühmteste Nachbarin der „Lohrer", vor sich liegen sah, trennten doch hohe Berge und tiefe Täler den Bauer auf der Schanz von Burg und Stadt.

Über den Hessenberg und Gaisberg und durch den Durenbach führen Saumpfade hinab ins Schutter= tal und von da nach Lahr, und diese Pfade wandelte der Bauer von der Schanz mehreremal im Jahr, um Handel und Wandel auf den Lahrer Märkten kennen zu lernen.

So kam er auch eines Morgens müde und staubig von den Bergen herab in die Stadt des „groben Lotzbeck". Er nahm seine Einkehr ausnahmsweise im „Schlüssel", wo bereits einige biedere Lahrer Bürger beim Frühschoppen saßen.

An der Tracht sahen sie, daß der Bauer kein Schuttertäler war, und das blasse, pustende Männlein mit seinem bartlosen Gesicht reizte ihren Humor. Sie übersahen ob der großen, gebogenen Nase die

klugen, schwarzen Augen des Bauersmanns und
fingen an, mit ihm Scherz oder, wie die Kinzigtäler
sagen, Schindluder zu treiben, um auf des Bäuer=
leins Kosten sich zu unterhalten.

Als sie ihn fragten, was für Geschäfte er in Lahr
machen wolle, meinte der Sepp von der Hoffstetter
Schanz: „Um von Eurem Schnupftabak zu kaufen,
bin ich welleweg (jedenfalls) nit über die Berg' rum=
gloffe." „Nun," höhnte der Schlüsselwirt, „da wollt
Ihr mir vielleicht mein Wirtshaus abkaufen? Ich
geb's Euch billig. Für 15000 Gulden könnt Ihr
alles haben."

Den Schlüsselwirt hatte es geärgert, daß der
Bauer vom Schnupftabak gesprochen, und jetzt wollte
er ihn foppen mit Tausenden. Der Altersbacher
Bauer kannte aber den „Schlüssel" in Lahr längst
von außen und hatte schon gar oft gesehen, daß die
„Lahrer" fleißig da aus= und eingingen.

Er stellte sich auf den Antrag dumm, und erst
als der Wirt sein Angebot wiederholte, fragte der
Kinzigtäler ganz bescheiden: „Ist's Euch Ernst,
Schlüsselwirt?" Der antwortete: „Unbedingt, aber
diesen Morgen noch muß der Kaufschilling bar be=
zahlt werden." Dem Bauer in seinem alten Samt=
kittel traute er keinen Kredit in Lahr und noch weniger
so viel Geld in der Tasche zu. Jetzt erhob sich der

Bauer, reichte dem Schlüsselwirt die Hand und sprach: „Es gilt, in zwei Stunden ist's Geld da!"

Die „Lohrer" Bürger lachten und der Schlüsselwirt mit, der Bauer aber ging. Er hatte in der Stadt zwei vermögliche Bekannte, den Bierbrauer Wolf und den Kaufmann Lakay, die den Alten von der Schanz wohl kannten als reichen Bauer. Er hatte mit dem Kaufmann schon oft Geldgeschäfte gemacht.

Der Fehrenbacher erzählt seinen Geschäftsfreunden den Fall; die lachen brav, geben ihm aber das Geld sofort. Es sind noch lange nicht zwei Stunden um, da kommt mein Bauer in den „Schlüssel" zurück mit einem „Stumpen Napoleons", legt ihn auf den Tisch und spricht: „So Ihr Herre, jetz welle mer (wollen wir) den Kauf schribe." Jetzt standen dem Schlüsselwirt die Haare zu Berg; denn sein Anwesen war weit mehr wert, als er's dem Bauer angeboten, den er nur mit einigen Tausenden hatte erschrecken wollen. Auch den Lahrer Stammgästen, die der Bauer als Zeugen anrief, verging das Lachen. Man begann nun mit dem Gefoppten zu parlamentieren, aber der war hart, wie eine welsche Nuß, und der Schlüsselwirt, dem der Angstschweiß auf der Stirn stand, bot immer mehr Reugeld.

Als er bis auf 1500 Gulden gekommen war, sprach der Fehrenbacher: „Wenn Ihr mir 1500 Gulden gebt und ein gutes Roß und einen schönen Wagen dazu schenkt, damit ich in allen Ehren heimfahren kann, so stehe ich vom Kauf ab, anders aber nicht."

Wohl oder übel mußte der Wirt darauf eingehen, und unser Kinzigtäler, der am Morgen müd und matt zu Fuß dahergekommen war, fuhr am Nachmittag mit einem Sack voll Geld und elegantem Gespann dem Kinzigtal zu. Im Schlüssel zu Lahr aber sollen sie, solange jener Schlüsselwirt lebte, keinen Bauer aus dem Kinzigtal mehr gefoppt haben. —

Im Frühjahr 1858 hatte der Alte seine Mühle an den Kaufmann Gotterbarm verkauft, und im Spätjahr machte ich ihm mit dem Franzsepp meinen ersten Besuch. Er hatte sich eine Wohnung im zweiten Stock vorbehalten und etwas Feld für zwei Kühe. Auf den Hof, droben auf der Schanz, wollte er nimmer zurück. Es war ihm zu weit den Berg hinauf für seine Kurzatmigkeit und zu fern vom Blumenwirt. Aber er verschaffte auch dem Hof einen definitiven Herrn und übergab dem Jüngsten, dem Wendel, das Gut um billigen Preis und gegen Lieferung aller, dem abtretenden Bauernvater gebührenden üblichen Naturalien.

Jetzt war der Wendel gebietender Herr auf der Schanz, aber er hatte noch keine Frau. Doch auch für die sorgte der Alte. Eines Tages war er den Wald heraufgestiegen und auf die Schanz gekommen und sprach zum jungen Bauer: „Wendel, leg' (ziehe) Di a, mir (wir) welle a Wib suache." Der Wendel geht über seinen Kasten, zieht das Sonntagshäs an und folgt dem Vater, stumm und still, wie Isaak einst dem Vater Abraham, ohne zu fragen, wo er geopfert werden sollte.

Der Alte geht mit dem Wendel vollends die Höhe über den Hof hinauf und über den Kamm des Berges hinüber. Jetzt merkt der Wendel, daß er kein Weib aus seiner Heimatgemeinde Hofstetten bekommen sollte, denn sonst wäre es bergab gegangen.

Tief unten liegt in einem engen Seitentale, das parallel mit dem Hofstetter dem Tale der Kinzig zuzieht, das Dorf Welschensteinach. Es wohnen aber in diesem stillen Gebirgsdörfchen keine Welschen, sondern seit vielen Jahrhunderten gute deutsche Bauern. Die Mönche von Gengenbach, denen einst all das Land ringsum gehörte, nannten das Tal, welches beim Dorfe Steinach ins Gebiet der Kinzig ausmündet, Vallis=Steinach (Tal von Steinach), und aus dem lateinischen Worte Vallis wurde das verdächtige Welsch. Ebenso ist es mit dem Dorf Bollenbach und dem Tal Welschbollenbach auf dem andern Ufer der Kinzig. —

Es ging lange bergab; als aber endlich Kirche und Dorf sichtbar wurden, schwenkte der Alte mit seinem Stock rechts ab, und der Wendel merkte, daß seine Zukünftige auch nicht im Dorf Welschen= steinach wohnen möchte.

Als sie bei der Hammerschmiede, in der mein alter Jugendfreund, des Sandhasen Xaveri von Hasle, viele Jahre das Eisen schmiedete für die Bauern der Umgegend, auf der Talsohle angekommen waren, lenkte der Vater die Schritte abermals ab= wärts in der Richtung nach Steinach.

Dort unten stand rechts in einer Hohlgasse der Hof des Gassenwirts Jäckle. Der hatte im einsamen Tälchen ein großes Gut und eine Wirtschaft, die kein Fremdling je besuchte. Nur die wenigen Bauern der zerstreuten Gehöfte unter= und oberhalb des Hofes und bisweilen ein Haslacher Metzger kehrten da ein.

Es ist das Vaterhaus meines alten Jugend= nachbars, des Sattler=Jäckle, genannt der Regen= bogen, der in Wien war und dort viel schönere Regen= bogen und einen größeren Vollmond gesehen hatte, als im Kinzigtal.

Der Alte von der Schanz wirbt heute mit kurzen Worten um die „Vef" (Genovefa), die schmucke, stattliche Tochter des Gassenwirts, für seinen blassen, magern, „übelsehnigen" Wendel. Der Vater der „Vef" weiß, daß der Fehrenbacher von Hofstetten kein Bettelmann ist, sagt sofort mit der Tochter eine „Beschau" zu, und vier Wochen später ist des Gassenwirts „Vef" aus der Hohlgasse hinaufgestiegen auf die Schanz und Bäuerin auf dem schönsten Hof weit und breit.

Jetzt weiß der Alte von Schnellingen seinen „Stammen" versorgt und teilt seine Lebenszeit zwischen dem Bett und dem Wirtshaus.

Im erstern Stadium besuchten der Franzsepp und ich bisweilen den Alten. Er lag regelmäßig am Nachmittag noch in den Federn, eine schwarze Zipfelkappe auf dem Haupte, und hustete. In hustenfreien Augenblicken erzählte er von seinen galanten Abenteuern, seinen finanziellen Spekulationen und den vielen Prozessen seines Lebens, lustig, heiter, boshaft, wie ein alter Satyr.

Aber seine Zuhörer gastierte er auch. Die „Mine", seine Tochter, ein bildschönes, blasses, schwarzäugiges Mädchen, mußte eine Flasche Wein holen oder Kirschenwasser, dazu rohen Speck und Brot. Wir zwei Haslacher Jünglinge scherzten oft mit der schlanken Nymphe, aber sie verstand wenig Spaß und verließ jeweils die Stube auf Nimmerwiederkehr, selbst wenn wir noch keinen Speck und keinen Wein hatten.

Freund Franzsepp mußte in diesen Fällen, auf das Drängen des Alten, den Speck selbst von der Seite schneiden in der Küche, was er, weil die Mine verschwunden und kein großes Messer zu finden war, mit einer alten Sichel vollbrachte.

Der Mine Sprödigkeit erklärte uns der Vater bei einem der ersten Besuche. Beide standen schlecht, weil die Tochter, entgegen dem ortsüblichen, meist auch vernünftigen Brauch der Kinzigtäler Bauern, dem Vater nicht gestattete, ihr Herz nach seinem Belieben und nach der Größe des Hofes zu verschenken.

Der Alte gab seiner Tochter ein schön Stück Geld mit, aber das wollte er auch auf einem „rechten" Hof sehen. Die Mine hatte aber ihr Herz einem zugesagt, der keinen Hof hatte, und daher kam des Vaters Zorn und der Mine Herzeleid.

Noch als sie auf dem elterlichen Gut war, hatte die Mine ihre Liebe vergeben. Dort drüben bei der alten Heidburg, wo die Wasserscheide ist zwischen Elz- und Kinzigtal, steht einsam und allein auf luftiger Bergeshöhe das Gasthaus zum „Rößle". Da treffen sich an Sonn- und Feiertagen des Jahres die jungen Leute aus den anstoßenden kleinen Tälern und den steilen Höhenzügen beider Flußgebiete. Da kommen sie herauf aus dem Ullerst und Salmers=

bach, von der Breitebene und der Schanz einerseits und aus der Bachere, Fröschnau und dem Biederbach anderseits — zum Tanz.

Und bei solch einem Tanz lernte die schwarze

RÖSSLEWIRTSHAUS

Mine aus dem Kinzigtal einen Burschen aus dem Elzgebiet kennen, und das war des „Heide=Christles Augustin". Sein Vater hatte ein Häuschen auf dem „Heidenacker", südlich unter der Heidburg, hieß Christian und war seines Zeichens ein „Sauhändler", aber, wie die meisten seines Gewerbes im Schwarz=

wald, kein reicher Mann. Sein Gehilfe war der Augustin, ein bildschöner Bursche, der eben von den Grenadieren heimgekommen war, als die Mine ihn sah, den jungen Sauhändler.

Es gibt Leute, die fast einen Krampfanfall bekommen, wenn man von einem „Sauhändler" nur spricht. Wenn sie aber Schinken und Tee, Bratwürste und Sauerkraut genießen, schwelgen sie in Wonne. Und doch haben an diesen duftigen Genüssen die verachteten Sauhändler einen wesentlichen Anteil.

So wie der Wind über den Schwarzwald hin zahllose Samen von Gräsern und Blumen trägt, die zur Sommerszeit das Auge des Wanderers erfreuen, so führt der Sauhändler des Schwarzwaldes den „Speksamen", wie die Bauern die jungen Schweine nennen, über Berg und Tal. Wo zuviel ist, holt er, und wo nichts ist, bringt er hin. Und wenn die Menschheit zur Winterszeit nach altem Brauch ihre Schweine abschlachtet und jung und alt sich freut, so dürfte sie wohl auch mit mehr Hochachtung vom „Sauhändler" reden.

Es umgibt den Sauhändler ein großer Zauber, eine gewisse Poesie. Wenn in meiner Knabenzeit der „Brucker=Landel" aus dem Hirlinsgrund, oder sein Bruder, der Sepp aus dem Eschbach, mit einem

Wägelchen voll junger Schweine vors Vaterhaus
fuhr, und der Vater einem von ihnen zwei Stück
dieser saubern, glatten Tierchen abkaufte, da hatte
ich so viel Vergnügen als ein Stadtkind, wenn der
Papa den ersten Kanarienvogel heimbringt.

Und wie mühsam treiben diese Sauhändler
des Schwarzwaldes ihr Gewerbe! Tag und Nacht
fahren sie mit ihren Einspänner-Wägelchen in alle
Täler hinein und auf alle Höfe an den Bergen hinauf,
kommen nachts spät heim und müssen am Morgen
wieder in aller Frühe fort, um in den Städtchen
beizeiten am Markt zu sein. Ihr Geschäft verlangt
es, daß sie in allen Wirtshäusern auf dem Lande
anhalten und selbst dann trinken müssen, wenn sie
keinen Durst haben; denn der Wirt weiß aus dem
Gespräch der Bauern am Sonntag, wo „feile Sau"
stehen oder wer solche sucht.

Dazu großes Risiko. Hat er teuer gekauft und
kommt auf den Markt, so hat's abgeschlagen. Oder
der Kleinbürger im Städtchen, der im Frühjahr die
Schweine gekauft hat, kann an Martini nicht bezahlen,
und zu holen ist auch nichts bei ihm; oder die Tiere
werden krank und verenden, ehe sie verkauft sind.

So kommt es, daß der Mann, den die alten
Griechen in die Reihe der „göttlichen Menschen"
gestellt haben, meist ein geplagter, armer Teufel

bleibt trotz seines Verdienstes um die Kultur der Menschheit, die bekanntlich vom Magen ausgeht.

Die Stadtmenschen rümpfen die Nase bei seinem Namen, und nur der Bauer, dieser Prügeljunge der andern Stände, dieses vielfach so poetische Naturkind, ästimiert ihn, weil er weiß, was er an ihm hat.

Der Sauhändler ist in der Regel auch Tierarzt und war es früher in hohem Grade. Kommt er auf einen Hof und der Bauer hat was Krankes im Stall, so weiß er seinen guten Rat, der meist auch hilft[1]. Jeder Bur freut sich drum, wenn er den Sauhändler kommen sieht, denn er kann mit ihm über alles reden, was sein Herz und sein Haus bewegt.

Wer mich tadeln wollte, daß ich diesen Menschen Poesie abgewinne, der möge einen weit größeren, als mich, zuerst tadeln, weil er selbst Schweine besungen hat. Uhland meint:

> Ihr Freunde tadle keiner mich,
> Daß ich von Schweinen singe.
> Es knüpfen Kraftgedanken sich
> Oft an geringe Dinge. —

In die Zunft der Sauhändler also gehörten der Christle auf dem Heidenacker und sein Sohn

---

[1] Im 16. Jahrhundert lebte in Hasle ein Sauhändler, der alle Operationen an den Menschen ausführte und namentlich als Geburtshelfer sehr gesucht war.

Augustin. Und des reichen Fehrenbachers „Mine" war poetisch genug angehaucht, um den Augustin seines Handels wegen nicht zu verschmähen, ja weit höher zu stellen als den Zorn des Vaters und die dummen Redensarten von uns zwei Haslacher Maulhelden.

Nachdem der Alte uns beide in das Geheimnis seiner Tochter eingeweiht hatte, wurde es ihm nicht schwer, uns auch zu bestimmen, die Mine zu verspotten wegen ihres Augustin auf dem Heidenacker. Aber jetzt flogen die Blitze wie Dolche aus ihren Augen auf uns hernieder, und der Franzsepp mußte den Speck fortan stets mit der Sichel schneiden, denn die Mine verschwand, sobald sie uns erblickte.

Obwohl durch Berg und Tal getrennt vom Augustin, und obwohl er es nicht wagen durfte, in der Schnellinger Mühle sich sehen zu lassen, sah die Mine ihn doch. Die beiden gaben sich manch Rendezvous im Buchwald an der Elzacher Eck' oder bei der Heidburg, während der Alte glaubte, die Mine sei droben im Altersbach auf dem väterlichen Hof.

Zu allen Zeiten hat die Standhaftigkeit des Weibes manchen Sieg errungen über das starke Geschlecht, und so siegte auch schließlich die Mine über den alten Müller. Er willigte ein, kaufte dem

Augustin einen kleinen Hof in der „Bachere", unweit des Heidenackers, und gab ihm die Mine. Dies geschah anno 1859. Lassen wir die Mine, die ich seitdem nie mehr sah, in der „Bachere" — glücklich sein, bis wir 30 Jahre später wieder von ihr hören. —

Der alte Satyr stand tief am Nachmittag von seinem Bette auf und begab sich hinüber zu seinem Freunde Wendel, dem Blumenwirt, dessen Haus einsam an stiller Straße stand. Die beiden diskurrierten oder spielten dann bis tief in die Nacht hinein. Der Wirt war auch aus der Gemeinde Hofstetten, wie der alte Müller und Bur. Er stammte vom Läuferhof in Mittelweiler, wo auch die Wirtin her war, „des Mathisles Walburg".

Während der Vater beim Wirt saß, machte bisweilen der junge Bauer auf der Schanz einen Besuch in des Vaters Mühle. Sah er, daß dieser eine schöne Kuh im Stalle hatte, so brachte er am andern Abend eine von seinen alten vom Hof herunter, stellte sie in des Vaters Stall, nahm die gute Kuh mit an der „Blume", wo der Alte spielte, vorbei und führte sie auf die Schanz.

Kam der Müller=Vater dahinter, so schimpfte er beim Blumen=Wendel zuerst über den Schanzen=Wendel, seinen Sohn, dann wich der Zorn aber einem

Lob über die Schlauheit des jungen Bauern, der eben doch ein „durchtriebener Kerl" wäre.

Eines Tages sprach der Blumenwirt auch von seiner Lust, einmal Straßburg zu sehen, wo der alte Fehrenbacher daheim war, so gut, wie in Lahr und Offenburg. Dieser offerierte sich als Führer, wenn Freund Wendel ihm die Reise bezahle. Er schlug ihm dazu noch vor, ein Geschäft zu machen. Der Wendel kaufte Stammholz für die Wolfacher Schifferschaft. Einen Stamm wollte der Alte dem Blumenwirt zu Brettern sägen auf seiner Sägmühle, die neben der Mahlmühle stand. Die Bretter könne man dann in Straßburg gut verkaufen und die Reisekosten am Profit herausschlagen.

An einem schönen Morgen fuhren sie mit einem Wagen voll Bretter in aller Frühe das Tal hinunter, dem Rhein und Kehl zu. Hier übernachteten sie beim Salmenwirt, der selbst ein Holzhändler war und die Bretter um einen guten Preis übernehmen wollte. Das litt aber der Führer nicht und meinte, der Salmenwirt verkaufe die Bretter doch auch nach Straßburg, sie könnten seinen Profit auch noch einstecken.

So fuhren denn die zwei Kinzigtäler Bauern wohlgemut über die Schiffbrücke Straßburg zu und zum Metzgertor hinein. Allein jetzt ging das Leiden an. Sie fuhren zwei Tage lang in der großen Stadt hin und her, von Pontius bis zu Pilatus, aber niemand wollte Bretter kaufen. Endlich erbarmte sich ein Straßburger Schreiner und handelte ihnen die Ware weit billiger ab, als der Salmenwirt hatte zahlen wollen.

Das Frankengeld konnte der Wendel nicht gut zählen und auch nicht gut ausgeben. Darum nahm der alte Müller den Beutel in Verwahrung und schlug dem Blumenwirt vor, nach zwei so leidensvollen Tagen sich auch einen Tag recht wohl sein zu lassen. Und nun weihte er den Wendel in alle Sehenswürdigkeiten und Genüsse der Stadt ein, von der Münsterspitze bis hinab zur Champagnerflasche.

So vergingen abermals drei Tage in Lust und Freude. Endlich kommandierte der Müller zur Heimfahrt. Glücklich angekommen im stillen Heim, fingen sie in der Blume an zu rechnen, und siehe da, die ganze Ladung Bretter war draufgegangen. Der Wendel verschwor sich, nie mehr mit dem alten Fuchs nach Straßburg zu gehen.

Aber Feindschaft gab es keine; denn der Wendel war ein kinderloser Mann, und seine stille, sanfte Frau schwieg.

Sonst war der Blumenwirt nicht der Feinste.

Namentlich fühlte er sich gekränkt, wenn man in der Wirtschaft etwas verlangte, was er nicht hatte. Er wurde dann grob. Wenn so ein lüsterner Haslacher kam und sagte: „Wendel, i hätt' gern a Stückle kalte Brote (Braten)" — so pflegte der Blumenwirt, der meist weder kalten noch warmen Braten hatte, zu sagen: „Fresset Käs, Ihr Haslacher, zum Fleisch henn (habt) Ihr do (doch) kei Geld!"

Die Haslacher durfte man nicht zweimal heißen, um den Wendel, nachdem sie seine Schwäche kannten, extra zu reizen. Kaum hatte der empörte Gastgeber den einen mit dem Braten abgefertigt, so verlangte ein anderer Schinken und ein dritter saure „Leberle". Jetzt wurde der Wendel teufelswild und meinte, wenn ihm nur die verfluchten Haslacher aus dem Hause blieben; denn wenn sie im Städtle droben oder drunten in Bollenbach genug „g'fresse und g'soffe" hätten, kämen sie erst zu ihm.

Und so war es. Beim Blumenwirt in Schnellingen kehrten die Haslacher meist erst ein, wenn sie von dem Dorfe Bollenbach heraufkamen von einer Hochzeit und schon alles im Überfluß genossen hatten.

Ich erinnere mich noch gar wohl, daß ich am Sylvesterabend des Jahres 1858 mit dem langen Bürgermeister Wölfle von Hasle und mit dem Kreuzwirt Merkle von Bollenbach herkam, wo wir in der

Krone roten Herrenberger und Bratwürste für zehn Mann genossen hatten. Auf dem Heimweg kehrten wir in der stillen Blume ein.

Der malitiöse Wölfle, einst Kaufmannslehrling in Köln, hielt dem Wendel eine schöne preußische Eingangsrede: „Wendel, heut ist Sylvester und morjen Neujahr! Wir sind jewiß, daß Sie an einer solchen Zeitwende etwas Jutes in der Küche haben. Sicher hat Ihnen der Landolin Kienast, der Jäger oben im Berg, einen Hasen oder so was jeschossen!"

Einstimmig fielen wir zwei andern ein: „Ja, Wendel, nur heraus damit."

Jetzt stürzte der ergrimmte Wendel der ins Gastzimmer mündenden Küchentüre zu, öffnete sie und rief in die Küche: „Wite (Wirtin), koch dene hungrige Haslacher unser Wäschseil, sie welle Hasebrote!"

Dann schloß er die Türe und hielt uns eine grimmige Standrede, wie wir dazu kämen, von ihm Hasenfleisch zu verlangen. Wir sollten heim und beim Kreuzwirt in Hasle solches essen; aber da sei es teurer, von ihm aber verlange man solche Dinge halber geschenkt. Aber „so dumm ist der Wendel nit. Bei mir gibt's nur Käs!"

Unser Zweck war erreicht. Wir empfahlen uns, ohne daß der Wendel seinen Gästen das neue Jahr angewunschen hätte. Er schimpfte noch hinter uns drein, weil die Haslacher keinen „Käs fressen" wollten. —

Oft ärgerte sich übrigens der Wendel nicht über die Haslacher. Er saß meist allein mit dem alten Müller in seiner Stube. Und der Alte kam, so lange es ging, und es ging bis zum Jahre 1865. Da klopfte der Tod in der oberen Stube der Schnellinger Mühle an, und der Fehrenbacher, der fast alle Prozesse im Leben gewonnen, verlor, als der Sensenmann ernstlich mit ihm anband. Aber vor seinem Tode zog noch ein volles, großes Stück Poesie in die alte, zähe, geldgierige Seele des Bauern von der Schanz.

Er ließ, als er merkte, es gehe „dem Letzten" zu, seinen Sohn Wendel, den jungen Bauer, von der Schanz herabrufen und sprach zu ihm also: „Wendel, jetzt muaß i sterbe. Aber begrabe will i si (sein) in Hofstette und drobe uf unserm Hof will i noch en Tag und a Nacht liege, wenn i tot bin. Wenn Du B'richt (Nachricht) bekommst, daß es fertig isch (ist) mit mim Lebe, so bringst Roß und Wage und führst mich uf de Hof und am andere Tag wieder rab (herab) und ins Grab."

Nach diesen Worten reichte er dem Wendel die Hand und nahm „Behüt Gott" für dieses Leben.

Der Wendel ging mit den tröstenden Worten: „Vater, wenn's Gotts Will isch, words au wieder besser wäre (werden) mit Euch!"

Aber schon nach wenig Tagen kam Bericht von Schnellingen auf die Schanz, der Vater sei g'storbe. Jetzt spannte der Wendel ein und fuhr bergab Schnellingen zu, um den Toten zu holen. Und mit diesem fuhr er im Rückweg an Kirche und Gottesacker von Hoffstetten vorbei und den steilen Berg hinauf zum Hof. In der Stube ward die Leiche aufgebahrt, und Tag und Nacht knieten Kinder und Kindeskinder des Alten um seine Leiche und beteten den Rosenkranz mit dem Refrain: „Herr gib ihm die ewige Ruh, und das ewige Licht leuchte ihm."

Am dritten Tag lud der Wendel den toten Vater wieder auf den Wagen und führte ihn, die Beter hintendrein, auf dem gleichen Weg hinab ins stille Dörfchen und auf den Friedhof. —

Seinem alten Freund Wendel, dem Blumenwirt, hinterließ der alte Fehrenbacher großes Heimweh.

Er hielt es nur noch wenige Jahre aus in der einsamen „Blume" und verkaufte dann 1869 seine Wirtschaft dem Sohne seines heimgegangenen Freundes, dem Philipp, und zog mit seinem kinderlosen Weib nach Hasle, wo er in der Vorstadt privatisierte beim Bruckersepp, dem Maurermeister, bis ihn 1876 der Tod holte.

Seine Frau, die Walburg, einst eine ländliche Schönheit, blieb noch bis 1897 in Hasle. Dann trieb sie die Todesahnung nach dem elterlichen Hof, wo sie nach vier Wochen starb.

Wie oft hab' ich in meiner Knabenzeit den Wendel und die Walburg als junge fröhliche Leute in ihrem Wirtshaus gesehen! —

Der alte Fehrenbacher hinterließ ein merkwürdiges Andenken in dem kleinen Dörfchen Hofstetten. Er war, wie oben schon erwähnt, in den dreißiger Jahren einmal Bürgermeister der Gemeinde geworden. Als Liebhaber vom Lesen und in getreuem Pflichtbewußtsein, auch die Vergangenheit der Gemeinde kennen zu lernen, wollte er die alten Akten zur Winterszeit auf seinem Hof durchstudieren.

Da er stundenweit weg von dem Schul- und Rathäuschen im Berg oben wohnte, kam er eines Tages mit seinem „Bernerwägele" vorgefahren und lud mit Hilfe des Ratschreibers das ganze Archiv der Gemeinde aus früheren Zeiten auf und führte es auf seinen Hof.

Hier stöberte er, während der Schnee über Berg und Tal lag, die alten Papiere durch. Namentlich fahndete er auf Prozeßakten; denn das Prozessieren

war seine Freude. Stets trug er die badische Prozeß=
ordnung in seinem langen Manchesterrock.

Was er gelesen von den Akten, legte er unter
die Ofenbank in der Stube, wo die Wibervölker
einen guten Teil nach und nach herausgeholt und
zum Anfeuern benützt hatten, ehe er es merkte und
Einsprache erhob.

Den Rest führte er im Frühjahr den Berg hinab.
Da er aber noch Marktware für Hasle auf dem Wägel=
chen hatte und die Archivalien lose obendrauf lagen,
fiel den steilen Berg hinunter ein Faszikel um den
andern herab, ohne daß der Bürgermeister, hinter
dessen Rücken es geschah, davon etwas inne ward.

Die Schulkinder, welche von den einzelnen
Höfen dem Dorf zutrabten, fanden das Geschreibsel
und brachten es dem Lehrer. Der war schnell be=
sonnen und gab den Buben den Auftrag, das alte
Zeug in den Schulofen zu werfen.

Auch dies geschah, und so kamen die Hofstetter
durch den eigenen Bürgermeister um ihr Archiv;
ein Verlust, den aber bloß der spätere, heute auch
schon lange gestorbene Ratschreiber fühlte, der Kienast,
welcher des Kreuzwirts Sepp von Bollenbach war
zur Zeit, da ich als „Becke=Philipple" von Hasle
seinem Vater Brot zu den Hochzeiten lieferte. —

2.

Mit des Vaters Tod war der Wendel unumschränkter Herr auf der Schanz geworden; denn bis dahin hatte jener noch ein „starkes Leibgeding" an Naturalien bezogen.

Doch sein Schicksal hatte trotzdem bereits begonnen. Er hatte den ersten Prozeß hinter sich und sein Wahlspruch: „Kein Unrecht leiden" war bereits Parole geworden beim Wendel und noch mehr bei der Vef, der Bäuerin.

Der erste Zwiespalt, in welchen der Wendel auf der Schanz mit der Obrigkeit kam, entstand wegen eines Hirtenbuben, den der Bauer nicht immer den weiten Weg hinab ins Tal machen ließ, um in der Dorfschule drunten Dinge zu lernen, die man „auf der Schanz und zum Viehhüten seiner Lebtag nicht braucht".

Eben war ein neues Schulgesetz gekommen, und über dieses ward landab und landauf im Volke räsoniert. Auch der Bürgermeister von Hoffstetten,

Wendels nächster Vorgesetzter, hatte mit diesem im Wirtshaus über die neue Schule losgezogen. Als aber der Bauer im Altersbach bei seinem Hirtenbuben die praktische Anwendung machte und ihn selten in die Schule schickte, mußte der Bürgermeister gegen den Wendel einschreiten, und damals schon sprach die Vef ihre spätere Devise bei allen ähnlichen Anlässen: „Wendel lid's nit!"[1] Und der Wendel litt es nicht und appellierte an alle Verwaltungsinstanzen und verlor überall.

Jetzt begann beim Wendel die Erbitterung. Und ich selbst kann ihm nicht unrecht geben. Wenn ich Bauer auf einem Berge des Kinzigtals wäre und meine Kinder und Hirtenbuben hätten bis zu zwei Stunden ins Tal hinab in die Schule, käme ich auch in Konflikt mit der heutigen Kulturwut, die nicht mehr zufrieden ist, daß der Hirtenknabe lesen, schreiben und rechnen lernt, was er ins „Haus" braucht, und zu diesem Zweck während seiner Kinderjahre wöchentlich ein= oder zweimal am Nachmittag in die Schule wandert, sondern ihn „ausbildet" bis zum 16. Lebensjahr, wie einen zukünftigen Professor.

Ja, sagt man, wir haben die „Mitregierung des Volkes" in unsern liberalen Staaten, da kann

---

[1] Leide, dulde es nicht.

ein Bauer Bezirksrat, Schöffe und Geschworner werden, und deshalb muß er „Bildung" haben.

Ich gebe auf die Einrichtung der Bezirksräte, Schöffen und Volksrichter keine „rote Bohne", wie man im Volk sagt. All diese Dinge taugen für den Bauer nichts und nützen zur „größeren Gerechtigkeit" keinen Deut. —

Wer nicht weiß, was der deutsche und namentlich der badische Bauer von dieser Volksbildungswut unserer Zeit sich alles gefallen läßt, der darf nur einmal zur strengen Winterszeit auf die Berge des Kinzigtals gehen, wenn der Schnee Wald und Feld deckt. Da stehen Bauern und Knechte in aller Frühe auf und schleppen den Bahnschlitten bergab, durch Schluchten und Täler, und hintendrein „zotteln" mit einer Laterne einige kleine Mädle und Buben in ihrem blauen Zwilchhäs, frierend und zitternd.

Und wenn wir die Leute fragen: Wozu und wohin? so heißt's, die Kinder müssen in die Schule. Und am Nachmittag kommen dann die armen Tröpflein wieder aus dem Tal heraufgekeucht und halb erfroren auf die einsamen Berghöfe zurück.

Und das alles hat mit ihrem Singen die „Bildung" getan, die seit Wendels Zeit noch viel toller mit den Kindern des Landvolks umspringt zur großen

Freude der Sozialdemokraten, welche die Früchte davon ernten werden.

Man sagt und verordnet zwar, bei Unwetter und großer Kälte seien die Kinder entschuldigt, aber der Lehrer sieht es nicht gern, weil große Versäumnislisten den Kreisschulrat verstimmen, und das Landvolk fürchtet die Bureaukratie und schickt darum seine Kinder fast bei jedem Wetter, selbst wenn's 12 Grad Kälte hat und eisiger Ostwind heult über die Schneefelder.

Wenn dann so manches Schulkind den Winter über an Krupp und Lungenentzündung stirbt, da kräht kein Hahn darnach, und unsere guten Bauern führen nach wie vor den Bahnschlitten, und die noch lebenden Kleinen wandern hintendrein.

Und doch zeigt dieses Volk beim Begräbnis eines Kindes weit, weit mehr Poesie und Gemüt, als in unserer ganzen neumodischen Volksbildung und Volksdressur zutage tritt.

Wird ein Kind bei den Bauern des Kinzigtales begraben, so kommen die Nachbarn ins Leichenhaus, vorab aber der „Götte" (Pate) und die „Göttle" (Patin). Sind diese beiden da, so nimmt der „Götte" den Sarg, den der Schreiner eben vom Dorfe heraufgetragen und in den er das Kindlein gelegt hat, und „lupft" ihn der „Göttle" auf den Kopf. Diese stellt sich nun an die Spitze des kleinen Leichenzugs, und unter Gebet geht's bergab.

Drunten auf dem einsamen Dorfkirchhof angekommen, stellt die „Göttle" ihre Last am Eingang zum Gottesacker ins grüne, grüne Gras oder in den weißen, weißen Schnee. Der Priester segnet die Leiche ein, und jetzt nimmt der „Götte" das tote Kind, bringt's zum Grab und legt's hinein.

Das heiß' ich Poesie; die wird aber dem guten Volk täglich mehr ausgetrieben durch „die Kultur". Sind der „Götte" und die „Göttle" einmal modern gebildet, so werden sie es dumm finden, ein Kindlein so zu begraben, und der Dorfschreiner oder ein Knechtlein nimmt den Sarg unter den Arm und übergibt ihn drunten im Tal dem Totengräber, wie der Postbote ein Paket. —

Also den ersten Prozeß Wendels hätt' ich auch bekommen, so ich Bauer auf der Schanz gewesen anno dazumal.

Jetzt kam der zweite. Die Bauerngemeinden des Kinzigtales unterhalten die Wege in den einzelnen kleinen Tälern und zu den Höfen durch Fronden, d. i. die Gemeindebürger müssen abwechselnd und nach der Größe ihres Besitzes an der Herstellung der Wege arbeiten.

Unser Wendel, erbittert, weil er den ersten

Prozeß verloren, verweigert fortan die Fronden.
Der Bürgermeister straft ihn, und die Vef mahnt
ihn: „Lid's nit". Der Wendel bezahlt keine Strafe,
wird beim Bezirksamt verklagt und erscheint nicht.
Nun hagelt's schwere Strafe, und der Gerichtsvoll=
zieher erscheint mit der Pfändung. Jetzt zahlt der
Wendel, wird aber noch erbitterter.

Er verlangt nun, daß die Gemeinde den Weg
oberhalb seines Hofes, der über den Gebirgskamm
ins Welschensteinacher Tal führt, auch durch Fronden
machen lasse. Sie weigert sich, weil es noch nie
geschehen, und es kommt zum dritten Prozeß. Der
Wendel beruft sich auf zahlreiche Zeugen, die Ge=
meinde auch. Der Bauer auf der Schanz verlangt
Augenschein von Beamten und Advokaten, da „diese
Herren auch gelebt haben müßten". Ein ganzer
Zug von Herren und Bauern bewegt sich vom Tal
herauf der Schanz zu. Unser Wendel begleitet „die
Herren" am Mittag wieder hinab in die „Schnee=
ballen", wo diese Braten und Forellen essen und
er Backsteinkäs. Er verliert abermals, zahlt all den
Herren die Zeche und noch Geld dazu.

Der Wendel wird immer bitterer, läßt den Weg
selbst machen, aber bezirksamtlich verkünden, daß der=
selbe verboten sei. Keine Seele, die nicht in sein Haus
gehört, darf darüber laufen. Drei „Stöcke" mit

Inschrift besagen, daß der Bauer auf der Schanz mit bezirksamtlicher Genehmigung bei Strafe niemand mehr durch lasse. Er stellt einen eigenen Wächter an und bringt jeden Übertreter des Verbots zur Anzeige — dem Bürgermeister zum Verdruß, der strafend einzuschreiten hat.

Ja selbst den Tierarzt des Dorfes, den alten Schuhmacher Schirrmaier, genannt Haldenfid, läßt er nicht passieren, wenn er auf einen andern Hof als den Wendels gerufen wird.

Und der Haldenfid, der an einer Halde über dem Dorfe sein Häuschen und daher seinen Namen hatte, war der stillste, bravste und gefälligste Mann weitum.

Sein Großvater war drüben in dem Bergdorfe Biederbach Lehrer und Tierarzt gewesen vor vielen, vielen Jahren. Dessen Veterinärkunst hatte sich in Tradition und Büchern vererbt auf den „Fidel", der in diesem seinem Nebenberuf eine Gewissenhaftigkeit an den Tag legte, die vielen akademisch gebildeten Ärzten als Vorbild dienen könnte.

Wurde ein Tier krank und der Haldenfid gerufen, so blieb er bei gefährlichen Erscheinungen die ganze Nacht im Stall und beobachtete das kranke Geschöpf.

Fiel das Tier, so wurde es vom Fid gewissen=

haft seziert. Er wollte sehen, wo es gefehlt habe, seine Diagnose durch die Sektion prüfen und rektifizieren und Studien machen für die Zukunft.

Dabei verschmähte er, ganz im Gegensatz zu andern Volksärzten, jede „Sympathie" und holte all seine Heilmittel auf der Flur oder in der Apotheke.

Ein kleiner Mann mit großer Schildkappe, schaute der Haldenfid so klug, so nachdenkend und so gutmütig in die Welt, daß man ihn auf den ersten Blick gerne haben mußte.

Er war, was man sehr selten Doktoren nachsagen kann, ein tiefgläubiger, frommer und pietätvoller Mann.

Täglich sah ich ihn der hl. Messe anwohnen, wenn ich in Hofstetten weilte, und wenn ich nach dem Gottesdienst aus der Kirche kam, stand der Alte am längst eingesunkenen Grab seiner Mutter und betete. Er ist jetzt auch längst schon bei der Mutter. —

Daß der Wendel auf der Schanz sogar ihn, den Heilmann, strafte, brachte den Haldenfid auf einen Rachegedanken. Der grimmige Bauer war ihm noch Geld für ein Pflaster schuldig, das sonst 70 Pfennig kostete. Da der Fid aber um eine Mark gestraft worden wegen Passierens des verbotenen Weges, verlangte er für das Pflaster zwei Mark

und meinte, er mache den Preis des Pflasters nach
der Wunde, die der Wendel ihm geschlagen.

Dieser war aber bei seinen Strafen unparteiisch.
Als sein eigener Schwager, der Dorfmüller, den
Berg heraufkam mit Weib und Kind, um in Welschensteinach die Ostereier zu holen bei der „Göttle",
mußte er Strafe zahlen für Hin- und Rückweg.

Der Wendel geht noch weiter. Auch den Gendarmen, die über die Berge zogen und jede Woche
einmal beim Wendel unterschreiben ließen, daß sie
oben gewesen, verbietet er den Weg zum Hof und
selbst dem Ortsdiener, welcher ihm amtliche Mitteilung zu machen hat.

Jetzt entzieht der Amtmann ihm das Straf-
recht und setzt den Wächter ab. Sein und der
Bef Groll wachsen abermals. Überall in Berg und
Tal spricht man vom Wendel und seinem verbotenen Weg.

Selbst bei Akten der Gerechtigkeit sieht er sich
im Nachteil. Der Kreuzwirt von Hasle, ein gewalt-
tätiger Holzhändler, hat oben im Berg Holz gekauft,
aber keinen Weg, es abzuführen, außer über Wendels
Hof. Der aber, konsequent, versagt die Bahn. Der
„Franz von Hasle" geht eines schönen Morgens
mit Roß und Wagen doch über Wendels Weg und
wird vom Bezirksamt zu 50 Mark Strafe verurteilt.

Dieses Lumpengeld will aber der Wendel gar nicht, weil die Gewalttat zu gering taxiert wurde. —

Es wird immer schlimmer. Schleicht da eines Tages ein armes Weib daher vom Dorf herauf, eine Leichenbitterin. Sie will die Vef zur Leich' bitten. Aber der „Kohli", der Lieblingshund Wendels, ist bisweilen „lunisch" (launisch) und selten an der orts= üblichen Kette, und das arme Weib wohnt zudem noch im Dorf drunten beim „Hunds=Toni", einem Hundeschinder, der mit Hundsschmalz handelt für Schwindsüchtige. Das hat der „Kohli" an der Alten gerochen und ist doppelt wütend. Er zerreißt der armen Frau erbarmungslos die Kleider.

Weder der Wendel noch die Vef trösten sie. Sie konnte wissen, daß auf den Hof niemand kommen soll und daß die Bäuerin zu keiner Leich' geht ins Dorf hinab, von wo aller Hader auf die Schanz kommt und wohin der Wendel schon längst nicht mehr zur Kirche geht.

Das ungetröstete Weib zeigt's dem Gendarmen an, sobald er wieder an des „Hunds=Tonis" Woh= nung vorbeikommt, und der macht Meldung beim Amt. Sofort beschließt der Amtmann, daß der „Kohli" auf der Schanz durch den Tod aus dem Leben zu schaffen sei.

Der Gendarm erscheint mit dem Mordbefehl

beim Wendel, aber der wehrt sich für seinen braven „Kohli" mannhaft. Er nimmt das Tier zwischen seine Beine und erklärt dem Manne des Gesetzes, wenn er auf den Hund schieße, müsse er auch seinen Herrn treffen. So deckt der Wendel mit dem eigenen Leibe den „Kohli", und der Gendarm zieht unverrichteter Dinge wieder bergab.

Der Bauer weiß aber aus Erfahrung, daß ein badischer Amtmann seiner nicht spotten läßt und dem Hunde das Leben noch nicht geschenkt sei. Darum geht er mit ihm über den Berg hinab und ins Elztal, weit hinab bis nach dem Dorfe Bleibach am Fuße des Hörnle= und im Schatten des Kandelberges. Hier ist der Sonnenwirt Wendels Freund. Ihm übergibt er seinen „Kohli" zu guter Atzung an der Kette, bis der Sturm vorüber wäre.

Nach einigen Tagen kamen richtig gar zwei Gendarmen auf die Schanz und frugen nach dem „Kohli". Wendel meinte, er habe ihn nicht mehr da, er sei „im Studium" und müsse lateinisch und französisch lernen, um einmal „ein Herr" zu werden; denn Herren würden nicht erschossen, auch wenn sie die Leute bissen.

Die Männer der Gerechtigkeit ziehen abermals voll Ingrimm von dannen. Der Wendel erhält einen „Strafzettel" wegen groben Unfugs, widerspricht nicht, zahlt auch nicht und läßt's, wie fortan, zur Pfändung kommen.

Den „Kohli" aber sieht ein „meineidiger" Hof=
stetter im Vorbeigehen an der Kette beim Sonnen=
wirt in „Bliwich", verrät's, und den empörten Gen=
darmen sind die fünf Stunden nicht zu weit ins Elz=
tal hinüber. Der Student „Kohli" wird an der Kette
beim Sonnenwirt erschossen.

Der Wendel beginnt zwar einen Prozeß beim Gericht wegen des Mordes, und es wird konstatiert, daß der „Kohli" den Tod nicht verdient hätte, aber tot war tot. —

Der Wendel hatte zum Schaden den Spott, und nun wird er immer „wilder". Er bezahlt keine Gerichtssporteln und keine Umlagen mehr. Kommt einer mit solch einem Zettel oder einer Vorladung, der dem Wendel eigenhändig übergeben werden soll, und pflügt dieser vor dem Hofe im Felde, so nimmt er dem Gerichtsboten den Zettel nicht ab. Er sagt: „Legt ihn nur aufs Feld, ich werd' ihn dann schon finden. Hab' jetzt keine Zeit zum Abnehmen." Das wird dem Wendel als Verhöhnung der „Obrig=
keit" ausgelegt, es regnet neue Strafzettel und selbst Arrest.

Kommt dann der Gerichtsvollzieher zum Pfänden, so findet er alle Türen und Tore vernagelt. Man hat ihn längst den Berg heraufkeuchen sehen. Jetzt muß der Mann mit der Pfändung hinab ins Dorf und den Polizeidiener und einen Gemeinderat holen. Es wird aufgesprengt und gepfändet. An einem Tag einmal für 10 000 Mark. Wendel holt jetzt erst Geld bei Freunden und Verwandten, löst die Pfändung aus, oder läßt's zur Versteigerung kommen und durch einen Bekannten wieder steigern. Vorher aber setzt er Richter und Advokaten nach allen Richtungen und Instanzen in Bewegung, um die Pfändung zu bestreiten oder ihren Vollzug hinauszuschieben.

Und wie war dieser merkwürdige Mensch, der sich und andern „zu Leid" lebte und Schwierigkeiten machte, wo er konnte, als Hausvater und Bauer?

Der Wendel auf der Schanz war einer der fleißigsten Bauern im ganzen Tal. Von morgens früh bis abends spät — wenn Prozeßgeschäfte ihn nicht abriefen — war er an der Arbeit, hatte das schönste Vieh im Stall und die Äcker und Wiesen musterhaft in Ordnung. Kurz, er war als Bauer ein solcher erster Güte. Dabei kein Trinker und kein Spieler, wenn er ins Städtle kam. Aber ohne Prozesse konnte er nicht leben, und die glaubte er führen zu müssen, weil ihm überall unrecht geschehe.

Und die Vef, sein Weib, war eine ebenso tüchtige

Bäuerin, wie der Wendel ein Bauer. Alle Eigen=
schaften einer tüchtigen Hausfrau, wie Schiller sie
besungen, konnten ihr gelten. Aber baumfest war
sie überzeugt, daß ihr Wendel verfolgt werde, und
darum mahnte sie ihn jeweils mit ihrem Wahlspruch:
„Wendel lid's nit!"

In allen Stücken hielt sie zu ihrem Manne.
Und sie legte davon Proben ab, die in hundert Fällen
nicht eine Frau bestehen würde. Nur ein Beispiel.
Nichts können die Damen und die Weiber weniger
leiden, als wenn der Mann spät heimkommt und
dann gar noch einen oder den andern Gast mit=
bringt. Die Vef zeigte das Gegenteil. Wenn bis=
weilen der Wendel drunten im Haslacher Städtle
war und sich verspätet hatte, konnte er zu den Has=
lachern im Wirtshaus sagen: „Ihr habt's gut, Ihr
könnt trinken, so lang Ihr wollt, und habt dann nicht
weit ins Bett. Aber ich muß noch einen weiten Weg
machen über Berg und Wald, und keiner von Euch
hat die Courage mitzugehen." Da boten sich wein=
und bierselige Haslacher an, den Wendel zu begleiten
trotz der finstern Nacht und des noch finsterern Waldes
unter der Bedingung, daß der Wendel, droben an=
gekommen, ordentlich auftische. „An dem soll's nit
fehle," meinte der Wendel, und der Zug setzte sich
in Bewegung.

Es wurde Mitternacht, bis der Hofhund anschlug und von weitem den Bauer und die Gäste der Vef anmeldete. Sie stand alsbald auf und grüßte „die Herren" freundlich, daß sie zum Besuch gekommen und ihren Mann den weiten Weg den Wald herauf begleitet hätten.

Aus dem Keller holte sie Wein, aus der Küche Bratwürste und aus dem „Glaskasten" die Kaffeetassen mit den goldenen Reiflein, die ihr die Mutter zur Hochzeit in der Porzellanfabrik zu Zell gekauft, — und die Haslacher hielten Kirchweih, und der Mesner zu Hasle läutete in der Regel schon Betzeit übers Tal, als sie heimkamen. —

Weniger gut stand der Wendel — und da steht er nicht allein in der Welt — mit der Schwiegermutter, die nach dem Tode des Gassenwirts in der Heimat der Vef regierte. Sie sollte ihm aus dem Erbteil des Schwiegervaters noch Geld bezahlen. Eines Tages kam nun der Postbote mit einigen tausend Mark auf die Schanz. Es war schon die Zeit, da Wendel das Geld brauchen konnte. Allein er nahm es nicht. Der Bote mußte es wieder mitnehmen. Es war zu wenig. Zwei Jahreszinsen fehlten. Es kommt zum Prozeß und Wendel verliert abermals. Das Erbteil aber war durch den Prozeß geschmolzen.

Den Kredit hatte der reiche Bauer auf der Schanz, der einst 100 Klafter Buchenholz aus seinem Walde hatte verkaufen können, ohne daß man eine Lücke darin gemerkt hätte, nach und nach verloren. Nur sein Bruder, der Philipp, der durch Schicksals Fügung Wirt geworden war in der Blume zu Schnellingen, wo der Vater einst Stammgast gewesen, der bürgte für den Wendel solange er konnte.

„Mein Bruder, der Wendel," meinte er, „kann nie zugrunde gehen auf dem großen Hof." Er ging doch zugrund und mit ihm der Bruder=Bürge Philippus, der Blumenwirt. —

Wenn Bauern keinen Kredit mehr haben unter sich, so kommt der Hebräer als letzte Hoffnung. Und so ging's auch dem Wendel. Die Hebräer hatten bereits einen Kollegen vom Bauer auf der Schanz, den Vollmerjörg im Entersbach, jenseits der Kinzig, „am Seil", und durch ihn kam der Wendel auch in ihre Hände.

Der Vollmerjörg hatte einen schönen, schulden= freien Hof, aber er war ein billiger Denker. Er glaubte in seinen früheren Jahren an Hexen und Gespenster und in seinen spätern an die Juden.

Der „Schönwälderhans" und der „Halderhans", zwei Gauner im Bauernkittel, vertrieben dem Vollmer= jörg die Hexen aus dem Stall und brachten ihn um manches Stück Rind, als Lohn für Geisterbann. Der „Halderhans" brüllte in der Nacht in der Nähe des Hofes, und der „Schönwälderhans" erklärte am Morgen dem Jörg das Gebrüll als das Wutgeschrei vertriebener Geister, die in Jörgs Kühe gefahren seien. Die verhexten Kühe, denen nach ihrem Urteil nicht mehr zu helfen war, nahmen die Gauner um einen Spottpreis selbst mit.

In seinen spätern Jahren geriet der Jörg unter die Juden, und die verhalfen ihm vollends vom Hof. Sie trieben auch den Wendel bei, daß er dem Jörg Wechsel unterschreibe — für Guthaben der Juden an diesen. Nach der Verfallzeit konnte der Wendel bezahlen. Bisweilen sollte auch ihm durch Wechsel geholfen werden; er bekam aber als Maximum 500 Mark, als Minimum 20 Mark und hatte Tausende zu zahlen, wenn der Wechsel verfallen war. Der bekannte Offenburger Wucherprozeß hat später Licht gebracht in dieses Treiben, dem auch der Bauer auf der Schanz in den letzten Jahren zum Opfer gefallen war.

Vom Wechselrecht verstand der gute Wendel so viel als sein Schimmel; drum stürzte er mit Macht in dessen Folgen.

Man sucht die Menschen vor Kohlendämpfen zu bewahren durch das Verbot von Ofenklappen; in den Städten müssen auf den Dächern „Wehren" angelegt werden, damit kein Schnee auf die Leute fällt — aber daß man daran geht, die Bauern vor dem Untergang zu schützen durch das Verbot, Wechsel zu unterschreiben oder auszustellen, daran denkt man nicht. Es hat jeder die Freiheit, sich um Hab und Gut zu bringen.

Der Vollmerjörg starb im Spital zu Zell als Bettler, und seine Familie lebt im Elend, und mit dem Wendel ging's mit Riesenschritten bergab, als er in Wechseln machte.

Alles Streiten und Prozessieren, daß er vom Juden wenig oder gar kein Geld für die von ihm unterschriebenen Wechsel erhalten, nützte nichts. Es wurde eben gepfändet, solange etwas da war. Nur der „Stier" stand eines Tages noch ungepfändet auf der Schanz. Und als der Gerichtsvollzieher dem Hof nahte, um auch ihn zu pfänden, da ergrimmte die Vef. Sie lief dem Stall zu und ließ den „Muni" von der Kette los und springen. Dazu schimpfte sie aus voller Kehle. Der Stier wurde eingefangen und hinabgeführt in die „Schneeballen", die Vef aber kam wegen Beamtenbeleidigung, die bei uns bekanntlich gleich nach der Majestätsbeleidigung kommt, vier Wochen ins Gefängnis nach Wolfach.

Der Wendel prozessierte wegen des Stieres, so lange es ging, um die Versteigerung zu hintertreiben. Mehr als ein halbes Jahr stand der Muni in Kost und Logis beim Schneeballenwirt. Der Wendel meinte, man solle ihm Kaffee und Wein geben, wenn er es saufe, damit ja die Verpflegung das Tier auf= fresse und seine ungerechten Gläubiger nichts be= kämen. —

Mehr denn ein Vierteljahrhundert hatte der Wendel es prästiert mit ewigem Prozessieren und ewigem Verlieren, bis die Katastrophe eintrat und dem Wendel Haus und Hof versteigert wurden, nachdem das Vieh längst fort war. Die Haupt= gläubiger waren Juden und ein Advokat Bumiller in Offenburg, der außer seinen Diensten dem Bauer auf der Schanz in besseren Tagen noch Geld ge= liehen hatte.

Vergeblich suchte Wendel seinem jungen gleich= namigen Sohne den Hof zu erhalten. Die Schulden= last war zu groß. Die erwachsenen Kinder, brav wie Gold, hielten enge zu Vater und Mutter, trotz des selbstverschuldeten Unglücks. Der Sohn wurde Knecht auf des Nachbars Hof, die Mädle Mägde bei den Bauern; Vater und Mutter aber zogen mit den noch nicht erwachsenen Kindern nach Hasle in ein armseliges, dunkles Stüblein in der „hintern

Gasse". Der Wendel wurde ein Taglöhner und die Vef eine Taglöhnerin.

Aber eines hatte der Wendel doch noch gerettet vom Hof, und das war sein Hund, „der Tiger". Den nahm er mit in seine Armut, und das ehrt ihn. Die Menschen hatten den Wendel verspottet, geärgert, gequält, betrogen, seine Hunde aber allezeit treu zu ihm gehalten, drum sollte der Tiger auch sein hartes Brot mit ihm teilen.

Besitzer des Hofes auf der Schanz war der Advokat Bumiller in Offenburg geworden.

Da brennt an einem Sonntag gegen abend der Hof auf der Schanz in hellen Flammen, und als die Leute aus dem Tal oben angekommen waren, lag das stolze Bauernhaus Wendels in Asche. Der Verdacht fiel sofort auf diesen. Noch in der gleichen Nacht kamen die Gendarmen vor die dunkle Wohnung Wendels in der „hinterne Gasse" zu Hasle. Der Tiger wütete in der armseligen Stube, wo der Bauer mit seiner Familie zu Bett lag. Erst mußte der Tiger festgehalten werden, und dann wurde geöffnet, worauf die Männer des Gerichts den Wendel unter dem Wehklagen der Vef und der Kinder ins Gefängnis abführten.

Glänzend wies er aber am andern Morgen sein Alibi nach, und die ganze Nachbarschaft be=

zeugte ihm, daß er an jenem Tag keinen Fuß aus der „hintern Gasse" gesetzt habe. Er wurde frei.

Aus der Not aber machten seitdem der Wendel und die Vef eine Tugend. Sie fanden sich in ihr Geschick und arbeiteten, wo und was sie zu arbeiten bekamen. Und wie der Wendel, so taglöhnerte auch sein Bruder Philipp, der einstige Blumenwirt von Schnellingen, der gleichzeitig mit dem Wendel und durch ihn um seine Habe gekommen war. —

3.

Es war am Tag vor Allerheiligen, im Spät=
herbst 1890, da stand ich auf der Schanz und vor den
Ruinen von Wendels Haus. Alles war still und fried=
lich über diesem Grabe, die Sonne schien so warm
und mild über Berge und Täler, als wollte sie Ab=
schied nehmen für die Winterszeit. Tief unten lagen
Dorf und Kirche. Nur der Brunnen lebte noch auf
Wendels Hof und gab sein Kristallwasser wie ehe=
dem. Aber niemand trank davon. Es rieselte hinab
dem großen Buchwald zu, der mit seinen gelben
Blättern die Farben gab für die sonnige Landschaft.

Und das große, schöne, steinerne Kreuz, das
der Wendel und die Vef anno 1865 frommen Sinnes
hier errichtet haben und das die Namen der Stifter
trägt, stand noch oben an der Waldecke und wird
ihre Namen noch verkünden, wenn einst auf diesen
Höhen und drunten im Tal das Geschick der Stifter
längst vergessen sein wird. —

Mir zogen Wendels Geschick, sein Eigensinn,

seine Rechthaberei, seine Prozeßsucht einen Augenblick durch die Seele, und ich dachte an das Wort Shakespeares:

> Was geschehen soll, geschieht,
> Und keiner ist sein eigen —

— und ob der Wendel nicht das Prozessieren geerbt vom Vater, wie manch anderer das Trinken oder das Stehlen, und wie er dieser erblichen Anlage nicht widerstand und ihr erlag.

Das Volk drunten im Dorf hat einen ähnlichen Gedanken. Es sagt heute noch: „Der Wendel hat prozessiert wie sein Vater. Aber, weil dieser fast alle Prozesse gewonnen, mußte der Wendel alle verlieren." Wie tief liegt hier in diesem Ausspruch der Volksseele die Annahme eines ausgleichenden Geschicks.

Und dann dürfen wir nicht vergessen, daß, wer einmal als „Prozeßkrämer" verschrieen ist, von vornherein bei den Gerichten etwas gegen sich hat, auch wenn er bisweilen im Recht ist. Hat doch selbst ein Amtsrichter von Wolfach in den Schneeballen in Hofstetten dem Wendel erklärt: „So lange ich Amtsrichter bin, gewinnen Sie keinen Prozeß." Der Mann hat mit diesen Worten ein großes Unrecht gelassen ausgesprochen!

Nun blühen vielleicht dem Wendel und seinen

braven Kindern noch bessere Tage. Die Schwieger=
mutter wird eines Tages noch Geld hinterlassen,
und der Bruder der Vef ist Trappist und wird nicht
miterben wollen. Vor einigen Jahren sah ich des
Gassenwirts Sohn im Kloster Olenberg im Elsaß,
stumm und still in dunkler Klause Bücher bindend.

Der Anfang zum Bessern war 1894, da dies
Buch zum drittenmal erschienen, bereits gemacht.

Über der Schanz drüben liegt der „Hessenberg"
mit dem „Harmersbächle", und da besaß ein Ver=
wandter des einstigen Londoner Millionen=Schneiders
Stulz den großen Moghof, und auf diesem Hof wurde
der Wendel Oberknecht und die Vef Obermagd,
was so viel bedeutet, als an fürstlichen Höfen Ober=
hofmeister und Oberhofmeisterin.

Der Hof auf der Schanz ging nach dem Brand
vom Advokaten an meinen Vetter Karl über, den
Kreuzwirt von Hasle. Der sollte sich aber nicht lange
dieses schönen Besitzes erfreuen, den er eines Tages
freudig mir zeigte. Mitten aus seinem regen Er=
werbsleben nahm 1892 der Tod ihn weg. —

Und die Mine — die schöne junge Müllerin
von Schnellingen, Wendels Schwester? Es war ein
Zufall, daß sie in meinem Gedächtnis auftauchte
und ich von ihrem Geschicke erfuhr. In den Tagen,
da ich im August 1890 in den „Schneeballen" wohnte

und den Titel meines Buches entdeckte, ging ich wie öfters spazieren mit dem „Großvater", dem Onkel des Schneeballenwirts, früher langjähriger Bürgermeister, einem Achtziger. Wir gingen eines Tages bergauf, der Heidburg zu, und sprachen von alten Menschen und von alten Zeiten.

In der Mitte des Berges, rechts und links dichter Buchenwald, steht ein Bildstöckle, vor dem ich als Student schon gestanden. Es meldet, daß hier im Mai 1811 ein Fruchthändler von Hausach von unbekannter Hand ermordet wurde. Heute erfuhr ich mehr.

Der „Husachersepple", so hieß der Erschossene im Volke, war eines Morgens in aller Frühe mit seinem Fuhrwerk auf dem Weg nach Freiburg. Wo der

Wald am dichtesten und der Weg am einsamsten war, erhielt er einen „Meisterschuß", der ihn sofort tötete, ehe er nur seine Lage verändern konnte. Die Pferde gingen weiter und der Sepple saß auf dem Wagen wie zuvor.

Da begegnen dem Gefährte zwei Hoffstetter Bauern von Elzach her, der Obersteinhofer und der Heize=Bur von der Breitebene. Sie sehen erst in nächster Nähe, daß der Husachersepple, der jede Woche hier durchfuhr und den beiden Bauern wohl= bekannt war, tot sei.

Trotzdem der Ermordete völlig unberaubt ist, wird ein armer Teufel, der Schwende=Mathis aus dem nahegelegenen Dorfe Biederbach, Jahr und Tag eingesperrt und in peinliche Untersuchung genommen. Er gestand nichts, weil er unschuldig war.

Der eigentliche Mörder hatte, wie die Volks= stimme sagte, indes längst die Frau des Ermordeten geheiratet. Er war — ob im Einverständnis mit dieser, wer weiß es — an jenem Morgen dem Sepple vorangeeilt über Berg und Tal und hatte den Schuß getan. Die Kinder des Getöteten ahnten später, was geschehen, und der Mörder, steinalt geworden, saß verachtet und zur unheimlichen Last im Hause seines Opfers.

So erzählte mir heute der Großvater und erinnerte

mich, daß ich den verbrecherischen Alten auch noch
gekannt habe. Er lebte Ende der fünfziger Jahre
des vergangenen Jahrhunderts noch in einem Wirts=
haus im Obertal, in das ich als Student öfters kam
auf den Doktorfahrten mit Freund Feederle, dem
Arzt. Der Alte saß scheu auf der Ofenbank und
mag, nachdem die Zeit die Leidenschaft gebrochen,
manch herbe Stunde ob des ungesühnten Frevels
durchlebt haben. —

Auf der Höhe angekommen, schritten wir der
abseits gelegenen Höhe der Heidburg zu, einem auf
dem Fundament eines römischen Wachtturms er=
richteten ehemaligen Rittersitze. Sie hat von einer
Burg nur noch den Namen; kein Stein zeugt mehr
von einer solchen. Mein Begleiter hat als Knabe
die Ruine noch in stattlichem Stande gesehen. Aber
die Bauern holten die Steine der Burg, bis keiner
mehr da war und seit einem halben Jahrhundert
brechen Steinhauer den roten Sandstein aus, auf
dem sie stand, und von Jahr zu Jahr ist der Burg=
hügel kleiner geworden. Er ist aber immer noch hoch
genug, um zu zeigen, in welch herrlicher Lage die
Burg einst gethront.

Die Schwarzwaldberge hinauf bis zum Belchen,
der in die Schweiz hineinschaut, hinab bis zum
Mummelsee und hinüber bis zum Kniebis liegen

in entzückender Rundschau vor uns. Die einstige
Nachbarin Hohen-Geroldseck grüßt so nahe herüber,
als könnte man sich zuwinken, falls beide Burgen
noch ständen und bewohnt wären.

Mich interessierten heute vorzugsweise die kleinen
Mulden und Gehöfte, die gen Süden unmittelbar
zu unsern Füßen lagen und die ich in meiner Knaben=
zeit begangen und seitdem nimmermehr.

Da lag im Schutze der alten Burg, kaum sichtbar
in tiefem Gesenke, der Schloßhof mit einer Menge
von Erinnerungen. Ihn hatte ich gesehen, da ich
als zehnjähriger Knabe meine erste größere Reise
tat, auf die Heidburg; in ihm hatte ich zwei Jahre
später mit meinem Vetter Karl einen jener greisen
Geißböcke geholt, die in Haslach als Hammelfleisch
verspeist wurden. Der „Schloßbur" hatte uns Pflau=
men geschenkt, so viel wir essen und einstecken konnten,
und damit ein Vergnügen gemacht, das heute nichts
mehr in der Stärke bei mir hervorzurufen imstande wäre.

Sein Bruder war der „Schloßsepp" in Hasle,
der von der Heimat seinen Namen trug und mit
Frucht handelte. Er war ein kleiner Mann mit einer
Zipfelkappe und hatte beständig eine Ulmerpfeife
im Munde. Man erzählte oft, der Sepp sei in seiner
Jugend ein großer Wilderer gewesen. Vom ein=
samen Schloßhof sei er bis hinüber zum Kandel

und zum Hühnersedel gezogen und habe seine Hasen und Rehe geholt. Jahr und Tag saß er im Gefängnisse.

Mir, dem Knaben, galt der Mann, der nachts vom Schloßhof aufbrach und über den Prechter Hochwald, vom Volke heute noch keltisch der „Gschasi" genannt, hinüberzog zum gewaltigen Kandelberg und wilderte und dann einsam im Gefängnisse büßte, wie ein zauberhafter Held.

Die strenge Haft brach schließlich des Schloßseppen Jagdlust; er wurde friedlicher Hausknecht drunten in den „Schneeballen" und in der „Sonne" zu Hasle und dann Kleinhändler mit Frucht, der still mit seinem Rößlein und seiner Pfeife talauf und talab fuhr, bis der Tod ihn holte.

Sein Vater, der alte Schloßbur, war ein Sympathiedoktor gewesen, gesucht in den Bergen ringsum. In einer Nacht war er geholt worden auf den Flachenberg. Dort lag er am Morgen tot im Heidekraut. Das Volk meinte, die bösen Geister, denen er „gefähr" gewesen, hätten ihn erwürgt.

Der dritte Schloßbauer nach ihm endigte noch dunkler. Er war ein kreuzbraver Mann, hatte aber eine geisteskranke Frau, die er lange sorgsam hüten mußte vor Selbstmord. Sie genas, aber jetzt kam das Unglück über ihn.

Die Heidburg liegt genau auf der Wasserscheide zwischen Kinzig und Elz, und so auch die Felder des Schloßhofs. Eine Quelle auf dem Kamm des Berges floß der Kinzig zu und speiste des Schloßburen Matten. Da gräbt ein Nachbar auf der Elztäler Seite und gräbt ihm die Quelle ab, so daß sie der Elz zufließt.

Zu ändern war das nicht. Der Schloßbur aber kränkt sich und hintersinnt sich. An einem schönen Maientag der achtziger Jahre fährt er auf den Maienmarkt nach Hasle, trinkt im Rückweg noch still und friedlich einen Schoppen in den „Schneeballen" und fährt dann bergauf, dem Schloßhof zu. Er führt sein Rößlein in den Stall, versorgt's mit Futter, und dann geht er hinauf an die Stelle, wo die Quelle einst geflossen, und erhängt sich an einer Rottanne.

So berichtete mir der Großvater, während ich von der Burghöhe herabschaute auf den Schloßhof, und es kam mir der Gedanke: Der Hof liegt so einsam da drunten, so fern und verlassen von der Welt, daß man glauben sollte, hier müßten der Friede und das Glück daheim sein. Aber die Not des Lebens und der Dämon des Unheils finden und verfolgen die armen Menschen überall, wo immer sie wohnen mögen. Und wir Menschen selber haben oft keine Ruhe, bis wir unglücklich sind, wie das treffliche Sprichwort sagt, das auch am Wendel auf der Schanz in Erfüllung ging: „Sucht das Unglück nicht den Menschen auf, so sucht er selber es auf."

Und ich sollte gleich noch mehr dessen gewiß werden. Der Großvater zeigte mir zu unsern Füßen den Heidenacker, die Frischnau und die Bachere. Beim letzten Wort blitzte eine Erinnerung in mir auf, und ich fragte: „Hat nicht des alten Fehrenbachers Mine in die Bachere geheiratet?" „Ja," meinte der Großvater, „dort drunten liegt der Hof. Er heißt der Holzerhof."

In einer grünen Mulde, einsam und abgeschieden, lag das Haus, in welches vor mehr denn dreißig Jahren die schöne Mine von Schnellingen mit ihrem Augustin eingezogen war. „Der ist's schlecht gegangen," sprach der Alte, „die hat keine guten Tage gehabt da drunten. Der Augustin war viel fort auf dem ‚Sauhandel‘ und machte keine guten Geschäfte. Daheim blieb das Hofwesen liegen. Der Holzerbur kam in Schulden. Jahr um Jahr mußte ein Stück vom Hof verkauft werden, bis ihm nichts mehr übrig blieb, als die Wohnung und acht lebendige Kinder. In Kummer und Sorgen hat die Mine gelebt, und so ist sie gestorben. Im letzten Jahr hat man sie den Berg hinabgeführt nach Elzach auf den Kirchhof."

Wie war die Mine über Berg und Tal dem schönen Augustin nachgelaufen und hatte dem Vater

zum „Trotz" keinen andern haben wollen als ihn, den Sohn des Heidechristle. Und kaum war der Wunsch erfüllt, so ging ein dreißigjähriges „Marter=
leben" an. Aber so geht's nicht bloß „in der Bachere", sondern tausendmal auch an andern Orten. In Palästen wie in Hütten erfüllt sich gar oft das alte spanische Sprichwort: „Wer aus Liebe heiratet, wird in Schmerzen leben."

Und doch ergriff mich eine stille Wehmut über das Geschick des heitern, schönen Mädchens, das die Liebe in diese Einsamkeit trieb und dem selbst da ein bescheidenes Glück versagt blieb. —

Wir stiegen von der Burghöhe herunter und auf einem andern Weg durch das enge Tälchen „Ullerst" dem Dorfe zu. Da begegnete mir alsbald auch wieder ein heiteres Bild aus dem Menschen=
leben. Ganz oben in dem kleinen Bergwasser, welches dem Tälchen entlang fließt, unter großen Erlen, trafen wir den Schmied, den Müller und den Bäcker des Dorfes. Sie fingen am hellen Werktag Forellen für den Schneeballenwirt und damit auch für mich und taten dies, wie allezeit, ohne jeden Lohn und ohne je auch nur ein Stück von den Fischen zu ge=
nießen, lediglich aus — Pläsier.

Mir kamen diese drei ältern, wackeren Männer wie poetisch Verklärte vor. Sie verlassen, der eine seine dumpfe Backstube, der andere seine rußige Schmiede und der dritte die klappernde Mühle, um einmal in Gottes frischer Luft und frischem Wasser in der einsamsten Natur sich ein Vergnügen zu machen, das nichts kostet und nichts einbringt als gesunde Luft und Sonnenschein und die Freude „am Fangen".

Der Dorfmüller hat's wohl von seinem Vater geerbt. Dieser, den ich noch gar gut gekannt, verließ zu jeder Zeit seine alte Mühle, wenn in den vierziger Jahren der Oberamtmann Dilger von Hasle und später die Haslacher Jäger kamen, um in den Bergen zu jagen.

Der Amtmann und der Dorfmüller wurden „gut Freund", und der letztere, obwohl kein armer Mann, trug stets mit Stolz die alten Kleider des Amtmanns. Noch viele Jahre, nachdem dieser, durch die Revolution aus Haslach vertrieben, an andern Orten wirkte, schickte er seine Kleider dem Dorfmüller, den ich mir nicht anders vorstellen kann, als in den alten Amtmannskleidern und eine Flinte an der Seite.

Auch zu einem heute noch im Tale gehenden Sprichwort legte die Freundschaft beider den Grund. Der Müller stand einst auf dem Anstand oben auf dem Berge, während der Amtmann noch schweißtriefend an dem steilen Gehänge hinaufstieg. Als er endlich, oben angekommen, sich den Schweiß abzutrocknen anfing, begrüßte ihn der Müller mit den Worten: „Herr Amtmann, Ihr schwitzt ja wie eine Sau." Seitdem sagt man in und um Hasle, wenn einer recht im Schweiße gebadet ist, er „schwitzt wie der Amtmann in Hoffstetten".

Mehr denn vierzig Jahre später, der Müller war längst tot, kam der greise Amtmann Dilger noch einmal nach Hoffstetten, fragte nach dem Grabe des alten Dorfmüllers und legte in wehmütigen Gedanken an längst vergangene Jagdtage einen Kranz auf das Grab des Bauersmanns, diesem und sich selber zur Ehre. Bald darauf legte auch er sich nieder zum Sterben.

Die Jagdlust aber ist in der alten Dorfmühle nicht ausgestorben, darum freute mich heute der fischende Dorfmüller[1] doppelt. —

Hatte die „Poesie" des Lebens in den drei Fischern mich einen Augenblick über die Wehmut hinausgehoben, so sollte sie doch einige Stunden später nochmals in mir aufleben. Am Nachmittag ging ich allein das Salmersbacher Tälchen hinauf. An einer Hügelwand, der Helgenwasen genannt, steht einsam

---

[1] Er hat jetzt auch seit Jahren seine Mühle verlassen und auf dem Friedhof Platz nehmen müssen.

ein Häuschen. Es dient seit alten Zeiten zwei Familien als Herberge, einem Weber und einem

DAS HÄUSLEIN AUF DEM HELGENWASEN.

Schuhmacher, die in stillem Frieden, auch verbunden durch die Bande des Bluts, ihr Gewerbe betreiben an der weltfernen Bergwand.

Aus diesem Häuschen kam dieser Tage eine Weibsperson, der ich auf den ersten Blick die fromme Seele ansah, und bat mich, gelegentlich einmal zu ihrer kranken Schwester zu kommen. Heute bei dieser eingetreten, fand ich eine im Gemüt tief gestörte Frau, das Weib des Schuhmachers, und erfuhr das Folgende:

Der Schuhmacher hat drei Buben und alle drei schustern mit dem Vater bald zu Hause, bald auf den einzelnen Höfen des Tales. Sie sind, da ich komme, alle drei in der Stube, der Sepp, der Xaver und der Andres, und alle drei machten das Bild kreuzbraver Menschen.

So saßen die vier Schuster auch im Mai 1890 um den kleinen Schustertisch und arbeiteten. Ein Gewitter zieht vom Kandel her das Elztal herauf. Es donnert und blitzt näher und näher, die Leute nähen und klopfen ruhig weiter; denn so ein Gewitter ist schon oft über den Berg herübergekommen und das Tal hinabgezogen.

Plötzlich fährt ein Blitzstrahl durchs Fenster und auf den Tisch, an dem die Schuster sitzen. Die Fenstergläser folgen dem zuckenden Lichte klirrend nach. Der Vater ruft: „Hinaus, es brennt!" Alle springen zur Stube hinaus und die außen am Häuschen hingehende Stiege hinunter. Nur der Jüngste, der Andres, eilt zuerst noch in die Stubenkammer über den Kasten, um seinen Schatz, ein paar sauer ersparte Mark, samt dem Sonntagsrock zu holen. Dann folgt auch er, am meisten bestürzt, weil er dem Fenster gegenüber saß und der Blitz ihm am grellsten „gezunden" hatte.

Es brannte nicht, der Schlag war kalt gewesen; aber von Stund an ist der Andres nicht mehr recht im Kopf. Er steht Stunden und halbe Tage lang vor dem Kasten in der Stubenkammer, und er kommt nicht davon weg, als wär' er gebannt.

Zieht man ihn weg und setzt ihn auf den Schuster=stuhl zur Arbeit, so hämmert er entweder in einem fort aufs Leder oder er näht unaufhörlich. Was er einmal angefangen, will er nimmer aufgeben.

So geht's seit dem Mai, und da ich in der Stube stehe, ist's Ende August. Die Mutter greift das Elend des Andres endlich auch an, und sie wird schwer gemütskrank.

Die fromme „Sabine", der Mutter Schwester, erzählt mir das alles, und die braven Buben weinen und der arme Andres am meisten. Der alte Schuster und ich kämpfen mit den Tränen, die kranke Frau stöhnt und jammert. Nur die Sabine steht da, gott=ergeben, wie eine Mater dolorosa.

Aber die ganze Familie bestand doch aus christ=

lichen Heldenseelen. Da war kein Murren und kein lautes Klagen über die Heimsuchung, von der sie betroffen wurden. Die Tränen sagten nur, daß die Leiden wehe tun, aber still getragen werden.

Statt daß ich ihnen predigen mußte, haben sie mir gepredigt. Und ich suchte das friedliche Häuschen, das in seinem Innern so schweres Leid birgt und so viel christliches Dulden, einige Tage später nochmals auf zu m e i n e r Erbauung[1]. —

Ich dachte am heutigen Abend, wo in kleinem Raum in der abgelegensten Gebirgswelt so viel Menschenleid an mir vorübergezogen war, an jene Zeit zurück, da ich mit Freund Franzsepp auf der Schnellinger Mühle des Müllers „Mine" ärgerte wegen ihres Augustin. In jenen Tagen wußte und ahnte ich gar nicht, daß so viel Elend und Wehe unter den Menschen umhergeht, und doch gab es sicher damals gerade so viele Unglückliche und Heimgesuchte als jetzt.

Aber das gehört ja vor allem zum Zauber der Jugendzeit, daß sie uns die ganze Welt in uns und um uns verklärt und den Himmel „voller Baßgeigen" hängt. Im spätern Leben, wenn der glän=

---

[1] Vater und Mutter des kranken Sohnes, der nach langer Zeit wieder genas, und die Sabine sind jetzt auch seit Jahren heimgegangen.

zende Vorhang, mit dem die Jugendzeit uns die wirkliche Gestalt der Welt verhüllt hat, weggezogen ist, da sehen wir die Dinge, wie sie sind, der Zauber schwindet, und wo einst lachender Frühling war, da schneit's und stürmt's und ist's kalt und frostig. Wir stehen auf dem Kirchhof des Lebens, und doch steht der an der gleichen Stelle und sieht äußerlich gerade so aus, wie das Jugendparadies. Die Veränderung ging in jenem geheimnisvollen Abgrund vor, den wir das menschliche Herz nennen. Wir haben uns geändert und nicht die Welt außer uns.

Es gibt Menschenseelen, die davon nichts merken. Das sind — abgesehen von den Heiligen — entweder solche, die nichts angreift als Hunger und Durst, Zahnweh und Leibweh, Mangel an Geld und Vergnügen, oder jene wenigen, denen der gute Humor nicht ausgeht, auch wenn alle Sterne vom Himmel ihrer irdischen Hoffnungen gefallen sind. Und zu den letzteren gehörte Freund Franzsepp, der noch bis gegen die Jahrhundertwende über seinen Büchern in Schnellingen saß. Er blieb aber im Herzen jung bis in sein Greisenalter, trotzdem er die verschiedensten Schicksalsschläge erfahren. Und wenn er an Sonn- und Montagen ins Städtle kam, um seine Unterhaltung zu suchen, da lachte und trank und scherzte er, wie in jungen Jahren, und singend wanderte er in später Nachtstunde über die Kinzig seiner Mühle zu, bis Ende der neunziger Jahre sein Leben auslöschte. —

Und nun noch ein Wort über das endliche Schicksal Wendels und der Vef.

Was ich gehofft, als beide 1894 auf dem Moghof waren, eine Besserung der Verhältnisse, trat nicht ein.

Der Hof kam in fremde Hände und der Wendel und sein braves Weib mußten wieder von dannen. Sie wurde Magd und Köchin in verschiedenen Wirtschaften zu Hasle und zuletzt in Triberg und er taglöhnerte bald da und dort. Im Sommer ging er auf den oberen Schwarzwald und mähte. Auf der Wanderung dahin hat er mich noch zweimal in Freiburg besucht.

Nach Jahren blieb er ganz oben und war zuletzt Hausknecht im Engel zu Böhrenbach. Das Alter trieb ihn 1904 wieder nach Hasle, wo er auf dem Stalle, der zum Hause des verstorbenen Arztes Heptig gehörte, eine Wohnung fand und so gut er konnte — er war jetzt 65 Jahre alt — wieder taglöhnerte.

Am 18. März 1905 machte er im nahen Fischerbachtale dem Bergeckbauer Holz und verunglückte derart, daß er am gleichen Tage abends im Spital zu Hasle sein vielgeprüftes Leben aufgab.

Die gute Vef war schon ein Jahr zuvor bei ihren Verwandten in Welschensteinach gestorben, was er erst erfuhr, als er bald nach ihrem Tod vom oberen Schwarzwald ins Kinzigtal herabgekommen war.

Der Sohn Wendel, ein braver Mensch, dem der Vater den Hof hatte retten wollen, war Knecht in Gengenbach und stürzte 1894 von einem Nußbaum zu Tode.

Die übrigen Kinder sind teils tot, teils in der Welt draußen, wo sie ums tägliche Brot bemüht sein müssen. Das Hofgut ging vor wenig Jahren von den Erben meines Vetters Franz an eine Holz= firma in Kehl über.

Einsam rollt noch der Brunnen seine Wasser an der Stätte, auf der zwei brave Menschen ein hartes Geschick heraufbeschworen.

DIE SCHNELLINGER MÜHLE.

# Der letzte Reichsvogt.

## 1.

Als der Frankenherzog Ruthard, Herr des alemannischen Burgunds, des Sundgaus und der Ortenau, anno 746 mit seiner Gemahlin Wisegardis zu Ehren der Jungfrau Maria im Kinzigtal das Kloster Gengenbach stiftete, stattete er dasselbe reich aus mit Gütern landab und landauf, in der Ortenau und im Kinzigtal.

Die Zähringer nahmen den Mönchen später manch schönes Stück oben und unten weg. Als diese Herzöge aber 1218 ausstarben, zog Kaiser Friedrich II. die Ortenau als heimgefallenes Reichslehen ein und

machte die ehedem auch dem Kloster gehörige Stadt
Offenburg reichsunmittelbar. Das mittlere Kinzig=
tal blieb — Haslach ausgenommen, das die Grafen
von Urach, die Erben der Zähringer, bekamen —
nach wie vor dem Kloster.

In dem großen Kampfe nun zwischen dem ge=
nannten Kaiser Friedrich und dem Papst stand das
Kloster auf des letzteren Seite, wie es recht und billig
war, die Offenburger aber bei des gebannten Kaisers
Partei. Diesen Kulturkampf benutzten schlau auch
die oberhalb Offenburg wohnenden Kinzigtäler kloster=
licher Untertanenschaft und schlugen sich zum Kaiser,
um vom Kloster loszukommen. So gewannen in
jenen Tagen die Städtchen Gengenbach und Zell,
letzteres auch für die benachbarten und ihm unter=
stellten Bauerngemeinden Nordrach, Biberach, Enters=
bach, Unter= und Oberharmersbach, die Reichs=
freiheit. Sie behaupteten dieselbe, anfänglich be=
günstigt durch die nach dem Untergang der Hohen=
staufen hereinbrechende kaiserlose Zeit, bis zum
Aufhören des heiligen römischen Reiches deutscher
Nation.

Die Bauern des großen, von herrlichen Wald=
bergen eingefaßten Harmersbacher Tales rissen sich
aber bald von Zell los und machten sich, wahrschein=
lich schon in der kaiserlosen Zeit, unmittelbar reichs=

frei. Sie hatten ein Recht dazu, denn sie waren die ältesten Bewohner des Tales.

Schon zur Zeit Kaiser Hadrians waren, wie wir oben bereits erzählt, in diesem Tale römische Hammerwerke, Schmelzöfen und Pochhütten angelegt, und es zog die Heerstraße durch dasselbe.

Als die Alemannen die Römer verjagten, bekam das Tal ein alemannischer Dynast namens Hademar, und es erscheint als „vallis Hademari", „Tal des Hademar," und aus diesem wurde der Name „Harmersbacher Tal". Die Franken unterjochten und vertrieben die Alemannen aus dem Kinzigtal, und der Franke Ruthard vergab das Tal Hademars und die ganze Grafschaft Schwiggenstein an Gengenbach[1].

In späteren amtlichen Aufzeichnungen wiesen die Oberharmersbacher und die Zeller gerne darauf hin, daß ihre Ahnen reichsfrei geworden seien wegen ihrer in den Türkenkriegen bewiesenen Tapferkeit. Allein die Reichsfreiheit geht, wie wir eben gezeigt, viel weiter zurück als in die Zeit der Türkenkriege, und wir sehen aus dieser Annahme nur, wie schnell geschichtliche Tatsachen aus dem Gedächtnis der Nachwelt verschwinden.

[1] Noch vom 14.—16. Jahrhundert wohnten in den Städten Wolfach und Gengenbach Patrizier, die sich von Hademarspach nannten.

An das Privilegium der Harmersbacher Reichsfreiheit knüpfen sich Sagen. Eine erzählt, Kaiser Wenzel wäre, von seinen Feinden verfolgt, einem Oberharmersbacher Bauer in einen Stall seines Hauses zu drei Schweinen geflüchtet und gerettet worden. Das Haus sei die heute noch bestehende Wirtschaft „zu den drei Sauköpfen". Der Kaiser habe dem Bauer die Wirtschaftsgerechtigkeit, dem Tale aber die Reichsfreiheit geschenkt.

Geschichtlich sicher ist nur, daß Wenzel und sein Vater, Karl IV., die Reichsfreiheit und deren Privilegien, wie bei jeder Kaiser-Erneuerung üblich, bestätigten. Doch ist die Sage von der Entstehung der genannten Wirtschaft zweifellos weit poetischer als die geschichtlich sein wollende Angabe, es seien die Köpfe der im Tale erlegten Wildschweine jeweils ausgestopft und am Rathaus, in dem zugleich eine Wirtsstube war, angenagelt worden.

Eine andere Legende besagt, im „schmalkaldischen Kriege" sei des Kaisers Karl V. Bruder Ferdinand auf einer Brücke im Oberharmersbach von Feinden angegriffen und mit den Seinigen über die Brücke gesprengt worden. Der Vogt von Oberharmersbach habe an der Spitze der Bauern den Herzog, der einen Falben geritten, befreit. Für diese Tat sei das Tal reichsfrei und jederzeit in Wien an der Hoftafel rechts

vom Kaiser ein Stuhl leer gelassen worden für den
Reichsvogt von Harmersbach.

Eine Brücke heißt heut noch die Falken= (Falben=)
Brücke. —

Der Hauptwert der Reichsfreiheit beruhte in
der Ausübung der hohen und niederen Gerichtsbar=
keit durch die Bauern selber. An ihrer Spitze stand
der Reichsvogt und der alte Rat der Zwölfer, lauter
Bauern, die aber zum Gerichtschreiber in der Regel
einen Juristen wählten.

Den Vogt zu setzen aus der Bauern Mitte war
eigentlich Recht des Kaisers. Aber die einstigen
Herren, die Äbte von Gengenbach, hatten sich durch
kaiserliches Privileg dieses Recht zuschreiben lassen
und übten es bis zum Ende der eigenen Kloster=
herrlichkeit, aber so, daß der Rat der Zwölfer einen
Bauer aus der Gemeinde und die Gemeinde einen
aus dem Rat präsentierte. Von diesen zweien hatte
dann der Abt, der zu diesem Zwecke regelmäßig selbst
ins Tal kam, die Wahl.

Der Reichsvogt amtierte lebenslänglich. War
die Stelle vakant, so wurde sie sofort besetzt, „damit
die heilsame Justiz niemand untersagt bleibe, sondern
fürdersamst menniglichem nach erscheinender Not=
durft administriert werde." Der Vogt mußte einen
„körperlichen Eid" leisten, nach Recht und Gerechtig=

keit zu amten und vorab die Reichsprivilegien des Tales zu schützen.

Die Zwölfer waren ebenfalls für Lebenszeit von der Gemeinde gewählt, leisteten den Eid wie der Vogt und versprachen noch namentlich, verschwiegen zu sein und weder Weib noch Kind, noch sonst jemand Mitteilung zu machen über Ratsbeschlüsse.

Wer diesen Eid bricht, wird aus dem Rat gestoßen und hart bestraft.

„Will einer des Rates ledig sein (d. h. sein Amt aufgeben), so soll er und muß er von Stund an zum Tal hinausgehen und ein Jahr und einen Tag lang nit im Tal mahlen oder backen, auch nit darin schlafen, es sei denn im Wirtshaus mit der Gnade (Erlaubnis) des Vogts."

Dieser Satzung zu verfallen, besann sich jeder, ehe er sein Amt niederlegte.

Die alten, praktischen Kinzigtäler Reichsbauern wollten nicht oft wählen, darum banden sie die Gewählten fest.

Neben dem alten Rat war ein junger Rat von 24 Mitgliedern, die einen ähnlichen Eid ablegen und, falls sie in gesunden Tagen vom Amte scheiden wollten, ein halbes Jahr zum Tale hinaus mußten.

Von einem Rechtsspruch des Rates konnte ein Bürger direkt an das kaiserliche Hofgericht appellieren. Wollte er dies, so „soll er drei Gulden auf den Ratstisch legen und sich dann noch vierzehn Tage besinnen. Hält er dann noch fest an seinem Vorhaben, so muß er unter freiem Himmel drei Finger aufheben und einen Eid schwören, daß er niemand zu Lieb und niemand zu Leid appelliere, sondern lediglich, weil er sich in seinem Rechte beschwert fühle".

War ein Kaiser tot, so kam der Reichskommissär, meist ein süddeutscher Graf, und nahm die Huldigung für den neuen Kaiser entgegen unter Zusicherung der alten Freiheiten.

Wie die Äbte von Gengenbach die Vogtsbesetzung sich aneigneten, so wußten die größeren, dem Tale benachbarten Herren, die Bischöfe von Straßburg, zu deren Sprengel das Tal zudem gehörte, die Reichs= gefälle desselben durch Pfandschaft von den geld= bedürftigen Kaisern an sich zu bringen. Die Bischöfe versuchten als Pfandherren bisweilen, an den alten Rechten der Reichsbauern zu rütteln[1]; aber diese wehrten sich jeweils mannhaft und ließen sich nament=

---

[1] Karl IV. drohte schon 1366 dem Bischof von Straß= burg und befahl ihm, die Harmersbacher Reichsbauern in Ruhe zu lassen.

lich von den Reichsstädten des Kinzigtals und auch
von den Äbten von Gengenbach bezeugen, daß die
Harmersbacher gleich den andern im Tal seit „un=
fürdenklichen Zeiten" reichsfrei gewesen seien und
Gericht geübt hätten über Gut und Blut.

Frühzeitig gaben auch geldarme Bischöfe die
Pfandschaft an Adelige in Straßburg, so 1401 an
die Junker Bock, von diesen an die von Hiffel. Diese
kleinen Herren sprangen, wie alle kleinen Leute,
über den Hag, wo er am niedrigsten ist, und plagten
die Bauernrepublik nach Kräften. —

Die übliche Reichssteuer, die an den Pfandherrn
bezahlt werden mußte, betrug vierzig Mark Silber,
hundert Viertel Haber und von jedem Haus drei
Hühner. Auch übte der Pfandherr an Stelle des
Kaisers das Jagdrecht aus. Den Zins von Grund
und Boden, d. i. den Zehnten, bezog das Kloster
Gengenbach.

Zweimal im Jahr, am Gallustag und dem darauf=
folgenden und am Sonntag vor Mariä Geburt, ward
im Reichstal ein „freier Jahrmarkt" gehalten. Der
Gerichtsbote der Zwölfer lief dann durch das Tal
und rief:

„Meine Herren von Harmersbach verkünden
einen freien, öffentlichen Jahrmarkt bis hinab zum
Reiblis=Brunnen und bis hinauf an die Hornesgasse

und hinein bis zur Spilbrücken. Hierzwischen soll jedermann frei sein, nur Schelm und Dieb nit. Welcher die Marktfreiheit übertritt, soll büßen eine Hand oder einen Fuß, und währt die Freiheit bis (Name des Wochentags), da man zu Mittag läutet."

Die zwei Jahrmärkte existieren heute noch. —

Und nun nach dieser allgemeinen Einleitung zur Geschichte des letzten Reichsvogts und seiner Zeit.

## 2.

Im Zinken Riersbach im Reichstale lebte in der ersten Hälfte des vorigen Jahrhunderts ein armer Zimmermann, Michael Bruder. Er trieb neben seinem Handwerk, das in unseren Schwarzwaldtälern seinen Mann nicht wohl ernährt, ein kleines Gut um, ein sogenanntes Taglöhnergut.

Diesem Zimmermann ward im Jahre 1736 der letzte Reichsvogt „des heiligen römischen Reichstales Harmersbach" geboren und nach guter alter Bauernart mit dem Namen Hansjörg getauft.

Der Hansjörg wuchs, ward stark und wurde — ein Metzger, ein Handwerk, das sonst in den Dörfern des Schwarzwaldes noch brotloser ist als das des Zimmermanns; denn jeder Bauer ist in der Regel der Metzger und Wurster seines Schlachtviehs selber, und „grünes Fleisch" beim Metzger kauft er jedes Jahr nur einmal, an der Kirchweihe.

Eine Ausnahme von den Landgemeinden des Kinzigtales machte dazumal das „Reichstal", allwo eine ganze Metzgerzunft bestand, weil da viel Verkehr ging nach Straßburg mit Holz, Käs, Butter und Vieh und täglich fremde Leute ins Tal kamen.

Seine ersten Metzgerstudien machte der zukünftige oberste Gerichtsherr des Tales in der benachbarten Reichsstadt Zell, und dann ging er auf die Wanderschaft. Das Eldorado der deutschen Metzger war zu allen Zeiten Norddeutschland, denn je weiter südlich im Deutschen Reich, um so schlechter die Wurst und um so größer der Durst, und je weiter nördlich, um so besser die Wurst und um so kleiner der Durst. Es scheinen das unvereinbare Gegensätze zu sein, aber es ist in der Tat so. Da die Metzger vom Schwarzwald gerne trinken, wenden sie sich des Durstes halber mit Vorliebe nach Bayern und der Würste wegen nach Preußen.

So machte es auch des „Zimmer-Michels Hansjörg" und arbeitete in Augsburg, Würzburg und Magdeburg. Er kam auf seiner Reise auch durch die Reichsstadt Wetzlar, nicht ahnend, daß er in nicht zu ferner Zeit dahin als Reichsvogt zum Reichskammergericht reiten würde, weither vom einsamen Reichstale des Schwarzwaldes.

Nach langer Wanderschaft kehrte er heim; aber

hier blühten ihm als Metzger keine Rosen. Die „Zunft" nahm ihn nicht auf, und er konnte sich demgemäß nicht als Meister niederlassen. Er metzgete, bei seinem Vater im Riersbach wohnend, bald einem Wirt im Tal, bald einem Bauer, der dazu selbst keine Lust hatte, und wartete in Geduld auf die Gnade der „Zünftigen", die ihm erst wurde, als er sie nicht mehr wollte.

Mehr Glück als bei den Reichstal=Metzgern der Heimat hatte er bei der Reichstal=Damenwelt; denn des Zimmer=Michels Hansjörg war ein stattlicher, bildschöner Bursche. Des Sonnenwirts „Kätherle" wollte trotz der eigenen Jugend, sie war erst siebzehn Jahre alt, mit aller Gewalt des Zimmer=Michels Hansjörg zum Mann, und sie bekam ihn. Am 20. August 1764 führte er das Kätherle heim in das Häusle im Riersbach zu Vater und Mutter.

Die ersten sieben Jahre mochten die „magern" der jungen Eheleute gewesen sein. Und erst im achten leuchtete ihnen ein Stern und zwar „im Stern". Das oben schon erwähnte Gemeindewirtshaus mit seinem dreifachen Schild: zum Stern, zur Stube und zu den drei wilden Sauköpfen, wurde pachtfrei.

Die alten deutschen Städte und Städtchen hatten, eingedenk dessen, daß der Germane nicht bloß vom Rat, sondern auch von der Tat lebt, überall mit den

Rathäusern auch eine Trinkstube verbunden. So auch die Reichsbauernschaft von Harmersbach.

Wenn die „Zwölfer" Rat hielten und zu diesem Zweck samt dem Vogt von ihren entfernten Berghöfen hinabgestiegen waren ins Tal, da gab es Hunger und Durst, und der mußte in nächster Nähe von der Ratsstube gestillt werden können. Auch die Recht suchenden Bauern waren in ähnlicher Lage. Drum bestand von alters her im Reichstal die Wirtschaft zur Ratsstube, kurz gesagt zur Stube, in der auch die „Zünfte" des Tales ihr Quartier aufgeschlagen hatten.

Die Stube wurde das „politische Zentrum" des Reichstales, das Kasino der Reichsbauern, und der Stubenwirt konnte ein politisch geschulter Mann werden, wenn er ein aufmerksames Ohr hatte für das, was in seiner Stube geredet wurde.

Unter den Liebhabern zur Stube befand sich im Jahre 1771 unser Hansjörg, und bei der Verpachtung im Weg der Versteigerung verblieb ihm der „Sternen" um den Preis von jährlichen 75 Gulden auf fünf Jahre. Ein Zufall hatte ihm die „Stube" verschafft. Bei der Versteigerung zündete der Gerichtschreiber jeweils ein kleines Kerzlein an, ehe er die Steigerung begann. Dann rief er aus und die Liebhaber boten. Bei dessen Gebot das Lichtlein löschte, der war Stubenwirt.

Anno 1771 löschte es beim Gebot des Hansjörg und er war Wirt der Reichsgemeinde und das Kätherle wieder in seinem Element als Wirtstochter. Der Hansjörg machte als weitgereister Metzger dem alten und jungen Rat und den Reichsbürgern gute Würste und das Kätherle, eine gewandte, famose Köchin, kochte ihnen gut, und so waren beide bald beliebt bei der Reichsburenschaft.

Weil er immer noch nicht als zünftiger Metzger fungieren durfte, fing der Stubenwirt einen Holzhandel an und verdiente sich so noch Geld nebenher.

Es herrschte ein reges Leben in der „Stube zu den drei wilden Sauköpfen" unter dem neuen Wirt, der ein geweckter, beredter Mann war und seine Gäste unterhalten konnte. Da saßen denn nach gehaltenem Gericht der greise Reichsvogt und Hofbauer Franz Harter, die „Zwölfer" vom alten Rat und diejenigen Reichsbauern, welche der Gerichtstag oder sonst ein Geschäft zum Schmied oder Wagner ins Dorf geführt, ferner Händler und Fuhrleute, die von Straßburg kamen und Waren brachten oder kauften und holten, Boten aus den umliegenden Herrschaften mit Dienstschreiben an den Reichsvogt und nicht zuletzt die „trinkbaren" Adjutanten und Exekutoren des alten Rates.

Diese Adjutanten waren „die Kontingentssoldaten"

des Tales, d. h. die Mannschaft, welche das Reichstal in Kriegszeiten dem Reiche zu stellen hatte und die in Friedenszeiten die Polizei übernahmen und als Ratsdiener fungierten. Sie bestanden aus fünf Infanteristen: drei Gemeine, ein Gefreiter und ein Korporal — und aus einem Reiter, der den Titel „Kontingentsritter" hatte.

Wir werden später von diesen Biedermännern hören.

Als die ersten fünf Jahre um waren, merkte der Hansjörg, daß die Stube ihren Mann ernähre; er steigerte deshalb bis das Lichtlein löschte und bekam die Stube abermals, aber um die doppelte Summe. Dies geschah am Ende des Jahres 1776. Aber um die gleiche Zeit geschah noch etwas. Der alte Reichsvogt Harter starb.

„Am 7. November 1776", so berichtet das Ratsprotokoll, „zwischen 1 und 2 Uhr nachmittags, hat der Herr Reichsvogt Franz Harter im 76. Lebensjahr, im 47. der Reichsvogtei, diese Zeitlichkeit mit der ewigen Glückseligkeit verwechselt."

Alsbald gingen die Kontingentssoldaten als Extraboten nach Gengenbach, Zell und Offenburg, um dem Prälaten des Klosters und den Reichsstadtschultheißen der Nachbarstädte das Ableben des Reichsvogts zu vermelden.

Deputationen aller dieser Reichsstädte erschienen bei der Beerdigung, die in Zell stattfand, weil der Reichsvogt in Unterharmersbach gewohnt hatte, das nach Zell eingepfarrt ist.

Der Pater Großkellner des Klosters vertrat den Abt und ließ gleich nach dem Trauergottesdienst den Ratschreiber des Reichstales, Sevegnanj, ins Pfarrhaus kommen und erklärte ihm, der Prälat werde bis zur Präsentation des neuen Vogts einen Stabhalter ernennen.

Die Bauern trauten der direkten Einmischung des Klosters nicht und hatten während der langen Regierungszeit des verstorbenen Reichsvogts vergessen, was in diesem Falle Rechtens sei.

Zwei Zwölfer reiten deshalb nach Offenburg und befragen ihren ehemaligen, jetzigen Offenburger Ratschreiber Sichler, der ihnen erklärt, der Prälat habe kein Recht, einen Stabhalter zu setzen, er solle warten bis zur definitiven Wahl.

Indes hat der „Holzsepple" von Gengenbach ein Schreiben gebracht, wonach der Zwölfer Lehmann vom Abt als Stabhalter gesetzt sei.

Die Zwölfer, der junge Rat und der große Rat der Bauern, insgesamt 100 Reichsburen, versammeln sich darauf und lehnen einstimmig den Stabhalter ab.

Der Prälat macht gute Miene zum bösen Spiel

und schreibt den Zwölfern, seinen „besonders geehrten und lieben Herren und Nachbarn" — sie möchten an die definitive Wahl eines Reichsvogts denken.

Wer soll lebenslänglicher Reichsvogt, Herr über Leben und Tod, werden? — das war nun eine Frage, welche den Rat der Alten und die gesamte Bauernschaft talauf und talab in Atem hielt und dies um so mehr, als fast ein halbes Jahrhundert keine Wahl mehr stattgefunden hatte.

Wie oben bemerkt, hatten die Bauern einen Kandidaten aus dem Rat zu nominieren und der Rat einen aus der Gemeinde, der Abt von Gengenbach aber die Entscheidung.

Die Abstimmung der Zwölfer ist noch vorhanden und zeugt von der damaligen Naivität. Die meisten Ratsherren konnten nicht schreiben und diktierten dem Gerichtschreiber den Kandidaten mit dem Namen, den der Betreffende im Volke trug.

Stimmen bekamen: der Serrer=Hans, der Grundjok und der Winkelbur, die meisten aber der Stubenwirt, jedoch mit dem Beifügen „aber ab der Stube", d. h. er sollte nicht mehr Stubenwirt sein.

Wie staunte das Tal, als es hieß, der Rat der Alten habe den Stubenwirt, seinen Herbergsvater, zum Oberhaupt der Reichsgemeinde vorgeschlagen!

Die Bauern hatten nun auch zu küren, und sie

präsentierten den „Zwölfer" Gabriel Breig, Bauer im Mietenspach, genannt der Lunzenbur.

Wem wird der „gnädige Herr von Gengenbach", damals Abt Jakob Trautwein, den „Stab überreichen"? Kenner der Lage zweifelten nicht am Siege des Stubenwirts.

In der Stube kehrten die Klosterbeamten ein, wenn sie des Zehntens oder sonstiger Geschäfte wegen ins Reichstal mußten. Alljährlich einmal kam auch der Klosterschaffner (Rentamtmann) mit einigen Patres und hielt das „Freigericht" ab, und sie dinierten dann beim Hansjörg und beim Kätherle.

Ein kaiserliches Privileg hatte den Äbten den Schmerz, nicht mehr Gerichtsherren im Harmersbacher Tal zu sein, durch das Recht versüßt, alljährlich drei Freigerichte, bei denen jedermann Recht holen konnte, in ihrem „Freihof" zu Harmersbach abhalten zu können. Der Vogt und die Zwölfer mußten in ihrer Amtstracht (schwarzen Mänteln mit Halskrause) dem Freigericht anwohnen — an einem von den Gengenbacher Richtern sie trennenden, besonderen Tische.

Die Äbte begnügten sich aber in den letzten Jahrzehnten mit e i n e m Freigericht, und auch das fand bloß noch statt, um den Schein zu wahren.

Der Klosterschaffner, zugleich Justitiar des Klosters, begrüßte dabei den alten Rat und erklärte, der gnädige

Herr wolle nur **ein** Gericht abhalten wegen der guten Nachbarschaft mit dem Reichstale. Der Gerichtschreiber — als der Sprecher des Rates — dankte für diese Gesinnung und erwiderte mit einigen Komplimenten. Hierauf wurde pro forma irgend ein Rechtsfall entschieden, und dann ging's zur „gemeinsamen Speisung" auf die Stube.

Hier hatte der Hansjörg zweifellos stets den charmanten Wirt gespielt und das Wohlgefallen der Patres sich errungen. Als er nun präsentiert wurde zum Reichsvogt, da war der „gnädige Herr" um so weniger im Zweifel, als der Bauer Breig ein Demagog war und das Vertrauen der Bauern nur deshalb besaß, weil er gerne über die Obrigkeiten räsonierte, eine Eigenschaft, welche die Untertanen zu allen Zeiten zu schätzen wußten. —

Im Kloster Gengenbach war man aber doch etwas verschnupft wegen der Ablehnung des Stabhalters und ließ darum die Bauern auf die definitive Entscheidung ziemlich lange warten.

Erst am 13. Jänner 1777 kam der Prälat mit dem Oberschaffner, dem Küchenmeister und zwei Sekretären, um dem von ihm erkürten Hans Georg Bruder „den Stab zu überreichen".

Mit Böllerschüssen und einem Spalier von 100 Mann Bürgerwehr wurden die Klosterherren vom

alten und jungen Rat und der Bauernschaft empfangen.
Auf der Stube ward dem neuen Reichsvogt der Stab

gereicht, das Zeichen seiner Herrschergewalt. Sodann
schwor er den üblichen Eid, ebenso die Zwölfer.

Die gesamten Reichsbauern aber huldigten hierauf

dem Vogt und beschworen die „Schwörartikel", d. i. die Satzungen, nach denen Recht und Gerechtigkeit geübt und befolgt werden sollte.

Nur einer fehlte bei der Feierlichkeit — der Lunzenbur Gabriel Breig. —

Der alte Zimmermann im Riersbach und sein Weib erlebten noch die Erhöhung ihres Hansjörg.

Wer aber geglaubt hätte, dieser würde jetzt stolz, dem Wunsche seiner Wähler entsprechend, die Stubenwirtschaft aufgeben und es unter seiner Würde finden, seinen Untertanen Würste zu machen und Schoppen zu kredenzen, hätte die Rechnung ohne den damaligen Stubenwirt gemacht.

Der neue Reichsvogt stellte alsbald an den alten Rat das Ersuchen, ihm die „Stube" zu lassen. Der junge und der große Rat wurden einberufen, und dieser „verstärkte Rat" beschloß, den „Reichsvogt als Stubenwirt zu belassen. Sollten aber Verdrießlichkeiten entstehen, so hat er alsbald abzuziehen".

Die erste Schlauheit hatte so der Hansjörg in seinem eigenen Interesse gezeigt. Und wir dürfen ihn darob nicht tadeln.

Die Ehre, Reichsvogt zu sein, trug kaum über 100 Gulden, und der Mann bezog bei einer Reise zum Reichskammergericht nach Wetzlar nur 2 Gulden Tagesgebühren. Die Stube ernährte ihren Wirt weit besser, und darum suchte der Hansjörg diese beizubehalten, und er hatte recht. Ohne Stube wäre er allerdings Reichsvogt gewesen, aber dabei nur Metzger, der sein Handwerk nicht treiben durfte.

Wem die Würde ihres Mannes in den Kopf stieg, das war das Kätherle, die Reichsvögtin. Noch nicht dreißig Jahre alt, da sie zu dieser Ehre gelangte, nachdem sie bisher nur in der Küche gestanden und für die Reichsbauern gesotten und gebraten hatte, ist es auch ihr als einem Wibervolk nicht zu verübeln, wenn sie etwas „hoffärtig" wurde und sich fühlte.

Es ist dies ja eine bekannte, weibliche Schwäche, daß die Frauen auf die Titel und Ämter ihrer Männer weit stolzer sind, als diese selbst.

Wir wissen ja, daß sogenannte Damen die Titel ihrer Männer mit Wollust auf ihre Visitenkarten drucken lassen. Wir können lesen Frau Oberamtmann X., Frau Amtsrichter Z., Frau Ministerialrat O. Und doch war ein lebenslänglicher Reichsvogt im Harmersbacher Tal ein weit mächtigerer Herr als die eben Genannten, hatte Gewalt über Leben und Tod, das Begnadigungsrecht eines Fürsten und als nächsten Vorgesetzten nur den Kaiser, „an dessen Tafel zu Wien täglich ein Stuhl reserviert war für den Vogt von Harmersbach", während mancher Oberamtmann nur der Diener seines Herrn Ministers ist, der selbst von heut auf morgen ins Nichts zurückkehren kann.

Nicht bloß der Reichsvogt hatte in der kleinen, alten Kirche einen eigenen Stuhl, sondern auch die Vögtin, und diese Ehrenstühle waren breit genug für drei Personen. Drum erlaubte sich hie und da eine Reichsbäuerin, neben die neue Reichsvögtin zu knieen, aber da war Feuer im Dach. Die Vögtin wollte nicht, daß der „Plebs" neben ihr stehe, so wenig als die Baronesse oder die Gattin irgend eines höheren Staatsmandarinen eine Freude hätte, wenn eine gemeine Bürgersfrau zu ihr in die Theaterloge käme.

Doch die Reichsbäuerinnen von Oberharmersbach waren auch nicht auf den Kopf gefallen. Eines Morgens fand die Reichsvögtin an ihrem Stuhl den folgenden Vers angeschrieben:

> Vögte[1], Vögte, du hoffärtige Frau,
> Wenn der Vogt stirbt,
> Bisch a Frau wie an' andere au.

Das wirkte. Fortan sah das Kätherle nicht mehr scheel auf die Reichsbäuerinnen in der Kirche, und nach wie vor amtierte sie in der Küche für deren Männer. Wie wir sehen werden, hatte sie trotz ihrer Würde

[1] Vögtin.

doch manches zu leiden, was sie fortan in der Demut erhielt.

Daß der „Hansjörg" gleich bei seinem Amtsantritt auch seinem Kollegen in der benachbarten Reichsstadt Zell die Aufwartung machte, verrät uns den „gebildeten" Mann im neuen Vogt, und daß er dazu auch „die Vögtin" mitnahm, macht uns den ehemaligen Bauer im Riersbach gar zum vollendeten „Kavalier", der wußte, was Brauch ist.

Reichsschultheiß in Zell war damals ein Herr Dyrr aus Gengenbach, welchen das dortige Kloster hatte studieren lassen, und den der Abt, dem die freie Wahl des Stadtschultheißen zustand, als einen Mann seines Herzens zum Oberhaupt von Zell ernannt hatte.

Es war eine mondhelle Nacht, da der Reichsvogt von Zell her ins Tal zurückfuhr. Als er am Morgen schon den „Galgen" passiert hatte, der gerade in der Mitte zwischen Unter- und Oberharmersbach stand, hing einer an demselben, den noch der alte Vogt justifiziert hatte, der aber nach guter alter Sitte als Galgenvogel hängen blieb, bis die Gebeine selbst herabfielen.

Untertags hatte die Vögtin den Toten nicht gefürchtet; aber als sie spät am Abend vorüberfuhren und der Nachtwind die Gebeine des Gehängten klappern machte und vom Knie abwärts nach hinten bog, da erschauerte die Frau, so daß der Hansjörg noch seinen Mantel um sie schlagen und die Pferde in Galopp treiben mußte.

Im Herbst genas die Vögtin eines Knäbleins. Aber siehe da! Es trug den Schrecken jener Nacht an seinem Leibe. Seine Beine waren gekrümmt, wie der Wind die des „Galgenvogels" gekrümmt hatte, und sie blieben dem Franz Borgias, so ward er getauft, zeitlebens.

Der arme Bube lernte nur auf „allen vieren" gehen, auf den Händen und auf den Knieen, die erstern auf zwei kleine Schemel gelegt, die letztern mit Leder oder Blech geschützt. Des „Vogts Krummer", wie die Leute ihn nannten, wird uns später wieder beschäftigen. —

Am 16. Jänner 1777 präsidierte der „Hansjörg" zum erstenmal dem „Reichsgericht" im Rate der Alten. Der Zwölfer und Gegenkandidat Gabriel Breig fehlte abermals, was man ihm nicht verübeln kann, da derartige „Jalousie" auch bei Gebildeten vorkommt und noch im 20. Jahrhundert.

Gleich die erste Sitzung trug das Gepräge aller folgenden, was das Material betrifft.

Es ist nämlich auffallend, was für „böse Zungen" die Harmersbacher Reichsbauern hatten. Sie meinten, wie mir scheint, ihre Freiheit bestehe in schranken=

losem Schimpfen und Lästern, vorab gegen die weltliche Obrigkeit, und dann aber auch gegen ihre andern Mitmenschen.

Sechzig Prozent aller Gerichtsfälle unter dem letzten Reichsvogt bezogen sich auf derartige Ehrenkränkungen.

Es ist kulturhistorisch interessant, diesen Rechtsfällen etwas zu folgen. Ich führe deshalb einzelne derselben aus der Zeit des letzten Vogtes an, teilweise auch zu seiner Charakteristik.

So erscheint am genannten 16. Jänner vor Gericht Hans Breig, des „Poly-Josefles Sohn aus den Waldhäusern." Er hat sich mit der „Luitgard Jülgin" vergangen und erhält samt dem Mädchen das nach den „Schwörartikeln" übliche Urteil: 12 Gulden Strafgeld, viermal 24 Stunden Turm und Ausstellung am Sonntag vor der Kirche im spanischen Mantel und Kragen[1]. Allein des „Poly-Josefles" Hans hatte auch den ganzen Rat beschimpft und besonders den „Zwölfer" Isemann und den alten Gerichtschreiber Sevegnanj aufs gröblichste insultiert und sollte nach

---

[1] Diese bestanden aus Holz, resp. Brettern, in welchen die Sünder und Sünderinnen vor allen Kirchgängern nach dem Gottesdienst ausgestellt wurden. Für die Mädchen auch aus Gesundheitsrücksichten eine zu harte Strafe!

„gemeinem Recht", weil schon vorbestraft, auf einige Zeit des „Landes", d. i. des „heiligen römischen Reichstales" verwiesen werden, „weilen aber der Herr Reichsvogt zum ersten Male dem Reichstale vorsitzt, so soll aus besonderer Gnad die Landesverweisung nachgesehen werden, dergestalten jedoch, daß er vorder samst einem ganzen löblichen Magistrat und insbesondere dem Herrn Isemann und dem Gerichtschreiber eine öffentliche Abbitte tue."

Wir sehen, der Hansjörg wußte auch, was Fürstenbrauch ist beim Regierungsantritt, und sprach eine Begnadigung aus.

Der zweite „Kalumniant" wurde nicht begnadigt, obwohl einiger „Humor" in seinem Schimpf lag. Es hatte in der „Stube", also in des Reichsvogts Wirtschaft, der Reichsbürger und Metzger Allgaier gesagt, „der verstorbene Vogt, Franz Harter, sei ein Kaib (schlauer, boshafter Mensch) gewesen und wenn ihn der Teufel noch nicht habe, solle er ihn annoch holen". Der Hansjörg wollte seine Unparteilichkeit seinen Gästen gegenüber zeigen, und der biedere Metzger wurde verurteilt, „einen Widerruf zu tun, drei Gulden in die Gemeindekasse, einen Gulden für Wachs in die Kirche zu bezahlen und 24 Stunden in den Turm zu schlupfen".

Gnädiger kam der schwerste Sünder beim ersten

Gericht weg. Der verheiratete Bauer „Hans Georg Breig aus dem Billensperg" hatte seine Magd, „des Hanneßles=Joken Tochter" Anna aus dem hintern Hambach, entehrt, und waren beide geständig. Die Delinquenten, so lautet das Urteil, sollen „in Betracht der Kälte und mißgünstigen Witterung noch nicht eingesperrt und ausgestellt und die Bestrafung auf eine gelegenere Zeit verschoben bleiben. Sie sollen sich meiden und einstweilen umb Geld schauen, damit sie die Strafe[1] bezahlen können".

Mit diesen drei Urteilen, wovon zwei Ehren= kränkungen betrafen, schloß die erste Sitzung.

Im März des folgenden Jahres nennt der Frei= knecht[2] Johann Schüle die Reichsvögtin „ein lieder= liches Weib". Jetzt zeigt sich der Hansjörg in seiner

---

[1] Im kommenden Frühjahr wurden dann beide zu acht Tagen Eintürmung bei Wasser und Brot und der Bauer zu 75 Gulden, des „Hanneßles=Joken" Anna zu 25 Gulden verurteilt. Sie erhielt zu viel an Strafe, der Bauer zu wenig.

[2] Dieser war ein Klosterbeamter. Das Kloster Gengenbach hatte, wie oben erwähnt, einen Zehnt= und Gerichtshof im Reichstal; er hieß „Freihof" und dessen Hausmeister „Freiknecht". Die Klosterbeamten wohnten vorübergehend da, auch enthielt er „den Turm", das schwere Gefängnis, während das gelindere Arrestlokal, „Bürgerstüble" genannt, auf der „Stube" war.

ganzen Größe. Der schwere Kalumniant kommt mit dem Urteil davon, "die Frau Vögtin unter Darreichung der Hand als ein ehrliches Weib zu deklarieren und hinfüro sein Maul besser in acht zu nehmen".

Wenn das heute einer Oberamtmännin passierte? Der Sünder bekäme mindestens ein halbes Jahr Arrest und, wenn's die Oberamtmännin machen könnte — ewiges Zuchthaus.

Im folgenden Juni wünscht ein Reichsbauer, Anton Graf, "das Donnerwetter solle die Herren (den alten Rat und Vogt) samt dem Bildstöckle in Erz-Grundsboden verschlagen". Buße: Muß zweimal vierundzwanzig Stunden in Turm schlupfen.

Als der Reichsvogt im Februar 1779 mit andern Bauern des Tales vom Haslacher Markt heimritt, begegnete ihnen in "Stöcken"[1] der Reichsbauer Anton Braun und schimpfte, trotz allen Abmahnens, auf dem ganzen Weg und besonders durchs "Vorstädtle von Zell" hindurch bis zum Adler in Oberharmersbach über "die Herren".

Braun erhielt drei Gulden Strafe und zwei Tage "Turm", gewiß ein mildes Urteil für ein "zwei-stündiges" Lästern der eigenen Richter und Herren.

---

[1] Zwei Stunden unter Harmersbach beim Ausgang ins Kinzigtal.

Anno 1780 schimpft der Winkelbauer Lehmann, der vom Abt seinerzeit nominierte Stabhalter und Zwölfer, den Reichsvogt „liederlich". Der große Mann begnügt sich mit einer „Abbitte" und übertrifft hier selbst unsern Bismarck.

Als zwei Jahre später der Schreilesbur Josef Echle „im Rößle" erklärt, „der letzte Vogt sei lieder=lich gewesen, der jetzige aber noch liederlicher", und nur Weiber dies gehört haben wollen, weist das be=leidigte Oberhaupt des Reichstales die Sache ab als „Weibergeschwätz". Bravissimo!

1784 „schändet" der Müller Michael Lang in Unterharmersbach den Vogt und die Zwölfer „Spitz=buben und Schelmen" und erhält wegen „mißliebigen Urteils" acht Tage „Turm".

Im November 1792 meint der Bürger Josef Schmieder, der zwei Gulden zu zahlen hat wegen Fluchens, man „solle den Herren, ehe man sie um Rat frage, ins Gesicht speien". Er bittet ab und erhält nur fünf Gulden Strafe.

1802 nennt Lorenz Nok den Gerichtszwölfer und Gemeindeförster Lehmann „eine Schmierlogel" und erhält, weil er nicht beweisen kann, daß der Förster sich „schmieren" läßt, einen Gulden Strafe.

Aber nicht bloß von den freien Bauern wurden die „Herren" gelästert und geschändet, sondern auch

von ihren nächsten Unterbeamten, „den Kontingents=
soldaten". So schimpft der „Kontingentsritter" Ulrich
Jülg den Ratsherrn Andreas Winterhalter, er sei
„ein Viehkerle wie der Schulz von Zell", und schlägt
ihm die Hand ins Gesicht. Er bekommt als Urteil
von einem Kontingentsinfanteristen 50 Stockprügel
aufgemessen, „Hinterböller" genannt, und 2 Tage
Arrest wegen — Insubordination, reitet aber ruhig
weiter im Dienst.

1791 erhält der „Kontingentssoldat" Brucher
wegen liederlichen Briefbestellens und Ungehorsams
gegen die Obrigkeit 25 Hinterböller und 2 Tage Turm.
Der gleiche Biedermann bekam schon drei Jahre zuvor
wegen Schnapsstehlens im Wirtshaus 26 Stockstreiche.

Im Jänner 1793 werden den Kontingentssoldaten
Lehmann, Brucher und Borho wegen respektwidrigen
Schimpfens auf den Magistrat und weil sie die Ordon=
nanzen mit Unwillen und schlecht besorgen, je 25 Stock=
prügel vom Korporal „aufgeladen".

Sie waren scheint's „unabsetzbar"; denn ent=
lassen wurde nie einer, selbst nicht der vielbestrafte
Brucher.

Höchst interessant sind die Urteile bisweilen auch,
wenn ein Ratsmitglied gestraft werden sollte. So
wird der Zwölfer und Kollege Josef Schüle, ein trink=
barer Mann, der schon einmal wegen „Saufens und

Schimpfens" des Rates entsetzt war, 1788, weil er seinem eigenen Knecht Veranlassung gegeben, die Herren zu beschimpfen, verurteilt, „zur Warnung" jedem Ratsherrn einen Schoppen Wein zu bezahlen, der Knecht aber wird 24 Stunden „eingetürmt".

Dem gleichen Schüle sagte ein Jahr darauf der „Schwarzmichel" im Wirtshaus, „er sei, von seiner Zwölfer-Herrlichkeit abgesehen, ein voller ‚Sautrog'". Der Schwarzmichel muß 3 Gulden bezahlen und den Herrn Rat als „ehrlichen Mann" erklären. Als „nüchternen Mann", meint der Michel, könne er ihn nicht taxieren, aber die Ehrlichkeit wolle er ihm nicht absprechen.

Im Jahre 1795 schlug sich der Ratsherr Isemann mit dem Knecht Jakob Faißt in Raufhändeln. Der Knecht zahlt 2 Gulden Strafe, der Herr Kollege aber soll seinen „Mitzwölfern" drei Maß Wein aufstellen.

Der Reichsbürger und Bauer Johann Isemann soll den Magistrat beschimpft und gesagt haben, „es sei keiner einen Batzen (12 Pfennig) wert". Er entschuldigt sich mit der Ausrede, nur gesagt zu haben, er würde keinen der Herren um einen Batzen kaufen, und wird freigesprochen.

So wenig scharf im allgemeinen der Reichsvogt und der alte Rat eigene Beleidigungen rächten, so peinlich wachten sie über die Ehre ihrer Untertanen.

Ein Bauer hatte einen andern „ohne dessen Verschulden" einen „Hoffartsnarren" gescholten und muß zwei Gulden Strafe bezahlen und unter Darreichung der Hand abbitten.

Eine Frau hat die nach einer Gerichtssitzung aus dem Rathaus tretenden Parteien „Kaiben" genannt und erhält 24 Stunden „Turm". —

Merkwürdig und für unsere Zeit lehrreich ist auch die Handhabung der Sitten- und Zuchtpolizei unter dem letzten Reichsvogt. Da wurde die löbliche Prügelstrafe nicht gespart, und schon im ersten Jahre seines Amtes stellt der Hansjörg einen neuen „Stockknecht" an in der Person des Josef Isemann, genannt „Buttersepp". Seines Dienstes soll es sein, die Gefangenen zu verwahren, die Gefängnisse rein zu halten und die „Hinterböller", so der Rat den Zivilpersonen „zumißt", auszuteilen. Des Stockknechts Gehalt ist Steuerfreiheit, 12 Gulden Wartgeld, falls es zu lange geht, bis er etwas durchs Prügeln verdient, und ein Gulden Haftgeld. Damit der „Buttersepp" bei der Exekution nicht zu schwach und zu weich wird, soll ihm jeweils vorher eine halbe Maß Wein und für zwei Kreuzer Brot verabfolgt werden.

Ferien hatte der Stockknecht nie zu lange. Der

Reichsvogt sagte ihm wohl mit dem Wachtmeister in Wallensteins Lager:

> Alles Weltregiment, muß er wissen,
> Von dem Stock hat ausgehen müssen.

Die Strafe wegen einfachen Vergehens gegen die Sittlichkeit kennen wir bereits. Bei schweren Fällen ging es ganz scharf zu. So wird im März 1777 in Gegenwart des alten und jungen Rates und des Ausschusses gegen Joachim Hertig wegen wiederholter „Blutschande" mit der ihm im zweiten Grade verwandten Rosine Schüle folgendes Urteil gefällt:

Die beiden Delinquenten sollen drei Wochen bei Wasser und Brot eingetürmt und an drei Sonntagen ausgestellt werden mit einer Tafel am Halse, welche die Inschrift trägt: „Strafe wegen wiederholter Blutschande." Alsdann soll der Hertig auf zehn Jahre des Reichstals und der umliegenden Gegend auf zwanzig Stund verwiesen werden bei Galeerenstrafe, wenn er dies Verbot übertritt. Das Mädchen kommt „aus besonderer Gnad" auf seine Kosten ein Jahr ins Zuchthaus nach Straßburg und darf alsdann sechs Jahre lang nicht aus dem Reichstal, keinen Tanz und keine Hochzeit besuchen und muß alle zwei Monate der Obrigkeit ein Zeugnis bringen über „verrichtete Beicht".

Hertig muß „eine Urfehde" schwören, das, was ihm diktiert ist, zu halten und sich auf keinerlei Weise zu rächen.

Dieses Urteil hatte der eigentliche Rechtskonsulent des Tales formuliert. Obwohl der Gerichtschreiber juristische Kenntnisse besaß, so hielt sich die Reichsvogtei noch einen besonderen Konsulenten, und das war in der Regel der Stadtschreiber von Offenburg, der vielfach den Titel Hofrat führte. In ganz wichtigen Sitzungen präsidierte er auch dem Gericht in Harmersbach. —

Im April des gleichen Jahres haben die zwei Geschwister Johann und Magdalena Heizmann ihren Stiefvater Lorenz Armbruster, der ihnen gute Ermahnungen gab, angegriffen und geschlagen. Beide sollen, da sie die frühere Warnung, ihm zu gehorsamen, mißachtet, eine Woche eingetürmt werden. Am Sonntag nach dem Gottesdienst soll der Sohn „andern zum Exempel" mit 15 Hinterböllern versehen werden, und Mutter und Tochter müssen zuschauen.

Da die Mutter, welche mit im Spiel war, sich weigert, heimzukehren zu ihren andern Kindern und besser hauszuhalten, wird sie ebenfalls so lange eingetürmt, bis sie sich eines Bessern besonnen hat.

Der Zimmermann aus dem Schreilesgrund gibt einem jungen Buben wegen „entsetzlichen" Fluchens ein paar Ohrfeigen. Der Bub erhält vom Rat noch zwei Tage „Turm", 15 Hinterböller vor dem Rathause und bezahlt für 15 Batzen Öl in die Kirche. Die Eltern werden verwarnt, ihren Buben besser zu erziehen.

Heutzutage bekäme vor einem Schöffengericht der Zimmermann 10 Mark Strafe wegen der Ohrfeigen, der Bub aber ginge frei aus!

Der Riesper=Seppl hat in der Granatschleife dem „Luzele", einer Witwe, „Schandtaten zugemutet", wird deshalb eine Woche in den Turm gesetzt, erhält am Sonntag coram publico 25 Hinterböller und hat sich bei Verlust des „Bürgerrechts" einem Bauern zu verdingen, damit er vom Müßiggang wegkommt.

Sein Bruder Franz Hertig hat wider alles Verbot gemetzget und ist auf Vorladung nicht vor der Obrigkeit erschienen; er spaziert mit dem Seppl in Turm und wird am Sonntag ebenfalls mit 10 Hinterböllern „angesehen".

Diebstähle werden streng geahndet. So stiehlt Johann Lang eine Schere und erhält 25 Hinterböller vor dem Rathaus, „andern zum Exempel, ihm aber zur Lebensbesserung", wie der Vogt in seiner fürtrefflichen Weisheit meint.

1793 stiehlt der Schneiderlehrling Jakob Harter dem Sebastian Breithaupt auf Rodt eine Geiß und verkauft sie in Diersburg. Urteil! Soll auf sechs Jahre dem königlich kaiserlichen Militär übergeben werden.

Köstlich ist es überhaupt, wie man als Strafe die Leute zum Militär sandte. So wird 1793 ein Bauernsohn, Xaver Schwarz, wegen Verschwendung und Urkundenfälschung auf 6 Jahre zu seiner Besserung dem Militär übergeben. Im gleichen Jahre ein Christian Jülg wegen wiederholten Sittlichkeitsvergehens zum Militär geschickt und soll, wenn dort nicht angenommen, mit 25 Hinterböllern gestraft und auf ewig des Tales verwiesen werden.

Anno 1790 wurden bei einem Streifzug der Bauern auf Vagabunden zwei junge Burschen aufgegriffen, der eine, Georg Jülg von Hasle, 20 Jahre alt, der andere, ein Reichstäler, 18 Jahre alt. Sie werden beide wegen liederlichen Lebens dem Militär überliefert, der erstere, weil er das Maß hat, auf 6 Jahre, der andere, weil noch zu klein, auf 10 Jahre!

Lorenz Rok, lediger Bauernsohn, wird wegen fortgesetzter Verschwendung 8 Tage bei Wasser und Brot eingetürmt und soll, wenn keine Besserung erfolgt, dem Militär übergeben werden. Ebenso Johannes Duffner wegen seines ärgerlichen Lebenswandels.

Wilderer werden ebenfalls mit „Militär" bestraft,

ebenso Trunkenbolde und Lumpen, die sich nicht bessern.

Als 1794 die Landmiliz gebildet werden sollte gegen die Franzosen, erließ der Rat die Ordre, von Verheirateten nur die Lumpen zu nehmen, dann die leichtsinnigen Ledigen und erst, wenn dies nicht hinreiche, die besseren Burschen durchs Los.

Man wird sich da nicht wundern, wenn die armseligen französischen Republikaner die kaiserliche Armee überall über den Haufen warfen. Die Franzosen waren damals Soldaten in Lumpen, doch mit Patriotismus im Herzen, bei den Kaiserlichen aber meist Lumpen als Soldaten.

Die französische Revolution hat übrigens mit dieser Willkür gegen das einzelne Individuum aufgeräumt. Denn einen Kerl wegen Vagabundierens und weil noch zu klein, gleich auf 10 Jahre zum Militär sprechen, ist doch zu hart.

In unsern Tagen ist das Individuum zu frei zum Schaden der Gesellschaft. —

Strenge verpönt war unter dem letzten Reichsvogt auch hohes Spielen um Geld. Der Wirt, der mitspielte, wurde doppelt bestraft, denn er sollte „der Vater der Gäste" sein. Eine Hauptspielhöhle war das Wirtshaus zum „Rößle". Der „Rößlewirt" hatte einem Gast im Spiel sieben Louisdor abgenommen

und wird deshalb verurteilt, das Geld herauszugeben
und 20 Gulden Strafe zu zahlen. Im „Rößle"
verspielte 1780 der Bauer Johannes Frech mit seinem
Kollegen Konrad Breig 155 Gulden und vier Wald-
teile. Jeder wird drei Tage eingetürmt, das Verspielte als unverspielt angesehen, beide werden mit
Geld bestraft und beiden das Spielen in Zukunft
verboten.

1792 spielten der damalige Ratschreiber Bruder
und der schon bekannte trinkbare Zwölfer Schüle
miteinander. Der letztere drohte hiebei dem ersteren
mit dem Messer und wird verurteilt, den Ratsherren
je einen Schoppen zu zahlen und dem Schreiber Abbitte zu leisten mit der Androhung schwerer Strafe,
wenn es wieder vorkäme. Dem Ratschreiber wird
bei diesem Anlaß der Vorwurf gemacht, daß er mit
„liederlichen Leuten" spiele. —

Nach „Betzeit" durfte in den Wirtshäusern nicht
mehr getanzt und jungen Leuten, bei Verlust des
Guthabens, vom Wirt zu keiner Zeit etwas geborgt
werden. „Nachtschwärmerei" lediger Burschen wurde
mit Turm bestraft. Ähnlich Fluchen und Schwören,
Schwänzen der Christenlehre und Schwätzen in der
Kirche.

1801 erhält z. B. das Eheweib des Josef Kaspar,
weil es vor Gericht den Ausdruck gebraucht: „Wer

unrecht hat von uns, den soll der Teufel holen",
24 Stunden Turm.

Weil bereits die Folgen der französischen Revolution in dem Frankreich so nahen Reichstale sich fühlbar machen, erläßt der Reichsvogt mit dem alten Rat folgende zeitgemäße Bekanntmachung, die der Pfarrer auch von der Kanzel verlesen soll:

„Da die Wichtigkeit des Christentums und dessen Einfluß auf die allgemeine Wohlfahrt des Staates eine wirksame Gesetzgebung notwendig macht und man hierorts findet, daß der Eifer zur Religion, wo nicht schon gänzlich erstickt, doch schon zu erkalten angefangen habe, indem die schuldbare Vernachlässigung der christlichen Lehre bei der Jugend, das Fluchen und Schwören bei jung und alt, die Verabsäumung des Gottesdienstes zugenommen und der Eifer der Eltern, die Kinder zur Erlernung der so nötigen allgemeinen Kenntnisse in die Schule zu schicken, nachgelassen hat, so wird verordnet, daß

1) die Eltern ihre Kinder bei Vermeidung willkürlicher Ratsstrafe zur Erlernung der Religion und des Lesens und Schreibens fleißig in die Schule schicken sollen,
2) das unentschuldigte Fernbleiben von der Christenlehre an Sonntagen mit Geld und im Fortsetzungsfalle mit Turm bestraft,

3) wer flucht oder schwört, mit aller Schärfe gestraft,
4) wer an Sonn- und Feiertagen nach dem Zusammenläuten im Wirtshaus oder auf der Gasse betreten wird, mit 5 Batzen Strafe belegt und
5) ebenso wer an solchen Tagen knechtliche Arbeiten verrichtet, zu willkürlicher Strafe gezogen werden soll."

Die heutige deutsche Reichsregierung könnte sich an dem Senat von Harmersbach, dessen Oberhaupt ein Metzger und dessen Mitglieder Bauern waren, ein Muster nehmen.

Aber auch sonst erleuchtete Urteile ergingen unter Hansjörg, dem letzten Reichsvogt. So hat die Hubbäuerin geäußert, des „Müllers Andres", mit dem sie vor ihrer Verheiratung gut bekannt war, habe ihren Mann „tot beten" lassen, weshalb dieser so bald nach der Hochzeit verschieden sei.

Durch die ganze Bauernschaft ging eine Aufregung über „diese Mordgeschichte", die vor den Rat kam und mit dem Zeugenverhör mehrere Sitzungen in Anspruch nahm. Das Urteil lautet: „Weil die Magdalena Hugin, des früheren Hubbauern Weib, durch diese einfältige und nichtige Aussage, welche nach den unter dem Pöbel verbreiteten schlechten

Grundsätzen Glauben gefunden, den Andreas Kranz in seiner Ehre geschädigt hat, soll sie ihm Abbitte leisten, 15 Gulden Strafe und 5 Gulden Ersatz für versäumte Zeit bezahlen." —

So wäre die Regierungszeit des Hansjörg ruhig, weise und gerecht abgelaufen — wenn nicht sein Gegenkandidat, der Lunzenbauer Gabriel Breig, viele Unruhe in die Tage des letzten Reichsvogts gebracht hätte. Breigs Geschick war ein tragisches. Verfolgen wir es.

## 3.

Wegen seines schneidigen Auftretens gegen die „Herren" gehoben von der Volksgunst, hatte der Lunzenbur es nie verschmerzt, daß der Hansjörg statt seiner Reichsvogt geworden. Ja, er hatte sich „freventlich" vernehmen lassen, er habe dem neuen Vogt noch nicht gehuldigt und werde ihm auch nicht huldigen. Und als der Vogt als Stubenwirt einem Gast, dem „Lanzeseppli", mit Einsperren drohte, hatte der anwesende Zwölfer Breig die Autorität des Reichsvogts lächerlich gemacht mit den Worten: „Da will ich auch dabei sein."

Wegen beider Vorfälle wurde Breig, obwohl der Vogt bei der Gerichtssitzung in nobler Art für ihn eintrat, von den Zwölfern, die dem redseligen Kollegen auch nicht wohl wollten und ihn früher schon einmal suspendiert hatten, zu vierundzwanzig Stunden Turm verurteilt und zur Abbitte an den Vogt.

Da dieser die Anzeige gemacht hatte und die Zwölfer, die sonst milde waren in diesen Dingen, vorab gegen einen Mitzwölfer, so scharf gegen ihn vorgingen, wurde der Breig hoch erbittert über Kläger und Richter. Aber er unterwarf sich.

Die Bauern hingen aber jetzt noch mehr an ihm. Der „Schreiles=Bur" Echle hatte im Wirtshaus zum Rößle laut gesagt, der „einzige rechte Herr auf der Ratsstube, das ist der Breig". Je mehr der aber von den Bauern gelobt wurde, um so mehr verlor er natürlicherweise bei seinen Amtsgenossen.

Da trat ein Ereignis ein, welches den Breig zum Bauernkönig machte.

Schon längst bestand Streit zwischen der Reichsstadt Zell und dem Reichstal wegen des gemeinsamen Niller Forstes. Dieser jetzt noch stattliche Tannenwald am Nill= und Brandkopf lag im Territorium des Reichstals. Oberlehensherr war von fränkischer Vergabung her der Abt von Gengenbach, und die Verwaltung hatten die Zeller, so daß die Reichsbauern nur mit Genehmigung der Reichsstädtler Holz in dem Forst fällen durften, während diese als Oberförster sich selbst den Bedarf zudiktierten.

Die Bauern kommen überall zu kurz in der Welt, und selbst den Reichsbauern ging es nicht besser. Die Harmersbacher protestierten und prozessierten oft dagegen, weil sie die Territorialherren und darum auch die Verwalter des Forsts wären, jedenfalls aber die Zeller nicht zu fragen hätten, wenn sie auf ihrem Gebiet Holz schlügen. Sie zogen aber bei Gericht stets den kürzern.

Anfangs der achtziger Jahre hatten sie sich, namentlich auf des Zwölfers Breig Betreiben hin, wieder aufgelehnt gegen die Bevormundung und holten Holz im Niller Forst, ohne die Anweisung der Zeller abzuwarten. Ja, sie drohten, jeden Zeller Bürger zu arretieren, der in den Wald und damit auf ihr Territorium käme.

Jetzt gingen die Reichsstädtler mit Gewalt vor und verhafteten am Feste ihres Kirchenpatrons Symphorian, an welchem die Unterharmersbacher Bauern, die nach Zell eingepfarrt waren, zahlreich in die Stadt kamen, die zwei Gerichts=Zwölfer Gabriel Breig und Franz Vorho. Dies war am 22. August 1782 geschehen.

Noch am gleichen Tage entstand deshalb im Reichs=tal ein allgemeiner Aufruhr. Die Bauern erhoben sich und verlangten von ihren „Rottmeistern" nach Zell geführt zu werden, um die „gefangenen Herren" herauszuholen. Der Reichsvogt verbot dies mit aller Energie und beschwichtigte die Bauern unter Hinweis auf den Rechtsweg. Ein Extrabote ward an das Kammergericht nach Wetzlar gesandt, von wo aber erst unterm 6. und 29. November Befehle an die

Zeller ergingen, den Zwölfer Breig zu entlassen. Er allein saß noch in Gefangenschaft; den Borho hatte man schon am Tage nach der Verhaftung gegen Kaution freigegeben, Breig aber eine solche zu stellen sich geweigert.

Die Zeller erklärten in gut altdeutschem Respekt vor dem kaiserlichen Obergericht: „Wenn noch 50 Befehle von Wetzlar kommen, so geben wir den Breigen nicht frei."

Jetzt ward der Gabriel zum Märtyrer seines Volkes und zum Bauernkönig. Besuchen durften ihn — doch erst, nachdem er schon sieben Wochen gesessen war — sein Weib und seine Kinder, aber die Bauern konferierten furchtlos mit ihm an Sonntagen vor dem Rathause in Zell, wo er eingesperrt war und oben aus dem Gitterfenster zu ihnen herabsprach.

Als der Lunzenbur sah, daß der kaiserliche Kammerrichter in Wetzlar ihm nicht helfen könne, sann er mit Recht auf Selbsthilfe und gewaltsame Befreiung. Er brachte den Bauern nach und nach bei, ihn zu holen. „Er werde," so rief er von seiner Zelle herab den Bauern zu, „nachts von bösen Geistern geplagt, und die Zeller hätten gedroht, ihn eher auf dem Stroh verfaulen zu lassen, als frei zu geben."

So wurden die Bauern immer aufgeregter und drohender, die Zeller aber reizten, so gut es ging.

Offiziell und im Wirtshaus sagten sie: „Die Harmers‍bacher Riesen sollten nur kommen und den Breigen holen." Es war, wie wir sehen werden, Plan in dieser und ähnlichen Redensarten der Reichsstädtler.

Der Bauer ist der beste Kerl von der Welt. Bis er Revolution macht, muß viel passiert sein, und das ist ein Trost für die großen und kleinen Herren zu allen Zeiten gewesen, daß das Landvolk sich namenlos viel gefallen läßt, bis es einmal genug geschunden ist und zum Dreschflegel und Schießprügel greift.

So ging es auch im Reichstal. Erst nachdem Breig 27 Wochen gesessen, wiederholt und vergeblich das Reichsgericht um Hilfe angerufen war, die Zeller lange genug gehöhnt und gespottet und die bösen Geister „den braven Herrn Breig" viele Nächte lang geplagt hatten, schritten die Bauern zur Tat. Weib und Kind des Märtyrers waren zudem in den ersten Monaten des Jahres 1783 im Reichstal von Haus zu Haus gegangen und hatten gejammert, wie alles auf dem Hofe zugrunde ginge, und wie sie krank würden vor Heimweh nach dem Vater und vor Kummer um denselben.

Dieser hatte, standhaft wie ein Held den Zellern gegenüber, seinen Unmut „vertrunken". „Täglich habe er," so sagten die Zeller später, „wenigstens 6—8 Maß Wein und auch Kaffee und Schnaps ver‍

braucht und so bei 420 Gulden beim Wirt versoffen".
Die bösen Geister habe er nur „im Rausch" gesehen,
und sie kämen nur von seinem „vielen Saufen" her.

Die guten Zeller vergaßen aber bei Angabe des
Weinquantums, daß dem Breig ihre eigenen Kon=
tingentssoldaten Gesellschaft leisteten. Von diesen
waren beständig zwei Mann beim Lunzenbur in der
Stube und einer vor der Türe zur Bewachung, weil
man den Bauern nicht traute.

Diese Zeller Reichssoldaten haben zweifellos
tapfer mitgetrunken mit dem wackern Gabriel, der
kaum schreiben, noch weniger lesen konnte und des=
halb in alter Ritterart zum Zeitvertreib den Humpen
schwang. —

Item der Gabriel hatte nach 27 Wochen genug
und die Bauern auch. Es kam die Fastnacht 1783.
Noch vor den stillen Tagen der Fastenzeit sollte Breig
herausgeholt werden.

In der Nacht vom Fastnachtsonntag auf Montag,
vom zweiten auf den dritten März, klopften Herolde
in Berg und Tal an allen Bauernhöfen und an allen
Taglöhnerhäusern der Reichsvogtei und riefen: „Auf=
gestanden! Wir wollen unsern Herrn in Zell holen.
Zusammenkunft beim Adler." Und es blieben wenige
liegen. Vom 20jährigen ledigen Burschen bis hinauf
zum 70jährigen Greise erhoben sich die Reichsburen

und liefen, mit Stecken, Krempen (Piken), Hämmern und Gewehren bewaffnet, dem Adler zu — an der Grenze zwischen Ober- und Untertal. Keiner hatte versäumt, einen tüchtigen Schluck Schnaps zu nehmen, und manche waren gar nicht im Bette gewesen, sondern hatten beim Fastnachtssonntag-Trunk den Montag abgewartet.

Den Vogt hatten schon am Sonntag nachmittag sechs Bürger von dem Vorhaben unterrichtet. Er verbot es, und kein Ratsmitglied beteiligte sich an der Sache, von der alle wußten und die zweifellos alle billigten, nicht des Breigen, wohl aber der Zeller wegen.

Gegen vier Uhr morgens setzte sich der Zug in Bewegung. Die Zahl der Mannen schwankt, die Bauern sagten aus, es seien nur 2—300 gewesen, die Zeller schätzten 5—700. An der Spitze marschierten die drei zur Rettung Breigs zunächst Berufenen: „der schwarze Hans", des Schmieds Sohn; er ging in der Mitte mit einem schweren Hammer, rechts und links von ihm „der lange Franz" mit einem Krempen und „der Kaste-Toni" mit einem „Steinschlägel"[1].

Ihnen folgten die Leichtbewaffneten, die Träger

---

[1] Hammer zum Zerschlagen von Steinen.

von Stöcken, Prügeln und Hacken, und den Schluß bildete die Garde — bessere Bauern, mit Feuerwaffen versehen, unter ihnen auch die Kontingentssoldaten.

Kurz vor fünf Uhr nahten sie bei der Wallfahrtskapelle dem Gebiete der Stadt. Der dritte Zug blieb auf Harmersbacher Boden bei der Kapelle stehen, die leichten Truppen avancierten vorwärts. Das obere Stadttor war geschlossen. Eine Sektion, darunter die drei Retter, ging um die Stadt herum und an das untere Tor. Als sie dasselbe ebenfalls geschlossen fanden, schlug es der „schwarze Hans" mit seinem Hammer ein, und der „lange Franz" half mit seinem „Krempen", es vollends aufzureißen.

Währenddessen hatte der Wächter am oberen Tor Alarm geblasen, und es erschien der in der Nähe wohnende Stadtkommandant, der Kontingentskorporal Franz Josef Kapferer. Er fragte die Bauern vom Turm aus, was sie wollten. „Unsern eingesperrten Herrn wollen wir holen," riefen diese, und hatten indes das obere Tor auch eingerissen. Der Stadtkommandant gab schleunigst Fersengeld.

Unter „Hurra" ging's vom untern und obern Tor her in die dunkle Reichsstadt, wo alles noch friedlich im Bette lag. Eine Deputation der Bauern begab sich vor das Haus des Reichsstadtschultheißen Dyrr und wollte gutmütig, wie der Bauer immer ist den „Herren" gegenüber, denselben bitten, den Breig freiwillig herauszugeben. Der Schultheiß ließ die

Bauern gar nicht vor. Gereizt zogen sie ab und dem Rathaus zu.

„Potz!" drohten sie, „wir wollen unsern Herrn, den Breigen haben, und wenn er am Himmel hängt. Finden wir ihn nicht, so wollen wir den Zellern ein Feuer machen, das die ganze Stadt spürt."

Doch der Breig war bald gefunden. Vor dem Rathaus angekommen, riefen sie zum Gitter hinauf: „Guten Morgen, Breig! Wollt Ihr mit nach Harmersbach?" Der Bauernkönig konnte nicht antworten, er war bereits innen zu sehr beschäftigt. Der schwarze Hans, der lange Franz und der Kaste-Toni hatten die Rathaustüre schon gesprengt und den Kontingentssoldaten Thomas Ott von Erlenheim, der die Wache im Vorzimmer hatte, gefaßt, ehe er Sturm läuten konnte.

Hierauf schlug der Schmied mit seinem Hammer die Gefängnistüre ein, drohte, den andern zwei Soldaten[1], die den Breig innen bewachten, das „Hirn einzuschlagen", wenn sie sich rührten, und munterte den Gefangenen auf, sich fortzumachen.

Breig packte seine sieben Sachen zusammen und folgte. Ein allgemeines „Hurra" begrüßte ihn unten, und im Triumph ward er zur Stadt hinausgeführt.

---

[1] Hans Räpple und Jakob Fischer, beide von Zell.

Ehe der Sakristan an der Pfarrkirche Betzeit läutete, war alles vorbei. Die braven Bauern zogen davon, ohne jemand ein Haar gekrümmt zu haben. Die Zeller aber hielt „Furcht und Schrecken" in ihren Häusern; ihre militärische Macht indes: vier Soldaten und ein Korporal, die mit dem Breig manchen Schoppen getrunken, nahm den Vorgang am wenigsten tragisch und verhielt sich völlig tatenlos.

So geschehen am 3. März 1783.

Waren die Zeller auch nicht tapfer, so war ihre Obrigkeit um so klüger. Die benützte flugs die Sache. Sie berief einen kaiserlichen Notar, Johann Lamey, und zwei Bürger aus Lahr, Christian Dürr und Jakob Voidtländer, nahm schon am 5. März ein Protokoll auf, legte es dem Reichsgericht in Wetzlar vor und klagte wegen Landfriedensbruchs.

Schlau wurden in erster Linie die „Unparteiischen" vernommen, einige Leute, die zufällig in Zell zu Besuch waren, und fremde Handwerksgesellen, die in der Stadt in Arbeit standen. Diese Fremdlinge[1] bezeugten, daß die Bauern „brav Hurra" gerufen

---

[1] Unter ihnen ein Georg Welser aus Distelhausen (Baden), der beim Schneidermeister Joseph Buß arbeitete, den wir aus den „wilden Kirschen" kennen, ferner ein Schmiedgeselle Schaible aus Breschbach (Württemberg) und ein Schuhknecht Armbruster aus Alt-Wolfach.

hätten, „etwas betrunken" und mit ihrer Sache fertig gewesen seien, ehe die Zeugen auf den Lärm recht aufgestanden wären.

Die „verhörten" Zeller Bürger, meist früh arbeitende Bäckermeister, behaupteten, die Bauern hätten „geschossen" und gedroht, und niemand hätte sich auf die Straße gewagt. Ein Naglermeister, Bischof, der schon an seinem Gewerbe war, als die Harmersbacher einrückten, gab ihnen allein ein gutes Zeugnis mit den Worten: „Die Bauern hätten sich wie die Löwen gestellt."

Mit diesem Protokoll und einer scharfen Klageschrift ihres Anwalts Dr. Hofmann gingen die Herren Zeller an das Reichsgericht und verlangten nichts mehr und nichts weniger, als daß den Bauern des Harmersbacher Tales die Reichsunmittelbarkeit genommen und sie wieder unter Zell gestellt würden, wie die andern Bauern der angrenzenden Täler auch.

„Ein Volk, das ‚so wallachisch' sich aufführe, könne man nicht reichsunmittelbar lassen. Die Obrigkeit im Tal habe bei diesem ‚wallachischen Spiel' mitgemacht, die eigenen Kontingentssoldaten seien dabei gewesen und der ‚schwarze Hans' sei der Sohn eines Gerichts=Zwölfers."

Jetzt kam der Zeller Fuchs aus dem Loch.

Es vergingen in guter alter Gerichtsart fast Jahr

und Tag, bis die Reichsbauerngemeinde zur Verteidigung aufgefordert wurde. Der Vogt berief nun auch einen Notar, Marchand, und zwei Bürger von Offenburg, Michael Vogt und Mathias Gailer, und verhörte seine Untertanen, die an dem Zuge teilgenommen. Alle bezeugten, die Herren, Vogt und Zwölfer, seien unschuldig, sie, die Bauern, hätten so gehandelt und allein gehandelt, weil das Elend Breigs und die Bosheit der Zeller sie dazu gebracht hätten.

Der Reichsvogt und die Zwölfer reichten mit diesen Angaben der Untertanen eine Gegenschrift beim Reichsgericht ein, worin sie unter anderem meinten, die Zeller hätten „ihrem unbedachtsamen und unwissenden Bauernvolk eine Falle gelegt, um das Reichstal zu ruinieren und es seiner Privilegien zu berauben".

Wenn auch der Hinweis auf das „unwissende Bauernvolk" von seiten der Harmersbacher Herren, die selber lauter unwissende Bauern waren, etwas kühn war, so hatten sie, was die Zeller betrifft, den Nagel auf den Kopf getroffen.

Schwer ertrugen es von jeher die Reichs=Kleinstädtler, daß die Harmersbacher Bauern reichsunmittelbar und nicht, wie die übrigen Bauern ringsum, unter der Zeller Firma reichsfrei waren. Noch erhoben die Zeller, eine Erinnerung an alte Vorrechte, am St. Galli=Markt den Pfundzoll im Reichstal, an den Kreisumlagen der Zeller und ihrer Bauern zahlten die Harmersbacher einen Dritteil, und auf Reichs= und Kreistagen führte Zell für sie die Stimme — lauter Zeichen, daß sie einst unter Zell gestanden.

Aber beweisen konnten's die Zeller nimmer, und die Bauern im Reichstal behaupteten, sie seien seit „unfürdenklichen" Zeiten reichsfrei gewesen, und wiesen ihre Briefe von den Kaisern auf, von Karl IV. an.

Die Nordracher hatten es 1662 auch probiert, sich von Zell loszusagen und rechtmäßig reichsunmittelbar zu werden, aber das Reichskammergericht hatte gegen sie entschieden.

Schon 1706 hatten die Zeller den Versuch gemacht, die Harmersbacher unterzukriegen.

Gleich oberhalb der Wallfahrtskapelle steht heute noch der einstige Grenzstein zwischen dem Reichstal und der Reichsstadt mit des ersteren Wappen, dem heiligen Gallus mit dem Bären, der ein Rutenbündel trägt. Ganz in der Nähe dieses Marksteins hatten die Reichsbauern 1706 eine Wirtschaft konzessioniert. Dagegen erhob sich der Brotneid der Zeller Wirte, und das ganze Reichsregiment in Zell stand auf, bestritt den Bauern das Recht, auf eigenem Boden ein Wirtshaus zu errichten — und begann den Streit wieder wegen der Reichsunmittelbarkeit.

Zwölf Jahre dauerte der Prozeß, und dann kam es zum Vergleich, der zugunsten der Bauern ausfiel, die damals einen schneidigen Reichsvogt hatten, den Bauer Michael Kranz[1]. Der war nahezu 27 Jahre Vogt und voll Energie und Feuer bis in seine letzten Tage.

Einst hatte er einem ungeratenen Sohn, der seinen Vater mißhandelte, die rechte Hand abhauen lassen. Und als während des genannten Prozesses ein kaiserlicher Reichskommissär ihn nach Zell zitierte, erschien er nicht. Wiederholt vorgeladen, sattelt er unmutig sein Pferd, umgürtet sein Schwert und reitet Zell zu. Beim Tor angekommen, zieht er blank, gibt seinem Rößlein die Sporen und sprengt

---

[1] Er war der Sohn des ebenfalls hochbedeutenden Reichsvogts Michael Kranz, der nach 26jähriger Herrschaft am 14. November 1673 starb. Geboren am 5. März 1656, wurde der Bauer Michael Kranz junior 1694 Reichsvogt und blieb es bis zu seinem am 26. September 1721 erfolgten Tod. Der damalige Pfarrer von Oberharmersbach, P. Agidius Pistori, Konventual von Gengenbach, gibt ihm im Totenbuch das Zeugnis, daß er das Reichstal aufs lobwürdigste während vieler Kriegszeiten und Rechtskämpfe regiert und trotz furchtbarer Todesschmerzen wie ein christlicher Held gelitten habe und gestorben sei.

in vollem Galopp vor das Rathaus. Hier läßt er, ohne abzusteigen, den kaiserlichen Gesandten ans Fenster rufen und erklärt ihm laut: „Hier bin ich, Michael Kranz, Reichsvogt von Harmersbach, Herr über Leben und Tod, und wenn Ihr was von uns wollt, so kommt hinauf ins Reichstal, sonst verklage ich Euch beim Kaiser, denn wir sind reichsfrei und so viel wert als die Zeller auch." Sprach's, schwang sein Schwert und ritt davon, wie er gekommen. Respekt davor!

Von diesem schneidigen Ritt des alten Vogts erzählen die alten Bauern heute noch.

Mehr wie einmal ritt dieser Vogt nach Heidelberg, um Gutachten von der Universität einzuholen, und nach Wetzlar, das 76 Stunden weit weg war, um für die „köstlichen Freiheiten" seines Tales tätig zu sein.

Im Jahre 1718 kam es zum Vergleich. Zell erkennt für ewige Zeiten das Tal als von sich unabhängig an mit dem Prädikat „Reichstal" und gesteht ein, daß beide, Tal und Stadt, sich der Reichsunmittelbarkeit „zu gaudieren" (erfreuen) hätten. Dagegen opfert Harmersbach die Wirtschaft ob der Kapelle und gibt zu, daß für ewige Zeiten zwischen dem Ochsen in Harmersbach und dem Hirschen in Zell keine Wirtschaft errichtet werden sollte.

Die Verwaltung der Wallfahrtskapelle solle Zell, die Gerichtsbarkeit über dieselbe dem Tale zustehen.

Die Zeller Wirte hatten jetzt gesiegt, und das war genug.

Der „ewige Friede" wurde von den Zellern so wenig gehalten als von sonstigen großen und kleinen Potentaten. Die Breigsche Affäre und der Niller Forst gaben ihnen, wie wir gesehen, abermals Anlaß, die Reichsunmittelbarkeit den Bauern zu bestreiten.

Dieser Streit dauerte, wie wir sehen werden, bis 1791. Der Vogt ritt auch nach Heidelberg, um ein Gutachten zu holen. Die juristische Fakultät meinte mit Recht: „Die gutherzigen und einfachen Harmersbacher seien durch die vielfältigen Zeller Anmaßungen gereizt worden" und zitierte des Staatsrechtslehrers Moser Traktat „über die Reichsstände", wonach das Harmersbacher Tal reichsfrei sei. Zell habe sich die Verwaltung über den Niller Forst angemaßt, sie gehöre zweifellos den Harmersbachern als den Territorialherren.

Die Zeller aber schüchterten die Bauern immer wieder ein wegen des Landfriedensbruchs durch die Breigsche Abholung, und der Zeller Advokat am Reichsgericht ist offenbar gewandter als der Harmersbacher, welcher stets zum Nachgeben rät.

Die guten Bauern, denen man mit dem Landfriedensbruch, der immer noch nicht richterlich entschieden ist, den schwärzesten Teufel an die Wand malt, geben schließlich ganz nach und überliefern den Niller Forst wieder den Zellern zu beliebiger Brandschatzung. —

Wenn es zu lange geht, bis er Recht bekommt, so verzweifelt der gemeine Mann und gibt schließlich alles verloren.

Der damalige Reichsschultheiß von Zell, Spinner, ein echter, kleiner Bureaukrat, verlangt nun sogar noch eine Abbitte. Da tritt aber energisch der Abt von Gengenbach für das Reichstal ein und schreibt den Zellern, sie sollten die Bauern nicht zum Gespötte machen und abermals reizen.

Nachdem diese klein beigegeben, waren sie bei den Zellern wieder in allen Schreiben die „ehrenfesten, ehrsamen, weisen, besonders vielgeehrten und geliebten Herren Nachbarn".

Die heutigen Zeller, so klein das Städtchen ist, behaupten bis zur Stunde, das Tal sei nicht reichsunmittelbar gewesen, sondern unter Zell gestanden.

Es wäre aber gescheiter, die Zeller hätten ihre

schönen, alten Reichsstadttürme nicht niedergerissen, als den Harmersbachern ihre Reichsfreiheit jetzt noch zu bestreiten, nachdem sie selbst jene stattlichen Erinnerungen an die alte Reichszeit vertilgt haben. —

Und nun zurück zum Bauernkönig Gabriel Breig.

## 4.

Es war ein lustiger Fastnachtmontag im Tal — als die Bauern vom Zeller Zug heimkehrten und ihren „Herrn" mitbrachten. Im Adler ward ein fröhlich Trinken abgehalten, und die Reichsmannen von Harmersbach freuten sich ihres leichten Sieges über die „großmäuligen Zeller".

Noch nie war eine Fastnacht im Reichstal so feuchtfröhlich verlaufen wie damals. Am Dienstag ging's von neuem los. Der Lunzenbur ward feierlich auf seinem Hof im Mietenspach von den Bauern abgeholt und samt Weib und Kindern in den Adler geführt, und in wilder, bacchantischer Lust ging die Fastnacht 1783 zu Ende.

Am Aschermittwoch nach dem Gottesdienst versammelte sich aber der hohe Rat von Harmersbach, der dem Volksfeste ferngeblieben war und nun eine amtliche Miene aufsetzte, wohl auch aus Neid über die Volksgunst des Lunzenbauern.

Die Elfe und der Vogt beschlossen, den Breig von seinem Amt als Zwölfer und Gerichtsherr zu suspendieren, weil er durch seine gewaltsame Befreiung aus dem Gefängnisse das Tal in große Gefahr gebracht habe. Zugleich ward ihm, der über die zwei letztvergangenen Tage stolze Reden und darunter keine Lobreden auf seine Kollegen gehalten hatte, bedeutet, sich „vernünftig zu benehmen".

Gescheit wie er war, der Gabriel, wußte er, daß der einzige Bureaukrat und Jurist im Rat, der Ratschreiber Sevegnanj, ein alter Fuchs, diesen Beschluß den regierenden Bauern eingeimpft hatte. Gegen den Sevegnanj wandte nun der „Lunzenbur" seinen Speer.

Er reicht beim Rat eine Klagschrift ein, worin er zunächst Entschädigung für seine lange Haft verlangte, an welcher der Ratschreiber schuld sei. Der habe die Drohbriefe und Ladungsschreiben der Zeller unterschlagen, und drum sei er, Breig, ungewarnt in die Falle gegangen. Sevegnanj breche auch sonst amtliche Briefe auf und beantworte sie, ohne dem Vogt etwas zu sagen; sein Geschäft besorge er überhaupt schlecht und lasse Kauf-, Tausch- und Teilzettel unerledigt liegen.

Es wird Tagfahrt anberaumt und ein außerordentlicher Richter berufen.

Der Hofrat und Rechtskonsulent Laaba von Offenburg präsidiert der Verhandlung. Breig wird nach dem alten und ewig neuen Rezept, einem Beamten, wo immer möglich, zu helfen, mit seiner Klage abgewiesen. Seine Erbitterung wächst, und er schimpft, wie es recht und billig war.

Indes haut er eine Buche um, die als Markstein dient, und nun benutzt der Rat die Gelegenheit, das Umhauen der „Lochenbuche" als ein unvernünftiges Benehmen zu erklären und den Breig endgültig als Ratsherrn zu kassieren.

Er gibt sich selbstverständlich mit dem Spruch nicht zufrieden und appelliert nach Wetzlar. Fast zu gleicher Zeit wurden der Zwölfer Franz Schüle, der Trinkbare, wegen „verschiedener Exzesse" und der Zwölfer Franz Borho wegen „ziemlichen Blödsinns" durch Beschluß des alten und jungen Rats und des Ausschusses ihrer „Ratswürde" entsetzt.

Wie naiv die alten Zeiten waren! Sie sagen unverblümt, daß einer wegen „Blödsinns" entlassen wurde; heutzutage würde man sagen „aus Gesundheitsrücksichten". Und dann, während Breig und Schüle appellierten, hat der billige Denker Borho sein Urteil gelassen hingenommen. Er ist somit auch eine ehrende Ausnahme gegenüber seinen nicht zu seltenen Geistesverwandten in verschiedenen heutigen Kollegien, die sich in der Regel für die Gescheitesten halten, das Maul am meisten aufreißen und in der

Welt alles Unheil verkünden, wenn sie nicht mehr mittun dürfen.

Der Rat traut dem Wetter und dem Schneid Breigs nicht recht und sendet im November 1784 den Reichsvogt und den Gerichtschreiber nach Heidelberg um ein Rechtsgutachten. Weil sie im Winter reisen müssen, erhält jeder zwei Gulden Diäten. Was für ein Gutachten sie gebracht, ist nicht ersichtlich aus den Protokollen, wahrscheinlich aber zu ihren Gunsten, denn solche Dinge kann man ja haben wie man sie braucht, wie in einer Apotheke.

Breig besteht fort und fort auf einer Entschädigung für seinen Zeller Arrest und auf Einsetzung in sein früheres Amt. Er verweigert bis zu seiner Satisfaktion Steuern und Abgaben.

Nach einem Urteil des Rats vom 15. Jänner 1786 wird er abgewiesen mit seinen Forderungen und gemahnt, seine Abgaben zu entrichten und nicht noch andere aufzustiften. Er erklärt, seinen Schuldigkeiten nachzukommen, sobald ihm erst Recht geworden sei.

Die Bürgerschaft war auf seiner Seite, und das gab ihm den Mut, ruhig weiter zu schimpfen und die Bauern gegen Vogt und Rat aufzureizen. Diese sahen jeweils lange zu, bis sie sich wieder an den Löwen im Mietenspach wagten.

Am 11. Juli 1786 wird er endlich wegen

„Rebellion" auf den andern Tag vorgeladen. Der große Rat sollte sich versammeln, weil die Bürgerschaft „gegen ihre Obrigkeit in Gärung gerate und ihr den schuldigen Respekt und Gehorsam so heimlich als öffentlich aufkünde, woran niemand schuld sei als der abgesetzte Zwölfer Breig, der Rache suche". So hatten der alte Rat und die Vierundzwanziger beschlossen, um das „Feuer, das des gänzlichen Tales Existenz bedrohe," zu ersticken.

Wir sehen daraus, wie mächtig der Bauer im Mietenspach geworden war.

Breig erscheint am folgenden Tag und beschwert sich über die ihm gewordene Behandlung, gesteht zu, die Taten einzelner Ratsglieder den Bürgern erzählt und gesagt zu haben, solche Leute seien nicht würdig, als Obrigkeit über ihn zu urteilen: so habe der Reichsvogt bei einem Hofkauf um 268 Gulden betrogen, der Zwölfer Lehmann besitze ein Stück Mattfeld ungerecht und der Zwölfer Winterhalter habe im fürstenbergischen Wald Holz gestohlen. Er verlange eine Untersuchung unter dem Vorsitz des Hofrats Laaba. So geschah es.

Am 17. Juli fand diese Sitzung statt. Breig bringt Zeugen und begründet seine Klagen. Die gegen den Vogt wird als unbegründet abgewiesen und erkannt, daß Breig dem Vogt eine öffentliche

Abbitte und Ehrenerklärung leiste. Dieser meint, es sei ihm das „eine unangenehme Genugtuung", er wolle sich aber doch damit begnügen.

Jetzt reicht der Bauernkönig dem Vogt die Hand und verspricht, ihn bei der ganzen Gemeinde als ehrlichen Mann zu erklären. Kaum hat er aber die Gerichtsstube verlassen, so reut es ihn. Sein alter Groll brach los, und er rief: „Potztausend Sapperment! Des isch bi Gott g'sprochen (geurteilt). Ihr meint, weil Ihr mich allein habt, könnt Ihr mit mir machen, was Ihr wollt, aber wartet nur, es wird schon ander Wetter geben."

Es wurde ihm bedeutet, morgen wieder zu kommen und die Klagen gegen die zwei Zwölfer zu begründen. Der Volkstribun kam, aber mit ihm rückten 50 Bauern, einige Taglöhner und drei Schuster an. Als Breig nun in die Stube vorgefordert wurde, seine Behauptungen gegen die zwei Ratsherren zu beweisen, sprach er, „gebieterisch in Ton und Miene", er sei heute nicht gekommen, Rede und Antwort zu stehen, vielmehr habe er Bürger bei sich, die wissen wollten, warum er so behandelt und so oft vor die Obrigkeit zitiert worden sei.

Hierauf riß er die Türe auf und rief den Bauern zu, sie möchten hereinkommen und sich die drei Schreiben vorlesen lassen, die von Zell gekommen seien und unterschlagen worden wären. Infolge dieser Unterschlagung sei er eingesperrt und abgesetzt worden und habe seine Ehre verloren.

Die Bauern drängten sich jetzt ins Ratszimmer. Alles Mahnen, sich zu entfernen, war umsonst. Der

„Erzfrevler" Breig fuhr fort, sich zu beschweren über die ihm gewordene Behandlung. Schließlich entfernte er sich „unter schändlichem Fluchen und Beschimpfungen gegen die Obrigkeit", seine Anhänger, welche laut und drohend Breigs Wiedereinsetzung verlangten, mit sich ziehend.

Um Tätlichkeiten zu verhüten und „das Feuer des Aufstandes" durch sofortige Maßregeln gegen Breig nicht noch mehr anzufachen, wurde beschlossen, auf den kommenden Tag ihn und seine Anhänger vorzuladen, dazu die ganze reichsfreie Bauernschaft durch die „Rottmeister" zu berufen und über die „in den Reichssatzungen höchst verpönte Meuterei" zu unterrichten.

Der Rat hatte sich schon um 7 Uhr des andern Morgens versammelt und Breig und die Bauern erwartet. Da der erstere nicht erschien, sandte man den Gerichtsdiener zu dem Tochtermann des Rebellenführers, dem Bäcker Feuerstein, der in der Nähe wohnte, und bei dem man den Lunzenbur vermutete.

Er war richtig da samt vielen Bürgern und ließ sagen: „Sie würden kommen, wenn es ihnen gefiele." Eine zweite Ladung unter Strafandrohung war ebenso fruchtlos.

Als die geladene Bauernschaft sich indes versammelt, zog das Gericht in die große Gemeindestube, und nun erschien auch der „höchst beschwerte Breig" mit seinen „Spießgesellen".

Zunächst erhob sich der Reichsvogt, „gebot den Frieden" und untersagte unter strenger Ahndung jede Unterbrechung oder jeden Tumult während der Verhandlung. Alsdann eröffnete der Gerichtschreiber der Bauernschaft als den Grund der Versammlung: Die „Rottenmacherei" und der „freventliche Ungehorsam" sehr vieler Bürger, wodurch schließlich das ganze Reichstal dem Ruin entgegengeführt werde. Der Anführer in diesem schädlichen Unternehmen sei Gabriel Breig, der durch seine Ränke und Verleumbungen gegen „das obrigkeitliche Haupt" und andere Gerichtspersonen seine Mitbürger zur „Abschüttelung des schuldigen Gehorsams verführt habe".

Jetzt erhebt sich der Reichsvogt abermals und fragt „Mann für Mann" unter Namensaufruf, ob sie die Partei des Breig ergreifen oder der Obrigkeit den schuldigen Gehorsam erweisen wollten. Der angedrohte Ruin des Reichstals hatte gewirkt auf die Bauernschaft. Sie gelobten fast ausnahmslos — Gehorsam.

Damit war für jetzt das Los des armen Breig entschieden, und sofort ward ihm in geheimer Sitzung des alten Rats das Urteil gefällt, wegen Aufruhrs so lange bei Wasser und Brot eingetürmt zu werden, bis er um Verzeihung bitte und Gehorsam gelobe.

Dies Urteil ward der ganzen Bauernschaft alsbald mitgeteilt und zwei Kontingentssoldaten und zehn Bürger beauftragt, dasselbe zu vollziehen. Aber das war vielen Bauern doch zu stark. Sie revoltierten sofort wieder und stellten sich schützend um ihren Tribun, den die Kontingentssoldaten greifen wollten.

Breig erklärte „mit ernstlichem Rebellenmut", eher alles, Leib und Leben, zu wagen, als sich einsperren zu lassen.

Da „die Obrigkeit" immer wieder befahl, ihn abzuführen, kam Breig in solche „Raserei", daß er sich „in grimmiger Wut" mit einigen seiner „Gespanen" in die Ratsstube stürzte, wohin das Gericht sich zurückgezogen hatte, den nächsten besten „Zwölfer" an den Haaren packte und „unter gräßlichen Flüchen das ganze Ratspersonal bis hinauf zum Reichsvogt und Hofrat Laaba aufs verwegenste beschimpfte".

Jetzt sank dem „Reichsrat" der Mut. Um das „Leben der gesamten Obrigkeit", so berichtet der damalige Ratschreiber Bernhard Schmieder[1], nicht aufs Spiel zu setzen, befliß man sich dieser ausgelassenen Freveltat gegenüber der „größten Bescheidenheit".

Breig zog nun unter dem „Jauchzen seiner Gespanschaft" davon, und somit endigte „dieses ganze gräßliche Spiel" vom 19. Juli 1786. Es wurde beschlossen, morgen das Volk wieder zu versammeln,

[1] Sevegnanj war indes pensioniert worden. Man hatte ihn „dem Breigen" geopfert.

um zu beraten, was unter diesen „sehr bedenklichen Umständen" zu geschehen habe.

Am folgenden Tag wieder Versammlung, aber Breig erscheint nicht. Er schickt einen Parlamentär in Person des Bäckers Feuerstein, der um ein gnädiges Urteil bittet wegen der gestrigen Vorgänge und das Erscheinen seines Schwiegervaters auf morgen ankündigt. Der Rat verspricht Gnade und vertagt sich.

Doch als Breig am folgenden Morgen kommt, fängt er mit seinen alten Beschwerden an, verlangt Genugtuung für seine lange Haft und dann wolle er auch sein Unrecht einsehen. Es wird ihm „in Anbetracht seiner Frau und vielen Kinder" das folgende, gnädige Urteil gesprochen: „95 Gulden Reichswährung zu zahlen und Abbitte zu leisten".

Diese Milde dem ersten Urteil gegenüber mag daher kommen, daß jenes Urteil die Bauern erbittert hatte und diese nur in geringer Zahl erschienen waren bei der letzten Versammlung.

Der „Rebell" nahm das Urteil abermals nicht an, verlangte zuerst für sich Genugtuung und entfernte sich. Als der Gerichtsbote ihn zurückrufen wollte, erklärte der Demagoge schlau: „Die Bürgerschaft sei fortan seine Obrigkeit, und nach der andern frage er nichts."

Jetzt wird beschlossen, ein Rechtsgutachten einzuholen und dann weitere Vorkehrung zu treffen. Breig war Sieger und fuhr mit den alten Reden und Schmähungen fort. Der alte Rat sandte nun durch Beschluß vom 28. Juli den Gerichtschreiber Schmieder, einen geprüften Juristen, mit 2 Gulden Diäten, freier Kost und Fuhr, auch 2 Louisdor für Equipierung, und das Ausschußmitglied, Bäcker Anton Kempf, mit einem Gulden fünf Batzen Diäten nach Wetzlar, um ein Verhaftungsmandat und unterwegs in Heidelberg „noch ferneren rechtlichen Rat" zu holen.

Die Deputierten kamen am 28. August wieder zurück. Am 31. versammelten sich Vogt, Zwölfer und Vierundzwanziger. Die Abgesandten meldeten, sie hätten in Bruchsal bei Hofrat von Dahmen und in Heidelberg bei Professor Wedekind Rat gesucht, und von beiden Rechtsgelehrten sei der Beschluß des alten Rats, ein „Manutenenz-Mandat" in Wetzlar zu erwirken, als der einzige Ausweg gebilligt worden.

Sie seien hierauf schleunig nach Wetzlar gereist und hätten das Mandat nebst kaiserlichem offenen Brief an den Rebellen Gabriel Breig und dessen Anhänger vom Reichskammerrichter zugesagt erhalten. Der kaiserliche Kammergerichtsbote werde nächster Tage mit den Papieren eintreffen.

Am 5. September 1786 traf dieser „kaiserliche und Reichs=hochpreißliche Kammergerichtsbote" Martin Paulini[1] ein. Den folgenden Tag versammelten sich Zwölfer und Vierundzwanziger. Der Rebell und seine Anhänger wurden vorgerufen, erschienen und hörten die „allerhöchsten Befehle", die der Kammergerichtsbote ihnen vorlas, „ordentlich an".

Sie datierten vom 25. August. Das eine kaiserliche Schreiben besagte, daß Josef II., von Gottes Gnaden römischer Kaiser usw., dem Herzog Karl von Württemberg befehle, dem Reichsvogt und dem alten Rat auf Anrufen mit militärischer Macht behilflich zu sein, den Gabriel Breig und Konsorten zu verhaften — unter einer Strafe von 10 Mark lötigen Silbers, falls der Herzog den Befehl nicht ausführe.

Dieser soll innerhalb 30 Tagen vor dem Kammergericht den Beweis führen, daß das Mandat vollzogen sei.

Das andere war an den Bauer Gabriel Breig, seine Konsorten und an alle Einwohner des heiligen römischen Reichstales Harmersbach gerichtet, teilt ihnen die obige Ordre mit und befiehlt unter schwerer

---

[1] Er erhielt seine spezifizierte Reisegebühr bezahlt mit 42 Gulden und einen Gulden und vier Batzen „Diskretion", d. i. Trinkgeld.

Strafe und Androhung der kaiserlichen Ungnade, Empörung und Ungehorsam gegen Vogt und Gericht zu unterlassen und die Entscheidung des Kammergerichts abzuwarten.

Es wurde ihnen eine Woche Bedenkzeit gegeben, ob sie dem Inhalt der Schreiben nachkommen oder im Ungehorsam beharren wollten.

Unser Bauernkönig war acht Tage darauf nicht verlegen. Er übergibt — und das spricht sehr für ihn — ein Schreiben des Hofrats Laaba, worin dieser dem alten Rat empfiehlt, Breigs Sache durch ihn und zwei weitere Rechtsgelehrte unparteiisch untersuchen zu lassen.

Diese Anschauung des früheren Vorsitzenden des Gerichts über Breig redet sehr zu dessen Gunsten. Man gab dem Lunzenbur den Bescheid, seine Sache würde laut den kaiserlichen Briefen in Wetzlar entschieden werden.

Am 21. September werden „die Rebellen" abermals vorgerufen, um sich zu entscheiden, ob sie sich unterwerfen wollten. Breig verlangt zuerst, wie immer, Genugtuung für die Zeller Haft. Seine Anhänger, bis auf zwei, namens Dreyer, unterwerfen sich. Der eine von ihnen, Lorenz, soll, weil besonders halsstarrig, eingetürmt werden. Er entflieht dem Reichsboten unter Schimpfen,

indem er sagt: „Man solle zuerst die Herren ein=
türmen."

An Breig Hand anzulegen, wagen die Zwölfer
samt dem Vogte nicht, und der Herzog von Würt=
temberg kommt auch nicht, weil sie offenbar ihn zu
rufen sich nicht getrauen. Der Lunzenbur erscheint
acht Tage später und sagt, Hofrat Laaba selber
wundere sich, daß seine Sache zu keinem Ende
komme.

Im November schienen endlich die drei Juristen
vom Bauernkönig gefunden zu sein: Hofrat Laaba,
der resignierte fürstenbergische Obervogt Neuffer in
Haslach und der Amtmann des Fürsten von der
Leyen drüben in Seelbach. Doch die zwei ersten
werden krank, und der letztere bekommt die Erlaubnis
seines Fürsten nicht. So wird dem Bauer aus dem
Mietenspach wieder kein Recht.

Auch in den kommenden Jahren nicht. Das
Protokollbuch des Jahres 1787 fehlt. Ist es vielleicht
absichtlich beiseite geschafft worden?

Der Volkstribun scheint immer weiter in seine
Verbitterung hineingetrieben worden zu sein. Er
verweigert immer noch alle Abgaben. Er sollte
deshalb endlich gefaßt werden. In einer Nacht im
Herbst 1787 kamen die Häscher auf seinen Hof, um
ihn zu holen. Breig aber ging flüchtig und zwar

zunächst zu seinen alten Feinden, denen von Zell, und dann nach Offenburg.

Im Januar 1788 melden zwei Reichsbauern, Breig habe sie in den Bären nach Zell berufen, um gegen den alten Rat zu konspirieren. Dieser beschließt bald darauf zur Befriedigung der Gemeindeforderungen an den flüchtigen Lunzenbur, ihm das Vieh auf seinem Hof wegzunehmen und auf dem Haslacher Markt zu verkaufen.

Sein Schwiegersohn, der Bäcker Feuerstein, verspricht, die Forderungen abzutragen oder den Schwiegervater zurückzubringen. Dieser war aber im „Postwagen" gesehen worden, um nach Wetzlar zu fahren, seinen Prozeß dort flüssig zu machen und einen „Salvum conductum", einen Freibrief, zur Heimkehr zu erwirken.

Auf diese Nachricht hin wird dem Bäcker eröffnet, innerhalb 24 Stunden zu zahlen, sonst würde das Vieh gepfändet. Die Zwölfer hatten ein schlecht' Gewissen, und das hatte sich geregt, als sie hörten, der Volksmann sei nach Wetzlar. Sie wollten jetzt schnell noch ihre Gewalt zeigen.

Den Freibrief scheint Breig erwirkt zu haben, denn im Juli 1788 erscheint er vor dem Gericht in Harmersbach, vor Zwölfer, Vierundzwanziger und dem früheren Gerichtschreiber Schmieder, der indes

Rechtskonsulent für das Reichstal und Syndikus in Offenburg geworden war. Der Lunzenbur bringt seine alten Beschwerden vor, während der Reichsvogt sich über ihn beklagt, daß er ihn immer noch Betrüger schimpfe.

Das Urteil erging dahin, Breig sei mit seiner alten Entschädigungsklage abzuweisen, wegen seiner über ein halbes Jahr dauernden Entfernung aus dem Reichstal zwei Tage in Turm zu sperren, habe bei Androhung von Zuchthausstrafe sich eines ruhigen und bescheidenen Betragens zu befleißigen und den Reichsvogt unter Darreichung der Hand als ehrlichen Mann zu erklären und nicht weiter über Betrug zu reden.

Der gebrochene Mann will alles annehmen, nur den letzten Punkt nicht; denn in Wetzlar sei er vom Vogt als „ein liederlicher Mann" hingestellt worden, und er sei seiner Ehre schuldig, ihm nicht nachzugeben.

Das Gericht beschließt, im Weigerungsfalle solle Breig eingetürmt werden, bis er „zum Verstand" komme.

Der Bauernkönig tritt einstweilen seinen zweitägigen Arrest an und schickt schon vor Ablauf desselben seine Frau mit der Erklärung, auch den letzten Punkt zu erfüllen. Sein Weib und seine acht Kinder hatten dem verfolgten Manne zugesetzt. Er war auch in seinem Hauswesen zurückgekommen, Gläubiger bedrängten ihn, und im Februar 1789 erscheint er „mit weinenden Augen" beim Vogt und bittet um Hintanhaltung der Pfändung, er wolle ein Stück Feld verkaufen und bezahlen.

Im Oktober ist er schon wieder angeklagt wegen eines heimzuzahlenden Kapitals. Er kommt vor Gericht und erklärt, kein Geld zu haben, man solle ihn für seinen Zeller Arrest entschädigen, dann könne er bezahlen. Breigs Lage wird nun immer schlimmer.

5.

Der durch seine gewaltsame Befreiung heraufbeschworene Prozeß wegen Landfriedensbruchs schwebt nun schon bald sieben Jahre beim Reichskammergericht. Im sechsten verlangte der Anwalt des Reichstals, von Fürstenau, ein Darlehen von 1500 Gulden. Man wies ihn zuerst ab, beschloß aber, da die Geldvorstreckung in den fortdauernden Prozeßsachen dienlich sein könnte, ihm 1000 Gulden vorzuschießen.

Im April 1790 berichtet nun Fürstenau, die Sache stehe mißlich, man dürfe es nicht auf einen richterlichen Spruch in Wetzlar ankommen lassen, ohne das Reichstal in die größte Gefahr zu bringen; das Abholen Breigs aus dem Arrest werde als Landfriedensbruch angesehen, und man habe nach den Reichsgesetzen die gröbsten Strafen zu gewärtigen.

Auf dies hin wird der Rat eingeschüchtert, der Bauernkönig aber erhebt wieder sein Haupt, schimpft „im Adler" auf den alten und jungen Rat und nennt die Herren im Beisein von zwei Zwölfern „alle liederlich", weil sie ihn vergewaltigten.

Der Adlerwirt will den Breig hinausschaffen, aber die anwesenden Bauern dulden es nicht. Abermals Gerichtssitzung hierwegen. Die Bauern erhalten zwei Tage Turm, Breig aber erscheint in der ersten Sitzung nicht.

Auf eine zweite Vorladung kommt er. Es wird ihm vorgehalten, daß er im „Adler entsetzlich geschimpft und alle Herren liederlich gescholten habe". Als Mann steht der Bauer aus dem Mietenspach für seine Worte ein und entgegnet, „er habe noch nie geleugnet, was wahr sei. Die Herren seien liederlich, denn sie hätten versprochen, ihn für seinen Zeller Arrest zu entschädigen, und nicht Wort gehalten". Diese konnten und wollten ihn aber nicht entschädigen, um sich nicht des beim Herausholen des Bauernkönigs verübten Landfriedensbruchs mit teilhaftig zu machen.

Breig wird wegen seines „hohen Frevels" zu 20 Gulden und drei Tagen „Turm" verurteilt. Er sitzt die Strafe ab, verweist aber den „Stubenwirt" für Zehrung während der Haft an die Gemeinde, da alle seine Strafen auf den Zeller Fall zurückzuführen seien.

Die Schuldner des in seinen häuslichen Verhältnissen zurückgekommenen Mannes drängten immer stärker. Öfters muß er vor Gericht erscheinen, um zu hören, daß er bezahlen solle, während er immer vergeblich auf die Entschädigung hinweist, welche die Gemeinde, um derentwillen er ins Unglück geraten, ihm schuldig sei.

Unter den Gläubigern befindet sich auch der Sonnenwirt von Zell, der hatte noch zwölf Maß roten Wein zu gut vom Zeller Arrest her. Breig, vorgeladen, gesteht zu, während seiner Haft einmal 12 Tage unwohl gewesen zu sein und jeden Tag eine Maß Rotwein vom Sonnenwirt Schreiber bezogen zu haben. Da aber die Gemeinde seine Zeche beim Adlerwirt in Zell bezahlt habe, so möge sie auch den Sonnenwirt befriedigen, weil er „für das gemeine Wesen" eingesperrt worden sei.

Der Rat übernimmt „zu Breigs Beruhigung" die zwölf Maß auf die Reichstalkasse.

Doch schon im folgenden Jahr drohten ihm die Zwölfer mit einer „Vermögensuntersuchung", wenn er seine Gläubiger nicht befriedige. Breig bittet im September 1793 um einen „eisernen Brief" gegen seine Gläubiger. Er nennt sich in diesem von ihm mit sehr mangelhaften Zügen unterschriebenen Gesuche Reichsbürger, den Rat aber bloß „Talrat". Er beschwert sich, daß dieser zum zweiten

Male schon seit seiner unverschuldeten Arretierung in
Zell seine Gläubiger aufrufe und ihn einer Gant
bloßstelle. Die Zeller Haft und die verweigerte
Entschädigung hätten ihn im Hausstande zurück=
gebracht und in die Empörung getrieben. Man
habe ihn nie verhört wegen seiner „Abholung" in
Zell, auch keine Zeugenaussagen ihm mitgeteilt und
verweigere ihm die Entschädigung stets mit dem
Hinweis auf den kostspieligen Prozeß, in welchen
die Gemeinde durch seine „Befreiung" gekommen sei.

Seine Beschwerde wird verworfen und sein Ver=
mögen untersucht, wobei es sich herausstellt, daß
Breig 5350 Gulden Schulden hat. Aus Rücksicht
auf Weib und Kinder soll die Versteigerung auf bessere
Zeiten verschoben werden, wenn er einen Bürgen
stelle. Er bringt einen und bekommt wieder einige
Zeit Ruhe.

Doch bricht sein Groll gegen den Reichsvogt
immer wieder aus. Der Lunzenbur schimpft und
lästert diesen im Januar 1794 aufs neue, wird vor
Gericht geladen, erscheint aber nicht. Die Kontingents=
soldaten und der Gerichtsbote sollen ihn vorführen.
Er kommt spät abends vors Rathaus mit seinen zwei
Söhnen und seinen zwei Schwiegersöhnen und
räsoniert samt diesen über die hohe Obrigkeit.

Es werden ihm acht Tage Gefängnis diktiert,

und seine Begleiter erhalten einen Verweis. Da er die Abbüßung verweigert, bleibt's beim alten.

Doch rächt sich später der alte Rat, indem er den Gläubigern Breigs nachgibt und im Sommer 1794 beschließt, den Hof des Bauernkönigs unter den Hammer zu bringen. Haus und Hof sollen dreimal, von vierzehn zu vierzehn Tagen, durch den Ratsboten ausgerufen und erst, wenn kein Käufer aus der Gemeinde sich findet, fremde Steigerer zugelassen werden. Der Volkstribun tritt nun mit seinen Söhnen und Schwiegersöhnen wieder vor den hohen Rat und erklärt, aus dem Hofverkauf werde so lange nichts, bis die Entschädigung für den Zeller Arrest erfolgt sei.

Daß der einst Gefeierte in den letzten Jahren mit seinen Familiensippen allein erscheint, zeigt, daß die Reichsbauern, eingeschüchtert durch die kaiserlichen Mandate und den jahrelangen Mißerfolg, gleichgültig geworden waren und den Lunzenbur verließen.

Es ist zu allen Zeiten in der Welt so gewesen, nicht bloß im Reichstale am Harmersbach. Der Erfolg und die Stellung sind König. Sobald ein großer Mann nichts mehr gilt und nichts mehr erreicht, und die Gunst von oben ihm fehlt, fehlen ihm auch die Anhänger. Und sobald ein Dummkopf etwas wird und gilt, hat er Anhänger in Menge.

So ging's dem Reichsbauer Gabriel Breig im Mietenspach vor hundert Jahren, und so ging's in unserer Zeit dem Reichskanzler und Reichsbegründer Otto von Bismarck, an dem nach seiner Entlassung jedes Winkelblättchen sich rieb, während viele bessere Reichsbürger, die ehedem für ihn schwärmten, servil zu andern Füßen lagen und den großen Mann von ehedem verleugneten. —

Des Bauernkönigs erbarmte sich in diesen schweren Tagen der Apotheker von Gengenbach und lieh ihm auf Haus und Hof fünftausend Gulden. Die Gläubiger wurden befriedigt und still.

Was für den eigensinnigen, verbitterten und verfolgten Mann sehr spricht, ist die Anhänglichkeit seiner erwachsenen Kinder an den Vater und namentlich seiner Schwiegersöhne. Diese sind sonst bekanntlich in der Regel die letzten, die für geldbedürftige Schwiegerväter einstehen. —

Es waren schwere Zeiten ohnedies im Lande. Die Österreicher kämpften gegen die französischen Revolutionssoldaten, und in den Tagen, da Breig so bedroht war, mußten die Reichsbauern dem kaiserlichen General Wurmser wöchentlich Rationen von Lebensmitteln und Fuhren an den Rhein stellen.

Manche Familien wanderten, der schlechten Zeitläufte wegen, nach Ungarn aus. In solchen Zeiten sollte man keinen Bürger ans Schuldenzahlen mahnen und die Gläubiger zur Ruhe verweisen. Die Kriegssteuern lagen schon schwer genug auf dem Tal, so daß nach Ratsbeschluß von 1796 selbst der Pfarrer von Oberharmersbach, Heitzmann, an die Zahlung rückständiger Kriegssteuern „in anständigen Ausdrücken" erinnert werden soll.

Blutsteuer hatte das Reichstal wenig zu entrichten. Es hatte bloß acht Mann im Felde. Von diesen kamen fünf im August 1796 heim, einer war während des Krieges desertiert und zwei in französische Gefangenschaft geraten. Diese kehrten bald zurück. Alle sieben Veteranen erhielten auf Reichstalkosten je eine Dotation von einem Paar Schuhe, zwei Strümpfen, einem Hemd und fünf Gulden Geld.

Doch schon im Februar 1797 stehen sie wieder im Felde und die Reichsbauern an den Schanzen bei Kehl. Fronweise mußten sie mit Picken und Schaufeln an den Rhein zum Schanzen. Wer nicht selbst gehen wollte, konnte seinen Knecht, ja selbst seine M a g d oder T o c h t e r schicken, obwohl der Rhein vom Reichstal mindestens sechs Stunden entfernt lag. So meldet der Obmann der Harmersbacher „Schänzer", daß die Tochter des Gallus Schnaitter zweimal auf der Schanz gefehlt und einmal davongelaufen sei, und wird der fronpflichtige Vater um acht Gulden vom hohen Rat gestraft.

Der gleiche Gallus Schnaitter und seine „schanzenflüchtige" Tochter werden im Herbst 1797 die unschuldige Veranlassung, daß unser Breig mit Vogt und Gericht abermals in Konflikt gerät. Der „Herrebur", auch Schmid-Hans genannt, will, weil kinderlos, seinen Hof verkaufen und in Pension, das heißt aufs „Leibgeding", gehen. Der „Dame-Mathis" aus dem Zeller Reichsgebiet will den Hof kaufen und die obige Deserteurin, des Schnaitter-Gallis Tochter, heiraten. Sie ist im dritten Grade mit dem „Herrebur" blutsverwandt.

Die Agnaten des kinderlosen Schmid-Hans werden darüber vom Rate gefragt, in erster Linie sein Schwager Breig. Dieser erklärt, er habe nichts gegen den Verkauf an obigen Mathis, wenn dieser den Hof ordentlich bezahle und irgend eine Schwestertochter des Schmid-Hansen heirate; denn dieser habe namentlich seiner Schwester, Breigs Frau, dies ausdrücklich zugesagt. Der Bauernkönig mochte wohl an eine seiner eigenen Töchter denken.

Der alte Rat entscheidet dem Antrag Breigs gemäß, die Kaufgenehmigung erfolge nur, wenn der Mathis Dam eine „Schwestertochter des Herrebauern als Ehegattin präsentiere".

So lautet das Urteil im Mai 1796.

Aber die Liebe ist erfinderisch, auch bei den Bauern.

Der Mathis Dam wollte eben keine von des Bauernkönigs Töchtern, noch eine andere Schwestertochter des „Herreburen", sondern des „Schnaitter=Gallis Maidle". Drum trat nach Jahr und Tag der Vater, der Galli, als Käufer auf, und im September 1797 verkaufte mit Genehmigung des Rats der „Schmid=Hans" seinen Hof um 7000 Gulden und ein „starkes Leibgeding" an den zukünftigen Schwiegervater des Mathis. Der „Herrebur" hatte somit sein Wort nicht gehalten, und der alte Rat war von seinem früheren Beschluß abgegangen. Jetzt war Feuer im Dach bei unserem Gabriel und zwar mit Recht. Der Rat beruft ihn und fragt, ob er mit dem Kauf einverstanden sei oder als Verwandter in denselben eintreten, d. i. den Hof selbst um den Preis übernehmen wolle. Breig gibt den Zwölfern und dem Reichsvogt sein Urteil kurz und kräftig dahin ab: „Der Rat solle sich vor dem Teufel schämen, einen solchen Scheinkauf zuzulassen. Der ‚Herrebur' sei ein liederlicher Kerle und die ‚Herren' noch liederlicher."

Mit diesem Spruch entfernt er sich. Der alte Rat hält sofort Gericht über des Lunzenburs salo=

monischen Urteilsspruch und verurteilt den Gabriel zu acht Tagen Turm „mit warmer Atzung" und zwanzig Gulden Geldstrafe.

Am andern Morgen wird er gefänglich eingezogen. Die Kontingentssoldaten wären nicht Meister geworden, allein es lagen eben — es war am 19. September 1797 — die siegreichen Rothosen der französischen Revolution im Tale, und der Kommandant, ein Kapitän Monnier, stellte seine Soldaten zur Verfügung.

Gleich nach der Verhaftung erscheint der treue Schwiegersohn, der Bäcker Georg Feuerstein, und verlangt die Entlassung des Gefangenen vom Rate. Diese wird auf kommenden Samstag abend zugesagt, wenn bis da die 20 Gulden Strafe erlegt sind. Der Bäcker sorgt dafür.

Frei geworden, berät Breig mit den Seinen über den Kauf des Herrenhofs, und da der Bäcker-Jörg den Hof nicht will, tritt des Lunzenburs Sohn Toni in den Kauf ein. So fällt der Dame=Mathis mit seiner Braut einstweilen durch.

Allein der Toni hat Pech, wie sein Vater. Der Bauer Josef Heitzmann hat ihm seine Tochter Magdalena versprochen und tausend Gulden Heiratsgut dazu. Jetzt sagt ihm der Heitzmanns=Sepp ab, und der Toni, von seinem Vater Gabriel belehrt, klagt

auf Schadenersatz. Er habe bei seinen vielen Braut=
fahrten zur Magdalena viel Geld verzehrt, zwei
Wagen Heu seien ihm zugrunde gegangen, und die
Absage mache ihm Schwierigkeit bei andern Vätern
und Töchtern.

Der alte Rat hat ein Einsehn und verurteilt
richtig den Heitzmanns=Sepp zu einem Schadenersatz
von 210 Gulden.

Das hilft dem Toni aber nicht. Er findet kein
Weib, weil das „Leibgeding" zu stark auf dem Hofe
lastet. Ohne Geld zu erheiraten, kann er nicht zahlen.
Der „Herrebur" verklagt ihn, und der Rat gibt dem
Toni nur eine Frist von acht Tagen.

Das Geld war überall sehr rar. Seit Früh=
jahr 1797 lagen die Franzosen im Tal, und die Reichs=
bauernschaft hatte vom 27. April bis 19. Oktober
den Wirten allein für Verpflegung der Offiziere
6725 Gulden zu zahlen.

In den ersten Tagen des Jahres 1798 bittet
selbst die Stadt Zell, die alte Feindin der Bauern,
das Reichstal um 1000 Gulden zur Vermeidung
französischer Exekution. Der alte Rat ist nobler
gegen die Zeller als gerecht gegen seine Bauern;
er beschließt, das Geld alsbald bei den Bauern lehens=
weise zu „erpressen".

Ein Reichsbauer, Jakob Lehmann, der über diese

Gefügigkeit den Zellern gegenüber räsoniert, zahlt zehn Gulden Strafe.

Daß unter solchen Umständen der Toni kein Geld bekommt, ist klar, und im Frühjahr zieht der „Herrebur" den Hof wieder an sich nach einer stürmischen Ratssitzung, in welcher der alte Gabriel seinem Toni assistiert und der letztere dem Zwölfer Johann Isemann in Gegenwart der Obrigkeit eine „Maultasche" gibt und dafür alsbald zu 24 Stunden Turm verurteilt wird.

Auf den Herrenhof aber kommen jetzt der Dame-Mathis und des Schnaitter-Gallis Maidle. Ihre Generation starb erst vor 30 Jahren dort aus. —

Der Unstern ging über des Bauernkönigs Familie nicht unter. Ende 1798 starb der Apotheker Weber von Gengenbach, der dem Gabriel aus der Not geholfen, und seine Witwe hatte nichts Gescheiteres zu tun, als dem herabgekommenen Bauernkönig das Kapital zu kündigen. Am 11. Jänner 1799 mußte der Breig vor dem Rat erscheinen und die Kunde vernehmen, daß er innerhalb drei Monaten die Apothekerin zu zahlen habe. Auch wurde er wieder an die Zahlung der Umlage gemahnt.

„Nachdem dies eröffnet war," heißt es im Ratsprotokoll des genannten Tages, „brach Breig in ein

entsetzliches Fluchen und Schelten aus, verließ die
Ratsstube stürmisch, schlug die Türe zu und schalt
in der Wirtsstube noch viel mehr, worauf resolviert
wurde, daß Breig in Turm abzuführen sei und so
lange darin zu belassen, bis derselbe nüchtern und
sich eines Bessern besonnen haben würde."

Da der alte Löwe sich weigerte, freiwillig ins
Gefängnis zu gehen, so wurde er durch die zwei Rats=
boten, den diensttuenden Kontingentssoldaten und
andere Bürger dahin abgeführt.

Wie sehr die letzteren nach und nach von dem
armen Gabriel abgefallen waren, zeigt ihre Mit=
hilfe zur Einsperrung des Mannes, den sie einst be=
freit hatten.

Doch jetzt flammte glänzend die Liebe seiner
Kinder und Schwiegersöhne auf. „Zwischen Tag
und Licht", am gleichen 11. Jänner, kamen die
Söhne des Breig und sein Tochtermann Josef Hug
und befreiten ihn „unter entsetzlichem Fluchen und
Schimpfung der Obrigkeit".

Jetzt halfen abermals die Franzosen. Sie nahmen
den Breig gefangen und bei ihrem bald darauf er=
folgten Abzug mit bis nach Kippenheim im Breisgau,
wo der Regimentsstab lag.

Söhne und Schwiegersöhne folgten den Fran=
zosen, erbaten den Gefangenen vom Obersten frei

und brachten ihn wieder heim, womit der Rat die Sache bewenden ließ. —

Doch Ruhe fand der Bauernkönig keine. Noch im Jahre 1801 stand der Sechsundsechzigjährige vor Gericht wegen Forstfrevels. Er hatte zwei Tannen gehauen und leugnete es nicht, da er ihrer „zu seinem Hauswesen höchst benötigt gewesen sei, mithin nicht frevelhaft gehandelt zu haben glaube". Er wird „um drei Gulden" gestraft und das Holz konfisziert.

Mit ihm steht vor den Schranken des alten Rates der sogenannte „Gaisehans", Johann Brucher, angeklagt wegen Jagens und „zur Nachtzeit liederlicherweise Herumziehens". Bei Wiederbetreten soll er sogleich arretiert und exemplarisch bestraft oder gar dem Militär übergeben werden.

So ging der „Gaisehans" straflos aus, der arme, verfolgte Gabriel aber wurde verurteilt und mit einem Kerl à la Gaisehans vor Gericht gestellt.

Und warum ging der Mann unter? Weil unser Bauer aus dem Mietenspach seine Zunge nicht bezähmen konnte und nicht Unrecht dulden wollte, ohne seinem Herzen Luft zu machen — ein Fehler, den viele Menschen zu allen Zeiten haben, Menschen, die weit größer waren und sind als der Lunzenbur im Harmersbacher Tale.

Von dem großen Papste Sixtus V. schreibt sein Biograph: „Nur seine Zunge konnte Sixtus nicht zügeln, ein unbegreiflicher Fehler, und geistreiche Menschen begehen deren häufig."

Und in unsern Tagen hütete selbst ein Reichskanzler Bismarck seine Zunge nicht, und ich bin der letzte, der ihm dies übelnahm, so wenig als dem Reichsbauern Breig, der nur etwas derber losfuhr, wie es seiner Zeit und seinem Bauernstande angemessen war.

Unser Breig war ein Mann von Charakter, er beugte sich nicht feig der Vergewaltigung in Zell und blieb eher ein halbes Jahr unschuldig gefangen, als den Zellern eine Kaution zu stellen, verlangte Recht und Gerechtigkeit, und da er die nicht fand, hielt er nicht hinter dem Busch mit seinem Unmut. Drum ward er verfolgt.

Breig gehörte im Kleinen zu jenen Menschen, von denen Johannes Scherr im Großen schreibt: „Groß denken, begeistert fühlen, die Wahrheit suchen und sagen, die Gerechtigkeit lieben und das Unrecht hassen, heißt unglücklich sein." —

Vom K. K. Oberamt der Landvogtei Ortenau wurde noch 1802 der Gemeinde auferlegt, dem Gabriel Breig statt der verlangten 7000 Gulden eine Entschädigung von 600 Gulden auszubezahlen.

Dagegen ergriff er den Rekurs an den neuen Landesherrn in Karlsruhe und bat diesen, wenigstens den Stadtapotheker Baumgärtner in Gengenbach, der offenbar das Guthaben seines Vorgängers übernommen hatte, zu veranlassen, noch einige Monate mit seiner Kapitalforderung Geduld zu haben.

Von Karlsruhe kam ihm aber der Bescheid, der Markgraf habe noch keinen Zivilbesitz ergriffen von den neuen Landesteilen und könne sich nicht in die Sache mischen.

Damit endigt in den Akten die Geschichte des Bauernkönigs.

Das Totenbuch in Zell meldet, daß Gabriel Breig am 11. März 1805, 70 Jahre alt, aus dem Leben schied. —

Das Schicksal des Bauernkönigs, soweit ich es hier aus den Akten erzählt, hatte mich interessiert, und ich wollte wissen, wo er gewohnt, und wie es der Familie des Bauernkönigs gegangen.

Ein schöner Frühlingstag des Jahres 1891 führte mich von den Wolfacher Bergen herab ins Reichstal und auch zum Hofe Breigs. Er liegt stattlich auf einem grünen, mit Obstbäumen umgebenen Hügel unfern der Landstraße, am Eingang in das Tälchen des Mietenspach.

Schon seine äußere Lage und Gestalt zeigt, daß er für Bauernkönige bestimmt ist, der „Lunzenhof", wie er von alters her im Volksmunde heißt.

**DER LUNZENHOF**

Ringsum üppige Äcker und Wiesen und im Hintergrund stattlicher Hochwald.

Unweit vom Hof, unten an der Straße, zeigte mir der geschichtskundige Pfarrherr des Tales, Albin Kern, die Stelle, wo der Reichsgalgen, das Haupt=

symbol der Macht des Reichsvogtes, gestanden. Alte Leute erzählen, daß drüben auf dem Lunzenhof die Leitern aufbewahrt worden seien, an denen die Delinquenten mit dem Henker zum Galgen hinaufstiegen.

So war der arme Breig, das stete Opfer der Gerechtigkeit im Tal, trotzdem noch nebenbei der Siegelbewahrer dieser Justiz.

Herzlich freute es mich, daß der Hof „seinem Stamme" verblieb, trotzdem der Bauernkönig als „Gantmann" das Leben verließ. Aber im Mannsstamm ist auf der Burg das Geschlecht vor einigen Jahren ausgestorben, und Gabriels Urenkelin ist heute Bäuerin auf dem Lunzenhof.

Daß sie treu zum Vater standen, brachte den Kindern Segen. Denn der stattliche Hof nebenan gehört jetzt auch zur Familie. Auf ihm saß sein Sohn, der Toni, der um den Hof des Herrebure gekommen und deshalb einem Zwölfer eine „Maultasche" gegeben, und ihm folgte sein Sprößling, Toni der Jüngere, in welchem der Großvater wiederkehrte, wie so oft im Familienleben.

Toni, der Enkel, war ein stolzer Bauer und hatte von Vater und Großvater die Gabe behender und scharfer Rede geerbt.

Mit Vorliebe ließ er sich „Herr Breig" nennen,

wohl in Erinnerung daran, daß sein Großvater zu
den Herren im Reichstal einst gehört. Und bei den
Wirten, vom Harmersbacher Tal bis hinab nach
Offenburg, die ihn „Herr" titulierten, trank der Toni
einen Schoppen mehr und gab doppeltes Trinkgeld
für seine Pferde jedem Wirtsknecht, der ihm diesen
Titel verlieh bei der An= und Abfahrt.

Und stolze Fuchsen führte der Toni an Markt=
tagen das Tal hinab nach Gengenbach oder Offenburg.
Aber einer seiner schwersten Tage im Leben war
jener, an dem ein Käsehändler aus dem schwäbischen
Allgäu bei einer Wettfahrt des Tonis Fuchsen be=
siegte.

Da saß der Toni einmal in den sechziger Jahren
mit andern Bauern aus dem Obertal im Engel zu
Gengenbach beim „Bermersbacher Roten", als ein
Männlein mit einem hinkenden Gäulchen von Offen=
burg her am Engel vorfuhr. Es war ein richtiger,
echter Württemberger, der die „Allgäuer Schweizer=
käse" den Wirten im Kinzigtal zuführte.

Als er in die Stube trat, meinte der Toni
spöttisch: „Käsmann, mit Euerm Gaul könnte man
leicht z'wettfahren, der ist kein Springer." Der wackere
Schwabe forcht sich nit und erwiderte: „Es gilt,
was Ihr wollt, ich fahre jedem von Euch Bauern
z'wett." Hohnlachend rief der Toni: „Es gilt 25 Maß

Roten und fünf Kronentaler, ich komme eine halbe Stunde vor Euch nach Biberach mit meinem Fuchsen als Ihr mit Eurem hinkigen Kloben."

Der Schwabe schmunzelte und schlug ein. Es wird sofort eingespannt, alle andern Bauern wollten mit hintendrein fahren.

Der Toni läßt den Schwaben einige Minuten vorausfahren, dann folgt er — und ihm die übrigen Bauern. Das Rößlein des Käsmanns hinkt kaum über die Gengenbacher Brücke, so ist es schon überholt von des Breigen Fuchsen, der stolz vorübersaust.

Je länger aber das Pferdchen des Schwaben geht, um so weniger hinkt es. Immer schneller greift es aus und kurz vor Biberach, an der Brücke, wo die Geroldseck so malerisch in die Kinzig herabschaut, hat mein Schwabe den Bauer erreicht, fährt, den Hut schwenkend, vor dem Toni über den Fluß und hält vor ihm beim „Bären" in Biberach.

Die Wette hatte der Schwabe glänzend gewonnen. Der Toni wirft die Kronentaler auf den Tisch, bestellt den Rotwein und trinkt mit der ganzen Gesellschaft, aber es schmeckt ihm nicht, er ist voll innern Grimms über seine Niederlage. Er ließ aber fortan den Käsmann aus Schwaben

mit seinem Hinkigen in Ruh und hatte es nicht
gerne, wenn ihm die Bauern von der Wettfahrt
redeten. —

Aber der Toni führte auch andere Fahrten
aus, die ihn als Mann von Geist erkennen lassen.
Drunten in Zell fabrizierte ein Kaufmann namens
Burger in den vierziger Jahren und später
noch Pottasche und verkaufte sie um gutes Geld
nach auswärts. Der Toni kam an Sonn- und
Wallfahrtstagen oft in das alte Städtchen am
Harmersbach und hörte von den guten Geschäften
des Fabrikanten.

Wer's ihm nachmachte, war der Breige-Toni von
Mietenspach. Er baute eine Hütte neben seinen Hof,
kaufte Asche im Tal und in den Bergen und machte
Pottasche. Die führte der Toni — den Zwischen-
handel verschmähend — selber mit seinen Fuchsen
den weiten Weg nach Basel und kam jeweils mit einem
schönen Stück Geld zurück.

Mit Stolz erzählte er aber auch, wie er als
„Herr" gelte das ganze Oberland hinauf, wo er hin-
komme, und wie er in Basel mit Millionären zu
Mittag esse. —

Als Enkel seines Großvaters, der einst das ganze
Reichstal rebelliert hatte, war der Toni anno 49
scharfer Revolutionsmann. Mit Ausbruch derselben

trug er faſt beſtändig einen gewaltigen Schlepp=
ſäbel, mit dem er alle Feinde der Freiheit und be=
ſonders ſpäter die Preußen zu vertilgen verſprach.
Kaum drangen aber dieſe ſiegreich das Kinzig=
tal herauf, ſo verſchwand der Toni mit ſeinem
Säbel.

Hinter ſeinem Hof im Mietenſpacher Tälchen
beſaß er einen dunklen, ſchönen Tannenwald, das
Kolmenloch genannt. In ſeinen düſtern Gründen
ließ ſich der rebelliſche Bauer häuslich nieder, bis
die Preußen fort waren. Aber den Säbel führte
er noch im Kolmenloch und focht mit den Bäumen,
die er ſich als Preußen vorſtellte.

Sein einziger Sohn ſtarb ihm beim Militär in
den fünfziger Jahren, und als der Toni, alt geworden,
1884 von dieſer Erde ſchied, blieb auf ſeinem Hofe
ebenfalls nur ein weiblicher Erbe — ſeine Tochter.
So ſteht des großen Gabriels Stamm auf dem
Lunzenhof auf Weiberaugen.

Aber außerhalb des Reichstales iſt ſein Geſchlecht
noch zahlreich. So ſteht heute, 1910, noch am Fiſch=
brunnen in Freiburg alltäglich ein Urenkel des Bauern=
königs als Dienſtmann und Packträger. Er hatte in
den neunziger Jahren noch ſeinen 89jährigen Vater
bei ſich, der auf dem Lunzenhof geboren ward als
Sohn von Gabriels Jüngſtem, dem Franz. Der

Greis wußte aber nichts mehr von seinem Großvater zu erzählen, er hatte alles vergessen aus seiner Jugendzeit und erinnerte sich nur, daß auf seines Großvaters Hof die Leitern aufbewahrt wurden für den Reichsgalgen. —

Und nun kehren wir zum letzten Reichsvogt zurück.

## 6.

Der Hansjörg war schon Jahr und Tag nicht mehr Stubenwirt, als die Affäre Breig losbrach. Man hatte ihm zwar 1781 erlaubt, sich wieder unter die Bewerber zu stellen, vorbehaltlich jederzeitigen Widerrufs, wenn der Stubenwirt in Kollision komme mit dem Reichsvogt, allein das „Kerzlein" erlosch, während ein anderer das letzte Gebot hatte. Auch später beteiligte er sich wiederholt an den Steigerungen, um wieder Stubenwirt zu werden, aber das Lichtlein entschied stets gegen ihn.

Er hatte sich von der Stube weg hinaufgezogen in den Riersbach auf sein väterliches Heim, und was ihm an Einkommen als Wirt und Metzger entging, suchte er jetzt mit um so schwunghafterem Holzhandel zu ersetzen.

Rings um das Reichstal liegt ein mächtiger Kranz herrlicher Tannenwaldungen, heute noch im Besitz der Gemeinde Oberharmersbach. Aus diesen Wäldern nahm der Hansjörg die Tannen, die er als Bau=

holz und Bretter, besonders nach Straßburg, verhandelte.

Und wenn in jenen Tagen fast jede Woche einmal ein schwer beladener Holzwagen das Metzgertor zu Straßburg passierte und hintendrein ein Bauersmann ritt in kurzen, schwarzledernen Stumphosen, langem Tuchrock und schwarzem, grobem Filzhut, hätte niemand, der ihn nicht persönlich kannte, geahnt, daß das ein kaiserlich deutscher Reichsvogt, ein Herr über Leben und Tod, sei.

Ein oder der andere „Stroßburjer" Bürger, der ihn kannte, mag dem Reitersmann zugerufen haben: „Bonjour Monsieur Richsvogt!"

In einer „Ledergurt" trug der Hansjörg seine Fünf=Livre=Taler und Louisdor aus Straßburg ins Tal zurück und mehrte Hab und Gut. Das alte Häuschen des Vaters riß er nieder, baute den stattlichen, herrenmäßigen Hof in Riersbach, der heute noch steht, und aus dem kleinen Taglöhnergütchen wurde durch reichlichen Zukauf ein großes Bauerngut, ja mit der Zeit das größte im Reichstal.

Sein Amt als Reichsvogt trug nur 118 Gulden jährlich, half ihm also direkt wenig bei seiner Vermögensvermehrung, gab aber seinem Holzhandel einen starken Hintergrund, indem es seinen Kredit erhöhte.

Gar wohl gelitten war der Hansjörg bei den

Äbten von Gengenbach, den reichsten Herren der Gegend, die im Nordracher Tal viele Waldungen besaßen und mit dem Reichsvogt gerne in Handelsverbindungen traten. Am Namenstag des Vogts ging's jeweils hoch her im Riersbach. Da kam stets eine Deputation von Klostergeistlichen und brachte zur Verehrung dem „lieben Herrn Nachbar" vom Prälaten ein Fäßchen Bermersbacher mit.

Am 24. Oktober 1792 hielt der letzte Abt, Bernhard Maria Schwörer[1], des Adlerwirts Sohn von Gengenbach, selbst das „Freigericht" im Tale und stattete nachher dem Vogt im Riersbach einen Besuch ab. In dem Gefolge des Prälaten war der Kloster-Oberschaffner Scheffel, der Großvater des bekannten Dichters Victor von Scheffel. —

Von Hansjörgs schwersten Taten, von seinen Todesurteilen, konnte ich nichts aktenmäßig feststellen. Ich weiß nicht, war es nicht Sitte, darüber lange zu protokollieren, oder hat er die betreffenden Schriftstücke später, als er ein zahmer, unblutiger,

---

[1] Schwörer wurde durch seine Schwester der Onkel und Großonkel dreier berühmter Männer: des Geh. Hofrats und Professors der Chirurgie an der Universität Freiburg, Beck, und seiner Söhne Bernhard von Beck, General- und Korpsarzt, und Friedrich von Beck, österreichischer Feldzeugmeister und Generalstabschef der Armee.

badischer Bürgermeister geworden war, vertilgt, um nicht an jene Tage erinnert zu werden und damit an seine eigene badische Unbedeutenheit.

Im Volke heißt es heute noch, der letzte Vogt habe fünf Menschen mit dem Tode bestraft. Der erste war ein Jugendfreund von ihm. Beide hatten als Buben oben auf den Höhen über dem Riersbach unter dem waldigen „Regelkopf" die Ziegen und die wenigen Kühe ihrer Eltern gehütet. Jahre kamen und Jahre gingen. Jene Hirtenbuben waren längst vom „Regelkopf" verschwunden, der eine war ein Strolch und der andere Reichsvogt geworden.

Die Bauern im Holdersbach brachten den erstern eines Tages gefesselt hinab vor den „Freihof". Er hatte einen Knecht erschlagen. Das „Halsgericht" der Zwölfer unter dem Vorsitz des Vogts sprach dem Mörder im Namen des Kaisers den Galgen zu.

Noch stand zwischen diesem und dem Verurteilten das Begnadigungsrecht des Vogts. Dieses rief der Isenmann, so hieß der Verbrecher, an, unter Hinweis auf die Jugendzeit, da sie „als zusammen hüteten in Berg und Tal". Des Vogts Herz ward weich, und er begnadigte seinen ehemaligen Wald- und Weidfreund zu fünfjähriger Galeerenstrafe.

Der Isenmann kommt nach deren Abbüßung zurück — und die Ratsprotokolle melden, daß 1781 ein Galeerensträfling dieses Namens bei der Heimkehr gewarnt wurde, sich gut aufzuführen, sonst „ginge es ihm an den Hals".

Die Warnung war umsonst. Nach Jahr und Tag stand der Kerl abermals vor den Zwölfern wegen eines Raubmords, und jetzt sprach der Hansjörg zu ihm: „Den ersten Mord hast Du begangen, den zweiten ich, weil ich Dich nicht das erstemal hängen ließ." Sprach's, wie Salomo, und wenige Stunden später bestieg der einstige Mit=Hirtenknabe die Leiter beim Lunzenbur. —

Von der zweiten Hinrichtung erzählen die Leute noch viel Poetischeres. Sie traf den Anführer einer weitverzweigten Räuberbande, auf welchen schon längst gefahndet worden. Oft hatten die Zeller die Harmersbacher, und umgekehrt diese jene aufgeboten zu Streifzügen gegen das „Räuber= und Vagabundenwesen".

Endlich war der Hauptmann oben am tannengrünen „Rieschkopf" im Schlafe von Bauern überfallen und vom Halsgericht zum Tode verurteilt worden.

Von der Gerichtsstube und vom Freihof, wo das Gefängnis war, bis zum Galgen waren es gut zwanzig Minuten. Dem Delinquenten wurden, wie üblich, die Hände auf den Rücken gebunden, und

er sollte so von den Gerichtsdienern und Kontingents=
soldaten talab transportiert werden.

Der diesmalige Todeskandidat zerriß aber die
Stricke wie Bindfäden, und alle Kraft der Gerichts=
diener und anderer Männer war nicht imstande,
den Verbrecher vom Platze zu bringen. Ein un=
heimliches Gefühl überlief Schergen und Zuschauer.

Da rief ein alter Bauersmann aus der Menge:
„Solange er den Erdboden berührt, werdet ihr nichts
ausrichten. Schiebt ihm ein Brett unter die Füße,
dann werdet ihr ihn bemeistern."

Man folgte dem Rat und der war gut. Jetzt
konnten die Herkules von Harmersbach ihn binden
und auf einem Wagen zum Galgen verbringen.

Oben angekommen, rief der Delinquent, ein
Sympathiemann und Hexenmeister, der erstaunten
Menge zu: „Gebt mir nur eine Handvoll Erde, und
ich bin unbesiegbar."

Selbstverständlich ward diesem zweiten Riesen
Antaeus seine letzte Bitte versagt, und der Räuber
„baumelte" in kurzem zwischen Himmel und Erde.

Noch von einer dritten Hinrichtung weiß heute
das Volk: ein achtzehnjähriges Mädchen, bildschön,
hatte seine Taufpatin, welche Mutterstelle an ihm
vertreten, vergiftet. Ihre Jugend und Schönheit
rührten das Herz der Blutrichter und des begna=

digungsmächtigen Reichsvogts. Das Mädchen zeigte aber nicht die geringste Reue, und so führte man es dem Galgen zu. Es hatte sich zu diesem Gange „geputzt und gezöpft", als ginge es zur Hochzeit.

Noch auf der Galgenleiter bot ihm der Hansjörg Leben und Gnade an, wenn es seine Tat bereue, allein auch hier sprach das Mädchen: „Wenn ich es nochmals zu tun hätte, würde ich sie wieder vergiften."

Warum die Mörderin ebenso geheimnisvoll als reuelos war, hat das Gericht zu fragen oder die Sage zu behalten unterlassen.

Die zwei weitern Todesurteile von den fünfen, die man dem Hansjörg zuschreibt, weiß niemand mehr zu melden.

Den Henker aber unter dem letzten Reichsvogt hat man nicht vergessen. Er hieß Martin Ruf, wohnte in Gengenbach und bezog vom Reichstal ein jährliches Wartegeld von sechs Gulden. —

Nichts hat Bestand auf Erden, und so wie des alten römischen Reichs deutscher Nation Herrlichkeit zu Ende ging, so ging's auch mit des Reichsvogts Gewalt im Kinzigtal. Der letzte Reichsvogt ging noch vor dem letzten altdeutschen Kaiser unter.

Infolge des berüchtigten Reichsdeputationsraubbeschlusses, der auf Napoleons Betreiben in Regensburg tagte und Ländereien und Klöster verteilte wie

Schwarzbrot, kamen mit vielem andern als reiche Entschädigung für im Elsaß und in der Pfalz verlorene Ländereien die Reichsstädte Gengenbach, Zell und das Reichstal Harmersbach an den Markgrafen Karl Friedrich von Baden.

Die Zeller beeilten sich schon auf die erste Nachricht hin, sich dem neuen Herrn zu Füßen zu legen. Schon am 1. September 1802 meldeten sie dem Markgrafen, sie sähen es als einen Gewinn an, unter eine erleuchtete Regierung zu kommen und sehnten sich, einstweilen noch im Verband mit Kaiser und Reich, nach dem Zeitpunkt, wo sie dieser Pflicht entbunden, „ihre biedere, reinste und ehrfurchtvollste Gesinnung laut und ungeniert offenbaren könnten."

Erbärmliche Knechte!

Am 25. September kam dann der markgräflich badische Geheimrat und Landvogt von Roggenbach, um unter militärischer Begleitung das Patent der Regensburger Raubkommission anschlagen zu lassen.

Die Zeller empfingen ihn mit allen Ehren, die Reichsbürger bildeten bewaffnet Spalier und die Stadtkanonen feuerten.

Am gleichen Morgen fuhr der Kommissar nach dem Reichstal, vom Reichsvogt abgeholt, und ließ dort das Patent anschlagen.

Dann war Festessen in Zell, wo auf den neuen Herrn unter Kanonendonner toastiert wurde!

In Wahrheit, solch knechtselige Spieße verdienten die Reichsfreiheit keine Stunde mehr. —

Der Reichsvogt der Bauern und diese selbst führten keine solchen Erniedrigungen auf und der erstere entschuldigte sich mit Alter und Podagra, daß er dem Markgrafen nicht persönlich aufwarten könne.

Aber als der Markgraf Kurfürst geworden war, mußte der Hansjörg nach Lahr wandern und dem Kurfürsten huldigen. Das Reichstal wurde getrennt in Ober- und Unterharmersbach, und der Reichsvogt gnädigst zum Vogt vom Obertal ernannt.

Hier zeigte der Hansjörg eine Schwäche, die ich ihm nicht verzeihen kann, die nämlich, daß er sich zum badischen Kleinvogt degradieren ließ. Allen Respekt vor einem badischen Bürgermeister, und noch mehr vor einem badischen Oberamtmann, aber als Reichsvogt von Harmersbach, als Herr über Leben und Tod, als ein Mann, der bisher nur das Reichsgericht und den Kaiser über sich hatte, wäre ich nie badischer Vogt geworden, Untertan eines badischen Obervogts (Amtmanns) in Klein-Gengenbach.

Doch die Schwäche unseres Hansjörg ist, wenn auch schwer verzeihlich, so doch erklärlich. Es litten und leiden noch größere Männer als er an dieser

Schwäche. Drum wollte er lieber der erste badische Vogt im Dienst, als der letzte Reichsvogt außer Dienst sein.

Gefühlt aber hat er bald, was er und seine Bauern verloren. Die badischen Beamten, zu allen Zeiten vielfach Bureaukraten erster Güte, taxierten, da ein richtiger Bureaukrat stets über den Zaun setzt, wo er am niedrigsten ist, die reichsfreien „Bauern" weit geringer als die vom Kanonenkaiser ihnen zugesprochenen Reichs=Kleinbürger in Zell, Gengenbach und Offenburg. Sie ließen diesen letztern noch allerlei Privilegien, die Harmersbacher aber wurden sofort als pure Bauern behandelt.

Der Hansjörg machte 1804 eine Eingabe an den Kurfürsten, worin er sich mannhaft beschwert: „Die Beamten hätten dem Reichstal möglichste Belassung seiner Gerechtsame versprochen, aber nicht gehalten, und das alte herrliche Tal, das vier Stunden lang und zwei Stunden breit sei, auf die niedrigste Stufe der Untertanenschaft herabgedrückt". Gar rührend schließt er: „Wir bitten um Linderung unserer Traurigkeit und um gleiche Rechte, wie die drei ehemaligen Reichsstädte unserer Nachbarschaft, dann werden wir lebenslänglich anerkennen und mit Kind und Kindeskindern bewundern Ew. kurfürstlichen Durchlaucht Milde."

Der Kurfürst Karl Friedrich, dessen Beamte, soweit sie aus dem Baden=Durlachischen Unterland stammten, es meisterhaft verstanden, sich mißliebig zu machen, legte die Eingabe des Vogts seinem „Staats=rat" vor; diese Baden=Durlachischen Oberbureaukraten und Zopf=Mandarinen aber wiesen den guten Hans=jörg in allen Punkten ab.

Selbst seinen Gehalt als Reichsvogt schmälerte der Unter=Mandarine in Gengenbach von 118 auf 88 Gulden. Sapienti sat! —

Hansjörgs letzte Handlung als Reichsvogt war ein Akt galanter Gerechtigkeit gegen eine aus einem merkwürdigen Grunde verschmähte bäuerliche Braut des Tales.

Der Müllersepp, ein Bauer und Witwer, wollte die Haser=Marie, eine ehrsame Jungfrau, heiraten. Da sie aber an einem Erbübel ihres Geschlechts, an billiger Denkungsart, mehr als üblich litt, hatte sie das Unglück, dem Pfarrer die beim Eheunterricht damals üblichen Fragen aus dem Katechismus nicht beantworten zu können.

Darüber schämte sich der Müllersepp so sehr, daß er ihr seine Liebe und sein Heiratsversprechen von Stund an kündigte.

Die Haser=Marie, deren religiöse Unwissenheit heutzutage für jede ehemalige höhere Töchterschülerin eine Empfehlung wäre beim gebildetsten Bräutigam, wandte sich vertrauensvoll an den Reichsvogt. Der nahm sich der Verschmähten rittermäßig an. Er lud den Müllersepp vor Gericht, wo dieser die Erklärung abgab, er wolle kein Weib, das die zehn Gebote Gottes nicht kenne, aber als Magd wolle er die Haser=Marie einstellen und ihr einen rechten Lohn geben.

Der Reichsvogt war ein christlicher Mann, aber die zarte Gewissenhaftigkeit des Müllersepp teilte er nicht und verurteilte diesen zu einer Geldbuße von 22 Gulden, welche der Haser=Marie als „Schmerzens= geld" zufallen sollten.

Hatte der Hansjörg sein Amt anno 1777 mit einem Gnadenakt angetreten, so endigte er es 1802 mit einem Akt der Gerechtigkeit gegen das schwache Geschlecht. Und da will man leugnen, daß unter den Bauern keine Kavaliere seien! —

Elf Jahre lang begnügte sich der letzte Reichs= vogt mit dem kleinen Amte eines badischen Bauern= vogts. Erst 1814 legte er diese Stelle nieder, nach= dem er 37 Jahre lang im Tal gevogtet hatte, im Großen und im Kleinen. Die ehemaligen Reichs= bauern, in den wenigen Jahren badischer Klein= staaterei auch klein geworden, verliehen dem Scheidenden auf lebenslänglich eine Pension von „Fünf

Gulden und 27 Kreuzer", und der brave Mann war damit zufrieden und nahm sie an.

Sein Nachfolger als badischer Vogt war vom Stamme „Breig", und der alte Gabriel gab so seinen Namen doch noch der Vogtei, wenn auch in kleinerem Format.

Im Jahre 1816 teilten die beiden Gemeinden Unter- und Oberharmersbach, nachdem sie jahrhundertelang e i n freies Reichstal gebildet, auch ihr bisher noch gemeinsam verwaltetes Vermögen in Feld, Geld und Wald.

Gemeinsam blieb nur noch der Galgen, dem die badische Humanität nach wenigen Jahren auch ein Ende machte.

Noch anno 1824 wurde einem Strolch, „der Weißkopf" genannt, unter dem Galgen das Diebsmal mit feurigem Eisen auf den Rücken gebrannt. Er soll geschrieen haben, daß man es weithin im Tal gehört hat. Er war der letzte Delinquent der peinlichen Harmersbacher Justiz. Im folgenden Jahre wurden — am 11. November 1825 — der Galgen und das Galgenfeld versteigert. Der „Löffelschmied" im Untertal, Josef Schüle, kaufte beides um 75 Gulden.

Das Eisen des Galgens verschmiedete der Löffelschmied in seiner Schmiede, und viele Bauern aßen mit Löffeln vom Galgeneisen. Die drei großen steinernen Pfosten aber verkaufte er nach Zell. Und die Reichsstädtler, die so oft den Reichsbauern ihre Justiz absprechen wollten, haben heute noch die besten Wahrzeichen der bäuerlichen Reichsunmittelbarkeit, „die Harmersbacher Galgenpfosten", in ihrer eigenen Stadt.

Der Brunnenstock vor dem Hause des Kaufmanns Burger, aus dem lebendiges Wasser quillt und den Zellern den Durst stillt, und die Eingangssäulen zur Porzellanfabrik, in welcher das industrielle Leben des Städtchens zirkuliert, sind die ehemaligen Galgenpfosten von Oberharmersbach, an denen die Toten der Reichsbauernjustiz hingen.

Ist es nicht, als ob der Genius der von den Zellern so verfolgten Harmersbachischen Reichsunmittelbarkeit sich gerächt hätte, indem er die Galgenpfosten in die Reichsstadt schmuggelte und sie dort als Monumente der eigenen einstigen Gewalt über Leben und Tod aufstellte? —

Der letzte Reichsvogt ging am 4. November 1817 aus dem Leben, 81 Jahre alt, und die Reichsvögtin, das „Kätherle", folgte ihm am 25. April 1820, 73 Jahre alt, in die Ewigkeit nach. —

Sie hinterließen sechs Söhne. Der älteste, Franz Xaver, erhielt den Hof und damit den Namen „Vogts=Xaveris=Bur". Einer studierte, brachte es aber nicht zum Staatsexamen und wurde später Amtsrevisor. Einer, Fidel, ein leichtes Blut, den der eigene Vater

*DER TOREINGANG ZUR PORZELLANFA-
BRIK MIT DEN
REICHSGALGENPFOSTEN*

wiederholt zum Ausstellen im spanischen Mantel ver= urteilen mußte, verscholl im Elsaß während der großen Revolution. Von den übrigen zwei konnt' ich nichts erfahren, um so mehr aber vom sechsten — dem Franz Borgias, genannt „'s Vogts Krummer", den wir oben schon erwähnt haben.

Ein bekanntes Sprichwort sagt: „Je krümmer, um so schlimmer", und das ging auch an Franz Borgias in Erfüllung. Obwohl auf allen vieren gehend, wuchs er und ward stark, aber auch stark in allen Schelmenstreichen.

Er trug mit größtem Humor sein elendes Dasein. Und wenn er hinterm Wirtstisch saß, hätte ein Fremder dem großen, kräftigen Manne den Krüppel nicht angesehen.

So saß er einst im „Bierhäusle" unweit seiner väterlichen Burg am Talweg, als preußische Werber eintraten. Der Schelm Borgias bot sich ihnen an. Sie gaben dem starken Burschen alsbald Handgeld und zahlten, wie üblich, Essen und Trinken. Nachdem der „Krumme" sich gehörig gutgetan, wollte er sich auch den Werbern präsentieren. Als er sich aber hinter dem Tische hervor auf alle viere niederließ und zu den Werbern hinrutschte, rettete nur des Reichsvogts Sohn den Krummen vor den Ausbrüchen ihrer Enttäuschung.

Merkwürdigerweise kamen die Werber, die in den letzten fünfundzwanzig Jahren des achtzehnten Jahrhunderts im Reichstal die Werbetrommel rührten, vielfach aus Preußen. Ich habe einen kulturhistorisch interessanten Beleg dafür in den Akten von Oberharmersbach gefunden. Es ist dies eine Rechnung, welche der Rabenwirt Lechleydner in Zell beim Rat in Harmersbach einreichte, und die also lautet:

Conto. Was durch die drei Rekruten, so den 7. Januar 1778 in des Ochsenwirts Haus in Hambach (Harmersbach) durch den preußischen Werber Mettler angeworben und in selbiger Nacht bei mir in Zell verzöhrt worden:

| | | | |
|---|---|---|---|
| Erstlich für 10 Maaß Wein à 16 Kreuzer thut | 2 Guld. | 6 Batzen | 8 Pfg. |
| Für Essen | 2 „ | 2 „ | — „ |
| Für Brandewein in der Nacht und in der Früh | — „ | 5 „ | 8 „ |
| Item für Lichter die ganze Nacht dieselbe zu verwachen | — „ | 2 „ | — „ |
| Item für die verworfenen (zerschlagenen) Botellen (Flaschen) und Trinkgläser | — „ | 6 „ | 8 „ |
| Item als der Knopf=Jock mit dem Werber gerauset, seynd zwei zinnerne Salzbüchsle und ein zinnener Lichtstock verbrochen und ruiniert worden nebst einem Lehnstuhl | 1 „ | 6 „ | 8 „ |

Item auf ihr Befehl die Spiel-
  leut (Musikanten) holen lassen und den Spiellohn nebst
  Botenlohn bezahlt für sie — Guld. 6 Batzen — Pfg.
Item Schlafgeld von den Re-
  kruten — „ 1 „ — „
Ferners ist durch den Knopf-
  bauren und dessen Bruders
  Pfleger in selbiger Nacht
  verzöhrt worden 3 Halbe
  Wein tut — „ 3 „ — „

Summa 7 Guld. 9 Batzen 8 Pfg.

Der Borgias war trotz seiner Mißgestalt äußerst beliebt in der Bauerngesellschaft. Er hatte eine prächtige Stimme und konnte alle „Lumpen= und Schelmenlieder" singen. Bei keiner Hochzeit fehlte deshalb des Vogts Krummer. Selbst auf dem Tanz= boden erschien er dann, kroch behend auf Knieen und Händen unter den Tanzenden umher und brachte boshafterweise manches Paar zu Fall zur Belusti= gung der andern.

Hatte er auch keine Tänzerin, so hatte der Borgias doch einen „Schatz". Und das war „die brů (braune) Monika". Das Häuschen ihres Taglöhner=Vaters, heute noch eine reizende, alte Strohhütte, stand über einem schluchtigen Tälchen am Hermersberg unweit vom Hof des Reichsvogts.

Die braune Monika gehörte zu den vielen ihres

DIE HÜTTE DER MONIKA

Geschlechts, welche ihr Herz vergeben ohne Rücksicht auf krumm oder grad, schön oder häßlich, wenn nur Versorgung oder Stellung im Leben winkt. Der krumme Borgias war eben doch des Reichsvogts

Sohn, durfte als solcher Hoffnung auf einiges Geld haben und war ein „beliebter Mann".

Der Vogt wollte allerdings nichts von dem „Verhältnis" wissen und untersagte seinem Krummen die „Bekanntschaft", aber verbotene Liebe geht gerne auf krummen Wegen, und so fand der Borgias doch immer wieder, wenn auch auf allen vieren, seinen Pfad in die Strohhütte am Hermersberg. Schwieriger wurde es zur Winterszeit, wenn der Schnee auf Berg und Tal lag; da konnte man jeweils an den eigentümlichen Spuren, die er, weil auf Händen und Knieen gehend, hinter sich ließ, den Wandel des Borgias verfolgen. Doch auch diese Schwierigkeiten der Wintersaison wußte der schlaue Vogtssohn zu besiegen. Ehe er vom Vaterhaus wegrutschte, band er sich einen breiten Besen um die Hüften und ließ ihn über seine Füße hinuntergehen, so daß der Besen jeweils die Spuren der Kniee und Hände hinter dem Krummen verwischte. —

An Wintertagen half der Borgias, auf den Knieen sich fortbewegend, rüstig und lustig seinen Brüdern des Vaters Garben dreschen und soll trotz einem Geraden draufgeschlagen haben.

Öfters räsonierte er über seinen Vater, daß er nicht ihn, sondern den Bruder Hansjörg habe studieren lassen, weil er es am besten „im

Sitzen" aushalte und ein tüchtiger Student viel sitzen müsse.

In den napoleonischen Kriegen und schon vorher, in den Kriegen der neunziger Jahre, kam der Borgias auch in die weite Welt. Er erbat sich's von seinem Vater, als Knecht mit den Kriegsfuhren, die das Tal zu leisten hatte, den Heereszügen folgen zu dürfen, und manchmal war er monatelang auf diesen Fahrten weg.

Seine Pferde besorgte er stets allein. Nachts nahm er die Laterne im Stall zwischen die Zähne und kroch so von Pferd zu Pferd und von Krippe zu Krippe.

Das Geld, so er verdiente, trug er redlich in die Hütte am Hermersberg und brachte es der brunen Monika. Gerne hätten sich die zwei geheiratet, aber der alte Vogt war partout dagegen, und sein Protest war ihm in jener Zeit noch leicht durchführbar.

Selbst als der Alte starb, wurde es dem Borgias unmöglich, die brune Monika in die Kirche zu begleiten, weil der Vater ihn beim Bruder „Xaveri" auf den Hof verpfründet und diesen zu des Borgias „Vogt" gemacht hatte.

Mit diesem, seinem „Bruder Vogt", stand der Krumme schlecht. Er verließ ihn deshalb öfters und diente bei andern Bauern als Drescher oder Futter=

knecht. Auch amtierte er gerne als nächtlicher Wächter bei den Leichen. Es geschah dieses weniger aus christlicher Barmherzigkeit, als um des Kirschenwassers willen, das dem Nachtwächter geboten ward.

Standhaft saß dann unser Borgias auf der Ofenbank bei trübem „Spänenlicht", vor sich die Schnapsflasche und in der Hand den Rosenkranz. Jede Stunde rührte er sich und rutschte in die Kammer, wo bei matter Öllampe „das Tote" lag, und überzeugte sich von seinem Todesschlafe.

Er war ein ebenso pünktlicher Wächter als guter Trinker. Und der Reichsvogt selber muß ein wackerer Zecher gewesen sein, denn seine Söhne, vorab der Student und der Borgias, waren scharfe Trinker, und seine Enkel schütteten es, wie die Kinzigtäler sagen, auch nicht in die Schuhe. Solche Eigenschaften vererben sich eben gar gerne vom Vater auf Söhne und Enkel.

Einst waren dem Borgias in seinen älteren Tagen alle Mittel zum „ehrbaren Trinken" ausgegangen. Da kam er auf folgenden Einfall: er rutschte von Hof zu Hof, über Berg und Tal und bat um eine Beisteuer zum Kauf eines Esels. „Er werde anfangs alt und drum bei seinem Rutschen in die Kirche und namentlich in die Wallfahrt nach Zell todmüde. Wenn ihn dazu noch ein Bauer in den ‚Waldhäusern'

oder im ‚Holdersbach‘ und ‚Billersberg‘ zum Leichen=
wächter bestelle, komme er kaum mehr fort. Da würde
ihm drum ein Esel gute Dienste leisten."

Jeder Bauer gab gerne sein Scherflein, um
dem Krummen auf einen Esel zu verhelfen. Er bekam
Geld zu „drei Eseln" und, wie er nachher sagte, „von
vielen Eseln". Einen wirklichen Esel zu kaufen,
daran hatte er nie gedacht. Er vertrank das „Esels=
geld" in langsamen Zügen, und weil der Krumme
der beliebte Hochzeitssänger und der gesuchte Leichen=
wächter der Bauern war, lachten sie selber über
den schlauen Borgias. —

Noch zu Anfang der fünfziger Jahre konnte man
an Samstagen in Zell einen greisen Mann auf allen
vieren von der Wallfahrtskirche her zum obern Tore
von Zell hereinrutschen sehen. Er kam aus der
Wallfahrtskapelle und zog dem Rathaus des Städt=
chens zu. Es war der Borgias, der nach des Lebens
Bosheiten und Schelmereien am Spätabend ein
frommer Mann geworden war und, wenn immer
tunlich, am Samstag den fast zweistündigen Weg
das Tal herabrutschte in die Muttergottes=Kapelle
und am Nachmittag ebenso zurück, wenn er nicht
unterwegs ein Fuhrwerk traf, das ihn um Gottes
willen mitnahm. Der Ratschreiber von Zell war
seines Bruders, des Amtsrevisors Sohn, und bei dem

bekam er nach seiner Pilgerfahrt stets das Mittagessen.

In seinen jüngern Jahren hatten die ledigen Bursche den Borgias an Aschermittwochen jeweils als Fastnachtspuppe ausstaffiert und in ihm die „Fastnacht" begraben. Stets gab er sich gerne dazu her, zum Spaß der ganzen damaligen Reichsbauernschaft. Der Zufall wollte es, daß ein Aschermittwoch sein wirklicher Begräbnistag wurde. Am Aschermittwoch des Jahres 1853 haben die Oberharmersbacher des „Vogts Krummen" begraben in einem Alter von 75 Jahren. Seinem Sarge folgte unter den Letzten die „brun Monika", ein altes Mütterchen, mit ihren erwachsenen Kindern, den Söhnen des Borgias.

In der „Stube" besprachen nach dem Gottesdienst ältere Bauern des Borgias Lebensgang von der kalten Winternacht an, da der Reichsvogt mit seiner Frau am Galgen vorüberfuhr, bis zum Aschermittwoch der Beerdigung. Und heute noch erzählen die alten Leute dem jungen Geschlecht zur Winterszeit in den Stuben der einsamen Berg- und Talgehöfte von des Vogts „Krummem" und von der „brunen Monika". —

Es war, wie oben schon erwähnt, an einem der letzten Apriltage des Jahres 1891, da ich vom Wolftale herauf durch den Gelbach auf die Höhe gestiegen kam, die das Gebiet des Harmersbach von dem der Wolf trennt.

Oben am Regelkopf lag noch Schnee, während von den Talgehängen die blühenden Kirschbäume weiß heraufgrüßten. Ich saß lange auf dem großen Grenzstein, der die Wappen des Hauses Fürstenberg, des Klosters Gengenbach und des Reichstales trägt und die Jahrzahlen vergangener Jahrhunderte, und schaute hinab ins einstige Reichsgebiet von Zell und Harmersbach und weiter hinunter bis gen Straßburg und hinauf gegen Freiburg.

Einsam steht dieser Grenzstein auf waldiger Höhe, noch die Zeichen alter Herrschaften tragend, während rechts und links drunten in den Tälern diese Herrschaften längst verschwunden sind. Dem Abt von Gengenbach, dem Reichsvogt von Harmersbach und dem Fürsten von Fürstenberg ist das Zepter längst genommen. Und nur der alte Stein auf verlassener Bergeshöhe kündet noch ihre einstige Souveränität.

Es ist ein ziemlich weiter Weg mit herrlichem Blick in Berge und Täler bis hinab in den Riersbach und zum einstigen Sitz des letzten Reichsvogts. In tiefer Stille, vom Sonnenlicht beglänzt, liegt das Haus in dem Talwinkel, den das Riersbächle bei seiner Mündung in den Harmersbach bildet, auf mäßiger Anhöhe.

Der gepflasterte Hof, die Altane, das elegante Nebenhaus verraten den Reichsvogt, das Strohdach und der Brunnen vor dem Hause den Bauer. Die

DER HOF DES LETZTEN REICHSVOGTS

Türen sind alle geschlossen. Ein blödes, altes Weib oberhalb der Burg sagt mir auf mein Befragen: „'s isch nieme daheim. Der Alt' ist krank, der Junge tot und die andern auf dem Feld." So war es. Der Alte, der Enkel des Vogts, der als Leibgedinger im Nebenhaus wohnt, ist ein siecher Mann, und der junge Bauer, des Vogts Urenkel, vor kurzem begraben worden — ohne männliche Nachkommen.

So ist auch des letzten Reichsvogts Dynastie im legitimen Mannsstamme im Tal am Auslöschen.

Der jüngst verstorbene, letzte Bur auf dem „Vogtshof", wie die Residenz des Hansjörg heute noch heißt, soll, wohl in Erinnerung an den Urgroßvater, ein stolzer, redegewandter Mann gewesen sein, der gerne mit eleganten Pferden in silberplattiertem Geschirr durchs Tal fuhr.

Und als die Oberharmersbacher eine freiwillige Feuerwehr errichteten, wie sonst nur Städter es tun, ward der Vogtsbur zum Hauptmann erwählt.

Wie es oft geht bei großen und kleinen Dynastien, daß sie in ihren Bastarden weiterblühen, im legitimen Stamme aber verdorren, so auch beim letzten Reichsvogt. Die Enkel des Borgias und der brunen Monika sind noch die einzigen Nachkommen Hansjörgs im Tale, die männliche Zukunft haben.

Unfern der Hütte der armen Monika liegt am Bächlein eine Mühle, und der Müller ist ihr und des Borgias Enkel. Und des Vogts Krummer wär' nicht wenig stolz, wenn er wüßte, daß er in seinen Sprößlingen im Flor sei, während die andern verblüht haben, verblüht haben auch in Hab und Gut. —

Als einzige Reliquien vom alten Reichsvogt werden noch gezeigt: einige eiserne Ketten, ein großer Tisch und ein „Sperrhund"[1], die seine Initialen tragen, J. G. B. — alle drei würdige Denkmäler an einen Bauernvogt aus alter Zeit. —

Wenige Schritte vom Hof abwärts, und wir stehen auf der Landstraße, die durch das Harmersbacher Tal ins Renchtal führt. Gleich rechts liegt über einer reizenden, kleinen Talschlucht die Hütte der brunen Monika.

Außer mir und der lieben Sonne schaute kein Mensch in den stillen Talwinkel. Die Bienlein summten um die blühenden Bäume, und die Finken schlugen den Takt dazu, nur die Menschen schienen alle auf den Bergen. In den Hütten an der Straße gegen das Dorf hin war niemand sichtbar. Aber auch im Dorfe, in das wir bald einrücken, war's wie ausgestorben. Nur der Wirt in der „Stube" hielt Wacht. Ich hatte ihm sagen lassen, es würde am Spätnachmittag noch ein hungriger Wanderer von den Bergen herabkommen und etwas zu Mittag essen wollen.

Die Äbte und der Oberschaffner von Gengenbach, wenn sie ehedem ins alte Reichstal kamen und in der „Stube", die, wie wir wissen, zugleich Sitz der

---

[1] Ein Stück Holz zum Sperren des Rades.

Reichsbehörden war, abstiegen, konnten nicht besser gespeist werden, als ich heute vom „Stubenwirt", was ihm um so mehr Ehre macht, als wir beide uns unbekannt waren und blieben. —

Milde und freundlich ergoß die Sonne ihr Licht in das kleine Nebenzimmer, in welchem ich gespeist hatte. Ich war müde von der langen Wanderung und erklärte daher dem Stubenwirt, in der Ecke, in der ich saß, mein Mittagsschläfchen machen zu wollen, und bat ihn, mich allein zu lassen.

Ich schlief und träumte. Ich sah den Hof vor der „Stube" voll von alten Reichsbauern in ihren ledernen Kniehosen, Wadenstrümpfen, Pechschuhen, den roten Brusttüchern und den langen, schwarzen Zwilchröcken. Sie lärmten und gestikulierten, als wäre eine große Staatsaktion im Anzug.

Plötzlich ward's stille, die Stiege herab wandelten in ihren schwarzen Mänteln die zwölf Gerichts= herren, ihnen voran der Reichsvogt.

Da trat ein großer Bauersmann hervor — der Gabriel — und fing an zu schimpfen gegen Zwölfer und Vogt. Die Bauern tobten hintendrein, Kon= tingentssoldaten erschienen und griffen nach dem Gabriel — und ich erwachte.

Friedlich rollte der Harmersbach am Fenster vorüber, leise nickten blühende Bäume und Sträucher an seinen Ufern, die Sonne und ich allein waren in der kleinen Stube. Ich hatte — geträumt aus der alten Reichszeit, die mich so oft schon und heute wieder beschäftigte.

Der Stubenwirt, ein Bild friedsamsten, wirtlichen Stillebens, hatte durch die Glastüre mein Erwachen bemerkt und kam, nach ferneren Wünschen zu fragen.

Ich erhob mich und wandelte mit ihm in den Hof, wo die offene Halle, in der einst die Reichsbauern unterstanden bei Volksversammlungen, verbaut ist durch Küche und Stallungen. Im zweiten Stock, wo ehedem Reichsvogt und Zwölfer ihre Sitzungen hielten, sind jetzt Gast= und Fremdenzimmer und alle Spuren einstiger Reichsherrlichkeit verschwunden. Sic transit gloria mundi! So vergeht alles auf dieser Welt — Bauern= und Herrenherrlichkeit. Alles ist Schnee, und wir alle sind Schneeballen.

Der Stubenwirt, der wohlgemut mich führte an jenem schönen Frühlingstag, ist heute auch schon tot. —

Unweit der „Stube", ihr fast gegenüber, auf der andern Seite der Straße, liegt der „Freihof", zu Zeiten der Reichsfreiheit, wie oben schon erwähnt, Gengenbachscher Klosterhof und Staatsgefängnis des Reichstals. Jetzt ist er in eine friedliche Bierbrauerei „zum Freihof" umgestaltet, und wo der Bauern= könig Gabriel ingrimmig als Gefangener saß, sitzen jetzt gemütlich an Sonntagen die Oberharmersbacher bei unschuldigem Bier.

Ehe ich das sonnige, stille Dorf verließ, besuchte ich noch den freundlichen, jetzt auch schon toten Pfarrherrn, der mir bereitwilligst seit langer Zeit brieflich Auskunft gegeben über manches im heiligen römischen Reichstal. Unter seiner Führung sah ich auch die gewaltige Kirche, welche die Oberharmersbacher anfangs der vierziger Jahre erbauten aus den Erträgnissen ihrer großen Waldungen. Schade um das viele Geld, das die Gemeinde ausgab für einen Steinkoloß, dem innen und außen jede Kunst abgeht.

Mein Kollege geleitete mich dann noch talabwärts bis zur Stelle, wo der Reichsgalgen gestanden, und zeigte mir darüber hin den Stammsitz des Gabriel Breig.

Den Galgenplatz weist heute noch mancher alte Bauer dem jungen; aber daß dort oben einst ein Bauernkönig gewohnt, wissen sie nimmer, und der Volksmann Gabriel ist längst vergessen, wie manch anderer Volksmann auch. Nur von den „alten Vögten" reden die Bauern noch und „von deren und des heiligen römischen Reichstals Gerechtsamen".

In den Oberharmersbachern regt sich heute aber auch noch die Erinnerung an die Reichsfreiheit ihrer Vorfahren in anderer Art. Sie spielen „die Herrenbauern" im Tale, haben leider die alte Bauerntracht ziemlich abgelegt, fahren mit eleganten Pferdegeschirren zu Markt und zeigen sich gerne als etwas „Besonderes".

Erklärlich und deshalb entschuldbar wird man diesen Zug finden. Bei den Oberharmersbachern war ja der Sitz der Reichstalbehörden, und wohl die meisten Reichsvögte stammten aus dem Obertal. Wenn sie also „ein kleines Stölzle" haben, die Nachkommen der alten Reichstalburen, so wollen wir ihnen das zugute halten. Denn viele Menschen bilden sich ja auf Dinge etwas ein, an denen sie so unschuldig sind, als die heutigen Oberharmersbacher an der einstigen Reichsfreiheit, auf Dinge, die weit weniger Bedeutung haben, als alte Bauernherrlichkeit im Kinzigtal.

GRENZSTEIN
ZELL-
REICHSTHAL

# Der Gotthard auf dem Bühl.

HOFSTETTEN.

## 1.

So oft ich in den achtziger und neunziger Jahren des vergangenen Jahrhunderts zur Sommers= oder Herbstzeit von meinem Altersparadies Hofstetten durch das reizende Waldtälchen dem Eden meiner Jugend= zeit, Hasle, zuwanderte oder von da zurückkehrte, saß bald unten, bald oben an der Straße ein alter Mann und klopfte Steine.

Unter seinem großen Filzhut quoll langes, graues Haar hervor, und ein glattes Gesicht mit blauen Augen und dünnen Lippen schaute nachdenklich auf die harten Geisberger Steine und satyrisch auf den Vorübergehenden.

Es schien als wollte er den ersteren, den weißen Kalksteinen, sagen: „Wenn ich nur ein Mittel fände, euch harte Kaiben weicher zu machen" — und mir, dem fast täglich Passierenden, rief seine Miene zu: „Du hast gut spazierengehen, du bist ein wohllebiger Pfarrer und ich ein geplagter Steinklopfer."

Seine Mienensprache gefiel mir. „Den Mann mußt du dir kaufen," sagte ich im stillen. Unsere Bekanntschaft war bald eingeleitet. Eines Tages war er eben im Begriffe, Feierabend zu machen, als ich an ihm vorbeikam, meinem Dörfchen zu. Seine Schaufel und die größeren Steinhämmer versteckte er in einem Graben und nahm einen leichteren Stein=hammer, an dem der leere Mostkrug hing, über die Schulter.

Ich schloß mich ihm an mit den Worten: „Jetzt gehen wir zusammen dem Dorfe zu." „Jo," er= widerte er, „ich gang (gehe) mit. Ich fecht (fürchte) Euch nit. Die andern Hofstetter fechten den Hans= jakob und getrauen sich nit mit ihm zu reden. Aber ich, der Gotthard auf dem Bühl, Weber, Sänger, Giger und Steinklopfer, ich hätt' schon lang gern einmal mit Euch diskurriert."

Hatte ich den Mann an der Landstraße schon

seiner Miene nach für ein Original gehalten, so machte mir seine erste Rede dies zur vollen Gewißheit. Ich war um so erfreuter, als das stille Dörfchen sonst arm ist an derlei Leuten.

Originale sind ja meist Menschen, die aus der Art schlagen, wie die Genies. Aber das macht ja beide Sorten von Menschen zu dem, was sie sind und gelten.

Die Hofstetter aber sind meist **einer** Art: stille, friedliche, arbeitsame Leute, wie das Menschengeschlecht sie überall hervorbringt, wo die Kultur die Natur noch nicht verdorben hat.

Nur **ein** Original hatte ich bis zu jenem Abend, da ich mit dem Gotthard zu reden kam, in der weit zerstreuten Gemeinde kennen gelernt, und das war der Dufner=Jörg von der Breitebene.

Einst Bauer, hat er, weil kinder= und weiblos — das Weib ist ihm davongelaufen — zeitig sich aufs „Leibgeding" begeben und lebt als Pensionär in einer alten Strohhütte auf der genannten Hoch= ebene, einsam, verlassen und fern von Dorf und Kirche. Er lebt karge Tage, denn seine Pension ist schmal, weil das Gut klein. Aber so oft sein Nach= folger auf dem Höfchen ihm seine Rate bezahlt in Korn, Hafer und Kartoffeln, leidet's den Alten nimmer auf den Bergen. Er bittet den eigenen oder den nächsten besten Bauer, der nach Hasle zu Markt fährt, ihm seine Leibgedingsrate mitzunehmen. Er selbst wandert schwerfällig und wackeligen Ganges hinter dem Wagen drein im langen schwarzen Samtrock, in den blauen Zwilchhosen, mit dem schweren Filzhut und dem großen Naturstock.

In Hasle verkauft er seine Ware möglichst schnell, kehrt dem Städtchen den Rücken und wackelt Hofstetten, seiner lieben Dorfgemeinde, zu.

Im ersten Haus des Dorfes wohnt der Lindenwirt. Da tritt der Jörg ein und trinkt ein „Viertele" Wein. Vom Fenster aus sieht er aber bei der Kirche drüben das zweite Wirtshaus zu den drei Schneeballen. Nach jedem Schluck schaut er sehnsüchtig hinüber zur „Schneeballe", und kaum hat er ausgetrunken, so geht der Jörg ohne zu zahlen und ohne „behüet Euch Gott" zu sagen, von dannen und dem andern Wirtshaus zu.

Der Lindenwirt beschreit den alten Bauersmann nicht. Er weiß, daß er bald wiederkommt und am Schlusse seiner Wanderung bis zum letzten Pfennig bezahlt.

In der „Schneeballe" angekommen, bestellt er ebenfalls ein Viertele, setzt sich ans Fenster und schaut hinüber zum Lindenwirt. Ebenso rasch wie das erste, wird das zweite Glas getrunken, und dann verläßt er die Schneeballe, wie vorhin die Linde, und wandert wieder dieser zu. Unterwegs murmelt er etwas in sein bartloses Gesicht hinein vom Frieden, den er halten wolle mit den zwei Dorfwirten, drum geht er von einem zum andern.

So marschiert der Dufner-Jörg vom Lindenwirt zum Schneeballenwirt und umgekehrt den ganzen lieben Tag lang. In welchem Wirtshaus ihn das Dunkel des Abends und des Geistes erreicht, da bleibt er über Nacht.

Ist sein Geld am Morgen noch nicht alle, so nimmt er mit Tagesanbruch die Arbeit des gestrigen Abends wieder auf, bis sein Silber und seine Nickel fort sind. Jetzt geht der Alte in die Dorfkirche, bittet Gott um Verzeihung seiner Sünden und wandert dann hinauf in die Berge und verschwindet von der Bildfläche des Dorfes, bis ihm sein Bauer die nächste Lieferung macht.

Um in der Zwischenzeit aber zu essen zu haben, arbeitet der Dufner-Jörg beim Bauer um karge Atzung, mit Entsagung der Tage hoffend, die ihn wieder hinabführen ins trauliche Dorf.

Schon mehr denn ein- und zweimal habe ich ihn von meiner Stube in den Schneeballen aus beobachtet auf seinem feuchtfröhlichen Wechselgang zwischen den zwei Wirtshäusern und mir immer gesagt: „Der Alte ist ein Original, wenn auch kein nachahmungswertes[1]." —

An jenem Abend, da ich zum erstenmal mit dem Gotthard zusammentraf, bekam der Dufner=Jörg, der bisher der einzige seiner Art war, bei mir einen gewaltigen Konkurrenten, denn der Gotthard übertrifft ihn um die ganze Länge seines „Weber=baumes". Drum schloß ich mich auch fortan enge an den singenden und webenden Steinklopfer an.

So oft ich gen Abend von Hasle oder vom Bächle=wald heraufschritt, nahm ich den Gotthard mit, und zusammen sind wir in den Abend hineingewandelt dem Dorfe zu. Oft saß er auch bei mir in meiner Ferien=Studierstube, einigemal war ich bei ihm in seiner Hütte „auf dem Bühl", und so kannte ich bald seinen Lebenslauf so gut wie den meinigen.

Gotthard, der Sänger, Giger, Weber und Stein=klopfer auf dem Bühl, entstammt einer Familie, in der, soweit des Hauses Überlieferungen reichen, Weber und Musikanten florierten. Großvater, Vater und Sohn trieben diese doppelte Kunst seit Jahrhunderten. Ja, das Gäßlein hinter der „Lindensteig", in welchem der Stamm „Kornmaier" — das ist Gotthards Ge=

---

[1] Der Tod hat den wackern Jörg jetzt auch schon lange geholt.

schlechtsname — von jeher saß, trägt von den musizierenden Webern den Namen das „Gigergäßle".

In den Dörfern des Schwarzwalds sind die Musikanten allzeit und bis heute nie Bauern, sondern stets Dorfhandwerker gewesen, wie Schneider, Schuhmacher, Schreiner und Weber. Der Bauer hat weder Anlage noch Zeit zum Geigen und zum Blasen. Sein mühsames Tagewerk, im Sommer auf dem Feld und im Winter in der Dreschtenne, läßt derartige Muse nicht aufkommen.

Der ärmste unter den Dorfmeistern ist in der Regel der Weber. Sein Beruf bannt ihn da, wo noch in alter Art gesponnen und gewoben wird, das ganze Jahr in seinen „Keller", wie er seine Werkstätte nennt. Wenig Licht und kaum ein Sonnenstrahl dringt in dieses tief gelegene Gemach, in welchem der Dorfweber einsam und monoton seinen Weberbaum schlägt, während die Bauern auf dem Felde hantieren und die Dorfschuster und Dorfschneider lustig mit ihren Lehrbuben auf den einzelnen Höfen draußen im „Kundenhaus" sitzen und gute Atzung haben.

Drum macht der Weber gerne mit, wenn es gilt, Dorfmusikant zu werden. Das Musikmachen gibt ihm Gelegenheit, sich bisweilen einen guten Tag zu verschaffen und aus seinem Keller herauszukommen, indem er seinen Mitmenschen bei Hochzeiten und Tänzen „aufspielt" und dabei doch mehr verdient als am Weberbaum.

So wurden die männlichen Mitglieder der Weberfamilie Kornmaier seit alter Zeit Musikanten, und so hat der Kornmaier-Andres, den ich noch wohl kannte in meinen Knabenjahren, seine Söhne Felix und Gotthard nicht bloß zu Webern, sondern auch zu Musikanten gemacht.

So oft sie aus der Dorfschule kamen, mußten sie, solange es Tag war und der Alte im Keller webte, ihm das Garn spulen, d. h. zurecht richten für den Webstuhl. Hatte der Vater aber Feierabend gemacht und zu Nacht gegessen, so gab er seinen Buben Unterricht in der Musik, und zwar dem Gotthard in Violin und Baßgeige und dem Felix in Klarinette.

Und vor fünfzig Jahren ertönte allabendlich Musik aus der Weberhütte auf die Lindensteige und ins stille Dorf hinab. Und als der Felix und der Gotthard aus der Volksschule entlassen wurden, konnten sie zwar weder perfekt lesen noch schreiben, aber um so perfekter musizieren.

Des Vaters Bruder, der Dorfschreiner, den sie vor kurzem erst begraben, war natürlich auch Musikant, als Sohn der Geiger= und Weberfamilie an der Lindensteig. Und nun ereignete sich die seltene Tat= sache, daß das kleine Dörfchen aus einer Familie eine komplette „Bande von Spielleuten" besaß, was bisher nicht vorgekommen.

Die Hoffstetter Musikanten mußten bis dahin sich meist einer auswärtigen Gesellschaft anschließen oder auswärtige Spielleute kommen lassen, wenn sie alle Instrumente, die zu einer ordentlichen Musik ge= hören, besetzen wollten. Jetzt aber waren die Korn= maier oben. Der alte Weber spielte Violin, der Schreiner Flöte, der Felix Klarinette und der Gott= hard die Baßgeige. Der „Scherenschleifer von Hasle", der in jenen Tagen Kapellmeister der berühmtesten Bande für Dorfmusik war, und mit dem alle Dorf=

wirte und alle Bauern=Hochzeitsleute ringsum und
weithin akkordierten, wurde eifersüchtig. —

Einsam sitzt auf trister Heide die Goldammer,
jener stille, melancholische Vogel des Finkengeschlechts.
Dieser Vogel, der unter dem Volke alle möglichen
Namen hat, heißt in und um Hasle „Hirschebüttel",
wohl von seiner Vorliebe für das Hirsekorn.

Einsam und genügsam standen noch in meiner
Knabenzeit an Markt= und Kirchtagen die meisten
Hoffstetter an den Straßenecken von Hasle. Sie
gingen in kein Wirtshaus, stumm und still verzehrten
sie ein Stück „Bäckenbrot" vor der Heimkehr. Drum
gaben ihnen die boshaften Haslacher den Spott=
namen „Hirschebüttel", den die heutigen Hoffstetter
nicht mehr verdienen, denn sie gehen ins Wirtshaus,
so oft sie ins Städtle kommen.

Als aber in der Jugendzeit unsers Gotthard
Alt=Hoffstetten mit einer eigenen Kapelle debutierte,
da schimpfte und höhnte der Scherenschleifer von
Hasle: „Jetz, bigott, goht d' Wält unter, d' Hirsche=
büttel mache Musik."

Er sollte aber noch Schmerzlicheres erfahren,
der alte Barde von Hasle. Von einem guten Bauern=
Hochzeitsmusikanten wird nicht bloß verlangt, daß er
geigen kann, er muß auch ein Sänger sein und seine
Melodien mit lustigen Liedern begleiten. Im Singen

war gerade der Scherenschleifer aber obenan. Er konnte die pikantesten „Ruppenlieder"[1] vortragen und war deshalb ein gesuchter Hochzeitsmusikant, weil er nicht nur den jungen „Völkern" auf dem Tanzboden aufspielen, sondern auch den alten Bauern und Bäuerinnen in der Wirtsstube etwas Lustiges vorsingen konnte.

Da hieß es auf einmal in und um Hasle, „'s Weber Kornmaiers Gotthard in Hoffstette" könne so schön singen zur Geige, daß der Scherenschleifer von Hasle gar nichts mehr dagegen sei.

Und in der Tat zeigte der Gotthard ein so ungemeines Talent zum Singen, daß der Schulmeister sich beeilte, ihn für seinen Kirchengesang zu gewinnen, und der junge Weber sich erbot, jede Stimme zu singen, die dem Lehrer beliebe, vom Baß-Buffo bis zum Heldentenor.

So wurde der Gotthard nicht bloß die Seele des Hoffstetter Kirchenchors, sondern auch der gesuchte Maestro unter den Hochzeitsgeigern des Tales. —

Ich habe den Gotthard und den Kirchenchor des kleinen Dörfchens schon oft singen hören und war jedesmal gerührt über den naiven, kindlichen Gesang.

---

[1] Ruppen = Raupenlieder werden im Kinzigtal schelmische, zweideutige Lieder genannt.

Wenn an Sonntagen die Morgensonne in das Kirchlein am Berge scheint, die gläubige Gemeinde dasselbe füllt in stiller Andacht und dazu der Kirchenchor seine einfachen Lieder erschallen läßt, stimmt mich das weit erhebender als der gleiche Gottesdienst in der berühmtesten Kathedrale.

So naiv müssen die Engel im Himmel singen wie die Hofstetter Natursänger und =Sängerinnen! Sie singen wie die Vögel, die auf den Zweigen wohnen. —

Der Scherenschleifer von Hasle war ein kluger Mann. Nachdem er sich ausgeschimpft und seinen ersten Schmerz verbissen hatte, überlegte er, wie die Konkurrenz der Weberkapelle an der Lindensteig zu überwinden und Gotthards Sang für die durstige Schleiferseele unschädlich gemacht werden könnte.

Er beschloß, den Gotthard für seine Kapelle zu gewinnen. Und da die Musikanten bekanntlich zu jenen Leuten gehören, die sich schlagen und vertragen, so gelang es ihm. Die Hofstetter Musikanten hatten ohnedies nicht oft Gelegenheit, Geld zu verdienen, während der Scherenschleifer Kundschaft und Re= nommee in allen Dörfern talauf und talab hatte.

Jahrelang spielte und sang so der Gotthard in der Kompanie Scherenschleifer, aber er sang stets allein und nie ein Duett mit dem Alten. Das hatte er sich ausbedungen. Sein Ruhm wuchs, weil er nicht allein Sänger, sondern auch Dichter war und gewandter Improvisator.

Und oft, wenn ein Dorfwirt oder Hochzeitsleute zum Scherenschleifer kamen, bedingten sie aus, daß er den Gotthard mitbringe, weil er „im Singen und Dichten" so viel leistete.

Das bekannte Volkslied „Oh, du lieber Augustin" variierte der Gotthard in unzähligen Texten und Melodien eigener Erfindung.

Aber er war mit der Zeit nicht nur ein berühmter Spielmann geworden, sondern auch ein tüchtiger Weber. Er hatte bei den Zunftmeistern in Hasle sein Gesellen= und sein Meisterstück gemacht, jeweils ein Tischtuch mit „Gebilg"[1], und der „Fuchsweber", ein Vetter von mir, ihm den Ritterschlag erteilt.

Wie viele glückliche Stunden habe ich in der Werkstätte von Gotthards Prüfungskommissär, beim Fuchsweber draußen in der „Vorstadt", verlebt. Sein Sohn, der „Xaveri", war der gewandteste Vogelnestfinder unter uns Buben und hatte stets Amseln und Drosseln neben den Webstühlen des Vaters, dem er, älter als ich, half bei seiner einsamen Arbeit.

Meiner Mutter webte der Vetter Fuchsweber

---

[1] Mit Bildwerk.

jedes Frühjahr das im Winter von ihr gesponnene Garn zu Tuch, und die Spinnerin brauchte mich nie zweimal zu heißen, nachzusehen, ob das Gewebe bald fertig sei, denn der Xaveri hatte stets ein Nest voll junger Amseln oder Drosseln in der Werkstatt, und der alte Weber mit seinem adeligen Rassekopf und der Pfeife im Mund imponierte mir längst.

Er war aber auch von erlauchtem Stamme, der Fuchsweber. Sein Großvater hatte mehr denn fünfzig Jahre lang die Kühe von Hasle gehütet. Und ein Kuhhirte, der treu und redlich so lange einer ganzen Gemeinde gedient, ist in meinen Augen ein um seine Mitmenschen weit verdienterer Mann, als ein General, der zu irgend welch dynastischen Zwecken Schlachten gewonnen und die Erde mit Menschenblut getränkt hat. —

Der Fuchsweber nahm also jeweils dem Gotthard das Staatsexamen ab. Und einmal Geselle, hatte dieser auch bisweilen schon einen guten Webertag. Jeder Webergeselle im Schwarzwald darf, wie der Meister, das von ihm gewobene Tuch der betreffenden Bäuerin an einem Sonntag selbst bringen und bekommt, wie ein Meister, einen Laib Brot und zwanzig Pfennig Trinkgeld und wird zum Mittagessen auf dem Hof eingeladen und kann bis in den Abend hinein rohen Speck essen und Kirschenwasser trinken.

Das sind Freudentage für arme Weber, welche die Woche über, nur von Erdäpfeln und Milch genährt, in ihrem Keller gearbeitet haben.

In seinen Gesellentagen avancierte Gotthard aber auch zum Kassier der Hofstetter und der Scherenschleifer'schen Spielleute, und das war ein Vertrauensamt allerersten Ranges. Beim Tanz geht der Kassier von Zeit zu Zeit mit einem Teller durch die Reihen der tanzenden Jugend und läßt sich von den Burschen den Spiellohn bezahlen. Wird bei Hochzeiten den älteren Leuten in der Wirtsstube von Tisch zu Tisch gesungen und gespielt, so nimmt der Säckelmeister den Sold ebenfalls in Empfang.

Ist der Mann unehrlich, so kann er, der von Mittag bis zum späten Abend, ja oft bis in den Morgen hinein, Geld in seine Taschen steckt, manch Stück wegtun.

Am Morgen, wenn alles gewichen ist aus dem Hause des Tanzens und Trinkens, wenn die Wirtsleute schlaftrunken sich anschicken, noch einige Stunden Ruhe zu suchen, sitzen in der Wirtsstube noch die Spielleute und teilen, ehe auch sie von dannen ziehen, den Spiellohn. Oft gibt's Streit, wenn einen oder den andern Mißtrauen gegen den Kassier erfüllt, und in blutigem Haber trennt sich manchmal die Bande.

Der Gotthard teilte, trotzdem sein Minnesang

am meisten verdient hatte, stets ehrlich, redlich und gleichmäßig mit seinen Kollegen. Und friedlich gingen sie jeweils heim, die „Pläsiermeister" des Volks. Und wenn die Hofstetter allein gespielt hatten, so teilten sie brüderlich wie Verwandte, und der alte Weber und sein Bruder Schreiner ließen dem Felix und dem Gotthard die gleiche Summe zukommen, wie die Altmeister sie erhielten. —

Auf jedem Tanzboden findet sich ein Podium für die Musikanten. Von diesem hohen Olymp herab musterte der blauäugige Gotthard während des Spielens die Töchter des Landes, d. i. seiner Gemeinde Hofstetten, wie sie an ihm vorüberwalzten. Und sein Blick fiel samt seinem Herzen aufs „Grundhüsli= Xaveris Theres".

Eine halbe Stunde von der Gigergasse, in tiefem Grunde, am Fuße eines Buchwaldes, liegt einsam das „Grundhüsli", ein kleines Taglöhnerhaus. Hier wohnt die Theres, welche der Gotthard auf dem Tanzboden kennen gelernt und mit der er drei Jahre Bekanntschaft hatte, ehe er ein eigenes Heim gründete und Hausbesitzer und Webermeister wurde.

In die Zeit seiner Verlobung fielen die Volks= missionen, welche zu Anfang der fünfziger Jahre Jesuiten und Redemptoristen in Baden abhielten, um die Schäden der Revolution von 1848 und 1849 auszumerzen und dem badischen Staat wieder das richtige Fundament zu geben.

In Gengenbach missionierten die Redemptoristen, in Hasle die Jesuiten. Vom ganzen Tale strömten „die Völker" und „die Buren" den Missionspredigten zu.

Ich war in jenen Tagen noch ein Knabe und wanderte mit der Großmutter und vielem Landvolk auch eines Tages von Hasle nach Gengenbach, um die dortige Mission mitzumachen. Der Pater Zobel, ein feuriger Redner, machte ungemeinen Eindruck auf das Volk. Er predigte scharf und kraftvoll, wie die Posaunen am jüngsten Tag.

Ich saß auf der Orgel und war einer der wenigen Zuhörer, die nicht gerührt wurden. Weil unbewußt einer schweren Sünde, meinte ich, die ganze Sache gehe mich nichts an, und ich schaute voll staunender Neugier in die Gesichter der alten Menschen, die dastanden mit den Mienen der Todesangst, als ob das Gericht Gottes über sie erginge.

Nach den zwei Morgenpredigten waren die Leute beim Mittagessen im Engel noch so traurig und ergriffen, daß es herging, wie bei einem Totenmahl, und ich den Pater Zobel im stillen meines lebensfrohen Knabenherzens verwünschte. Und merkwürdig, ich bin allzeit meines späteren Lebens ein großer Freund der Jesuiten gewesen, für die Redemptoristen aber konnte ich mich nie begeistern. Sie hatten es mir in Gengenbach angetan.

Sie predigten namentlich auch gegen das Tanzen, und es war in jenen Tagen, wie der Gotthard sagt, eine „trurige Zit" im Tale. Die Spielleute verdienten nichts. Außerdem lagen Hunger und politische Reaktion im Lande.

Einige Zeit nach den Redemptoristen kamen die Jesuiten. Sie machten es, wie der Gotthard erzählt, gnädiger und gingen dem Tanzen und den Spielleuten nicht so „aufs Leben". Und als die Missionsväter 1853 von Hasle auch nach Hofstetten kamen, um vor der Kirche das heute noch stehende Missionskreuz aufzustellen, da wurde der Gotthard zum Komponisten.

Der Lehrer und Organist des Dorfes war nämlich nicht wenig in Verlegenheit, wie er die verehrten Jesuitenpriester mit seinem Sängerchor am Portal der Kirche empfangen sollte. Er rief seine Sänger und Sängerinnen zusammen und teilte ihnen seine Verlegenheit mit. Ein „Begrüßungslied" fand sich nicht im musikalischen Archiv der Dorfsänger, und doch sollte ein solches gesungen werden. Man riet hin und her, niemand fand eine Lösung, bis der Gotthard rief: „Ich hab's, wir singen bigott ‚Gelobt sei Jesus Christus', das ist der schönste katholische

Gruß." Und alsbald setzte er diesen Text aus dem Stegreif in Noten, und als die Jesuiten eintrafen, wurden sie aufs passendste angesungen.

Heute noch erzählen die alten Hofstetter von jener Komposition Gotthards und von seiner Geistesgegenwart in der schwersten Stunde des bäuerlichen Kirchenchors. —

2.

Die fünfziger Jahre gestalteten sich in ihrer zweiten Hälfte besser, und der Gotthard beschloß, des Grundhüsli=Xaveris Theres in sein eigenes Heim zu führen. An der Gigergasse, gegenüber der Stamm= hütte der musizierenden Weber, steht einsam auf einem Bühl (Hügel) ein malerisch altes Haus mit einem großen, schönen Baumgarten. In dem Hause wohnte damals eine Hexe, die bereits einen Zimmer= mann, der das Haus gekauft, vertrieben hatte. Es war dies die Witwe des Taglöhners Breithaupt, der Hab und Gut verloren hatte. Seinem Weib war nur lebenslänglich eine Stube in der alten Hütte und der sechste Teil des Obstertragnisses im Baum= garten geblieben.

Ich hab' sie nimmer gekannt, wohl aber ihren halb blödsinnigen Sohn, den Erhard. Der war in meiner Knabenzeit in Hasle allgemein bekannt unter dem Namen „Weckefresser".

In festlichen Bäckerzeiten, wie an Weihnachten

und an allen Jahrmärkten, machen die Haslacher Zunftgenossen meines Vaters ein Gebäck aus Mehl, Milch und Butter, von ihnen und vom Volke „Wecken" genannt. Dieser Wecken verzehrte der Erhard eines Tages ein volles Dutzend, und von Stund an hieß er in Hasle „der Weckefresser von Hofstette".

So oft der lange Mensch mit seinen schielen Augen zu meiner Knabenzeit im Städtle sich zeigte, riefen wir Buben ihm zu: „Weckefresser, Weckefresser!" Und der gute Erhard lachte freundlich über diese Bosheit.

Noch in den achtziger Jahren des vergangenen Jahrhunderts sah ich ihn als greisen Mann mit den Dienstboten „in der Schneeballe" essen; denn die Wirtin gab dem Armen bis zu seinem Tode das tägliche Brot.

Der Weckenfresser hat nie ein Kind beleidigt, war Sohn einer „Hexe", der Spott böser Buben und bis an sein Lebensende ein armer, verachteter Mann und dabei glücklicher und zufriedener als Tausende vom Schicksal weit begünstigtere Menschenkinder. Sagt der Heiland nicht so schön: „Selig die Armen im Geiste, denn ihrer ist das Himmelreich" — das Reich des Friedens hüben und drüben! —

Von dem Zimmermann, den die Hexe vertrieben, kaufte der Gotthard Haus und Baumgarten samt

der alten Breithauptin um 1200 Gulden. Hundert
Gulden hatte er als Musikant verdient, und des
Grundhüsli=Xaveris Theres brachte ihm 600 Gulden
in die Ehe, so daß seine Schulden nicht groß waren.
Er hoffte mit seiner Geige die Hexe zu besänftigen
und so besser mit ihr auszukommen als sein Vor=
gänger.

Ich habe stets gefunden, daß große Musikanten
friedliche, gutmütige Leute sind. Und der Gotthard
war ein großer Volksmusikant. Er spielte Violine,
Baßgeige, Klarinette, dichtete und komponierte. Drum
glaubte er, wie einst Orpheus den Höllenhund ge=
zähmt, so dieses keifende Weib zur Ruhe zu bringen
durch sein Saitenspiel.

Drum zog er im Sommer 1857 wohlgemut
als Webermeister in das neue Heim und taufte sein
Haus: „Paragraph 1 in der Gigergasse." Er selbst
aber ward von Stund an im Dorf genannt „der
Gotthard auf dem Bühl".

Er errichtete seinen „Keller" und fing an, emsig
zu weben, und es war Frieden im Hause, bis der
Herbst kam und im Baumgarten die Äpfel und Birnen
reif aus dem Laube schauten. Jetzt sollte geteilt werden
mit der Breithauptin, und bei dieser Teilung gab's
die ersten Händel. Die Alte wollte die schönsten
Äpfel und Birnen und der Gotthard ihr nur ihren

Anteil „durcheinander, wie die Bäume sie gaben", überlassen.

So ward's mit dem Frieden aus; denn Weiber sind unversöhnlich, wenn sie hassen, auch wenn es sich nur um Äpfel und Birnen handelt.

Der Gotthard versuchte drum vergeblich, mit seinem Saitenspiel die Alte zu besänftigen. Wenn er nach einem Hochzeits- oder Tanztag nach Mitternacht oder am frühen Morgen, noch ehe der Hahn krähte, heimkam, so pflegte er regelmäßig noch einige Zeit für sich zu musizieren. In sinniger Weise wollte der Dorfmusikant, nachdem er den ganzen Tag und

GOTTHARDS HÜTTE AUF DEM BÜHL

die halbe Nacht hindurch andern Menschenkindern aufgespielt, sich selber noch eins aufspielen, um in stiller Ruhe seines Saitenspieles sich zu erfreuen, dem Medusenhaupt der alten Breithauptin ein Wiegenlied zu singen und sie so zum Frieden zu stimmen.

Aber kaum hatte er das erstemal nach der verfehlten Teilung in seiner Stube begonnen, seiner Geige die ersten Töne zu entlocken, als draußen im Hausgang die Kammertüre der Dame aufging und eine Stimme rief: „Leg Dich ins Bett, Du versoffener Musikant, und loß andre Lüt in Ruah. Hesch[1] de Tag über und in d' Nacht ni[2] nit gnueg giget, daß Du jetz noch im Hus Spektakel machst?"

Sprach's und schloß die Türe. Den Geiger aber ergriff's mit wildem Weh, daß sein Liebeswerben so fehlgeschlagen. Und dem wilden Weh folgte drum ein noch wilderer Zorn. Und in diesem Zorn ergriff er, was am nächsten bei der Hand war, öffnete seine Stubentür und bombardierte die Kammertüre der Alten mit dem Wasserkrug, den Milchhäfen und dem Spinnrad seines eigenen Weibes.

Die Breithauptin aber ließ mäuschenstill das Bombardement über sich ergehen und freute sich im

---

[1] Hast Du.  [2] hinein.

stillen über den törichten Mann, der seine eigenen
Sachen zerbrach an dem starken Holz ihrer Kammer=
türe.

Des rasenden Spielmanns Weib, des Grundhüsli=
Xaveris Theres, schwieg ebenso — aus Furcht vor
ihrem wild gewordenen Gotthard, aber es schmerzte
sie das Geräusch ihrer zerbrechenden Habe.

Hatte er das erstemal der Alten zulieb musiziert,
der Gotthard, so spielte er in Zukunft beim Nach=
hausekommen, wo er regelmäßig, wie es Spielmanns
Art ist, etwas hoch hatte — der Dame zuleid. Aber
den Schaden hatte doch immer er selber, denn sie
kreischte immer wieder das Lied vom versoffenen
Spielmann, und er bombardierte mit seinem neuen
Wasserkrug, mit neuen Häfen und mit dem wieder=
geflickten Spinnrad.

Ging ihm sein Wurfmaterial aus, so spielte er
auf seiner Geige weiter und sang dazu rezitando
der Hexe die schönsten Schimpfereien aus dem Steg=
reif seines übernächtlichen Spielmannsherzens.

Denn eine Hexe war sie, die alte Breithauptin,
das behauptete der Gotthard, solange er lebte; denn
sie hat ihm auch die eigenen Kinder verhext. Alle
bis auf eines, das einhüftig wurde, starben an den
Gichtern, welche der böse Blick der Hexe bewirkt
hatte. Daß an diesen tödlichen Gichtern des Spiel=

manns Trinken schuld sein könnte, daran dachte er nicht.

Sein Grimm wuchs mit jedem toten Kinde, um so mehr, als die Alte auch sonst seiner nicht schonte, wohin immer ihre Stimme drang. Und diese drang weit, weil ihre Besitzerin überall hinkam in Berg und Tal.

Die alte Breithauptin gehörte zu jener Sorte alter Hausierer und Hausiererinnen, denen auch mein Großvater angehörte, die dem Landvolk auf seine einsamen Gehöfte nicht neumodisches Lumpenzeug unter allerlei nichtsnutzigen Komplimenten offerierten, sondern Dinge, die das Volk brauchte und die es erfreuten.

Sie handelte mit Bändeln, Faden, Haften, Messern, Rosenkränzen und mit Kalendern. Sie gab ihre Ware billig, weil sie mit den Bauersleuten aß und trank und schlief, so oft und so lange sie auf dem Handel war.

Nebenbei erzählte sie, was das Volk und die Kinder zu allen Zeiten gerne gehört, von Hexen, Geistern und Gespenstern. Drum war sie, wie alle Hausierer der vergangenen Zeiten, ein willkommener Gast, wo immer sie hinkam, während der heutige Hausierer eine Last ist.

Kam sie in und um Hofstetten auf ihren Haus=

herrn zu sprechen, so regnete es schlechtes Zeugnis auf den Spielmann, Sänger und Weber Gotthard, und manche Bäuerin trug ihr Gespinst fortan nicht mehr „in die Gigergasse Paragraph 1", sondern zu einem andern Dorfweber.

Doch der Gotthard auf dem Bühl war nicht in alleweg auf die Bäuerinnen angewiesen. Er hatte sich Kundschaft auswärts gesucht und webte lange Zeit für Fabrikanten in Lahr drüben „bunte Zeugle" aus Baumwolle. Emsig saß er in seinem Keller und webte, so oft kein „Tanz" und kein „Hosig" im Tal war. Er webte und — rauchte. Und er rauchte so stark in seinem Keller, daß sein Gewebe mit Rauch über und über gesättigt wurde. Und wenn er nach Lahr kam mit seinen Zeugleballen auf dem Rücken, hatte die fünfstündige Reise über Berge und Täler den Rauch nicht herausgelüftet. Die Zeuglein rochen nach des Gotthards Knaster noch so kräftig, daß die Lahrer Fabrikanten dem Dorfweber das Rauchen verbieten mußten beim Weben. Aber der Gotthard hielt das nicht aus, er rauchte weiter und brachte seine Zeugle rauchduftend so lange nach „Lohr", bis ihm die Arbeit gekündigt wurde.

Der Gotthard opferte, wie sehr viele Menschen in ähnlicher Lage, seine Zeuglefabrikation seiner Leidenschaft zur Pfeife und gründete neben seiner

Dorfweberei und der Hoffstetter Musikbande eine neue Kompanie von Spielleuten.

Drüben über der Heidburg auf luftiger Bergeshöhe liegt das Dorf Prechtal mit einem derblustigen Bauernvolk. Starke Männer mit dem alten Schweizerbarte ihrer Ahnen, die nach dem Dreißigjährigen Kriege in die ausgestorbenen Gehöfte des Prechtals gezogen waren, und schlanke, stattliche „Wibervölker" wohnen im „Prächt".

Hier wird mehr getanzt und geheiratet als im kleinen, stillen, frommen Hoffstetten, und drum verband sich der Gotthard mit drei Prechtäler Spielleuten, die eines Geigers und Sängers bedurften und beides in Gotthard in Folio fanden.

Der Schnider-Sigmund blies das Horn, der Schriner-Cölestin den Bombardon, der Weber-Xaveri die Klarinette und unser Gotthard spielte die Geige.

Die Zusammensetzung der Instrumente war neu und eigentümlich und machte deshalb doppelt Furore. Bald war der Bühl-Gotthard auch im Elztal, auf dessen letztem Ausläufer Prechtal liegt, berühmt als Geiger und Sänger. Stolz kehrte er jeweils von seinen Kunstreisen jenseits der heimischen Berge zurück.

Aber sein Ruhm vermehrte nicht den Frieden seines Hauses. Die alte Breithauptin tobte, so oft

er heimkam und für sich konzertierte, und fast regel=
mäßig bombardierte der Spielmann Türen und
Fenster.

Eines Tages wird er krank. Die „Durschlechten"[1]
gehen im Dorfe um und befallen auch den Weber
in der Gigergasse. In schwerem Fieber liegt er in
seinem Bette. Da öffnet sich unverhofft die Kammer=
türe und herein schaut die Hexe. Höhnisch grinsend,
ruft sie dem kranken Spielmann zu: „Holt Dich
jetzt der Teufel bald, Du versoffener Musikant?" —
schlägt die Türe zu und geht von dannen und in
ihre Stube.

Das war denn doch dem Gotthard der „leze"
Krankenbesuch und der Bosheit zu viel. Aus seiner
Fieberglut erhob er sich wie ein Gesunder, stürmte
dem bösen Weibe nach, schlug in der Macht seiner
Fieberhitze die Türe ein, prügelte die Alte und zer=
trümmerte, was ihm unter die Fäuste kam. Dann
legte er sich wieder zu Bett, wo alsbald ein Rückfall
eintrat, der ihn dem Tode nahe brachte.

Eilig rannte sein braves Weib Hasle zu, um
den Doktor und den Kaplan zu holen, den ersten fürs
Leben, den andern für den Tod. Der Hüsle=Xaveris

---

[1] So nennt das Volk im Kinzigtal die Blattern,
weil sie die Gesichtshaut durchschlagen.

Theres aber voraus raste die geprügelte Breithauptin nach dem Städtle, um den Gendarm zu holen wegen Mißhandlung und Sachbeschädigung.

Eine Stunde später hielten drei Männer von Hasle her ihren Einzug in der Gigergasse und traten in das Haus Paragraph 1. Es waren der Doktor, der Kaplan und der Gendarm.

Hatte der kranke Spielmann schon einen eigenartigen Besuch gehabt beim Erscheinen der alten Hausiererin, so war das Eintreten von Arzt und Priester mit einem Gendarm auch etwas Rares. Ein Kranker, der inmitten der Krankheit solche Taten vollbringt wie der Gotthard, gehört aber auch zu den Seltenheiten.

Der Arzt sendet zuerst den Mann der Gerechtigkeit aus der Kammer des Kranken unter Hinweis auf dessen Zustand, der keine Inquisition vertrage. Der Kaplan bereitet ihn auf die Ewigkeit vor. Doch der Gotthard kommt nach langen Wochen davon, und außer der Breithauptin denkt niemand, auch kein Gendarm mehr, an das, was der Weber im Fieberzorn verübt.

Bald spielt der Bühl=Gotthard wieder bei Tänzen und Hochzeiten und dann spät abends oder in der Frühe in seinem Hause, sich „zur Freud und der Hexe zu Leid".

Diese wurde steinalt und wollte, so gerne der Weber ihr zum Ärger musizierte, nicht sterben. Mit Schmerzen warteten der Gotthard und sein Weib auf den Tod dieses Hauskreuzes; mehr als ein Vaterunser hatten beide gebetet an Sonntagen in der kleinen Dorfkirche um Erlösung von der Breithauptin, die schon so manches Spinnrad, manchen Wasserkrug und zahlreiche Milchhäfen gekostet, weil sie den Spielmann nicht unbeschrieen spielen ließ.

Doch die Hausiererin hatte ein zähes Leben und tat weder dem Gotthard noch seinem Weib den Gefallen, nach ihrem Wunsch das Zeitliche zu segnen. Ja, die Weberin starb vor ihr nach langem Siechtum.

Mit ihr schied der gute Geist aus Paragraph 1 der Gigergasse. Der Gotthard heiratete zwar, um nicht mit dem bösen Geist allzulange allein im Hause sein zu müssen, bald wieder, aber die zweite Frau, Walburg, eine Mühlenbacherin, ersetzte ihm des Grundhüsli=Xaveris Theres nicht. Diese konnte schweigen, wenn er musizierte und bombardierte, besorgte emsig das Kühlein im Stall und wartete des Kraut= und Baumgartens um das Haus.

Bald nach der Theres starb noch die Hofstetter Spielmannszunft. Der alte Weber=Vater ging den Weg alles Fleisches, sein Schreiner=Bruder wurde älter und mochte nicht mehr blasen, und des Gott=

hards Bruder, der Felix, gründete ein eigenes Geschäft als Weber und wurde zugleich Sakristan an der Dorfkirche. Ein Sakristan darf aber nicht mehr aufspielen bei Hochzeiten und Tänzen; das paßt nicht für einen Kirchendiener, und der Pfarrer von Hasle leidet's nicht.

Schon vor dem Gotthard lernte ich den Felix kennen, weil er mir seine Sakristansdienste weihte vom ersten Tage an, da ich in Hofstetten meine Ferien zubrachte.

Er hatte sein Häuschen an der Dorfstraße und saß den ganzen Tag über unermüdlich in seinem Keller und webte; denn er hatte weit mehr das Vertrauen der Bäurinnen und deshalb auch entsprechend mehr Arbeit als der lustige Musikant Gotthard.

Dreimal des Tages verließ er seinen Keller, um die Betglocke zu läuten. Und wenn er morgens in aller Frühe über die Brücke schritt am Dorfbach, dröhnte sein Schuhwerk so mächtig in mein Schlafzimmer, daß er mich regelmäßig weckte.

Hatte er aber einmal die Glocke angezogen, so wurde es lebhaft ringsum im Dörfchen. Wendel, der Dorfschmied, fing an zu hämmern, die Knechte trieben unter Peitschenknallen das Vieh an die Brunnen, die Bauern „dengelten" (schärften) ihre Sensen — und mit meinem Morgenschlaf war's aus.

Wenn ich dann bisweilen dem Felix am Morgen in der Sakristei sagte, er gäbe jeweils durch sein Kommen und sein Läuten das Zeichen zur Störung meines besten Schlafes, da lächelte er aus seinem gutmütigen, mit einem Schnurrbart verzierten Gesicht heraus und meinte: „Wenn der Mesner läutet, darf der Pfarrer nimmer lang im Bett liegen, so ist's überall in der Welt."

Nie hätte ich, nachdem ich den Gotthard kennen gelernt, geahnt, daß beide Brüder wären. Der Unterschied war zu groß. Der eine, der Felix, still, steif, langweilig und von billigster Denkungsart, der Gotthard lebhaft, beweglich, unterhaltend und ein Schlaumeier erster Güte.

Ich konnte nie begreifen, daß der Felix einmal das Zeug zu einem Dorfmusikanten gehabt haben sollte, und der Gotthard bestätigte meinen Zweifel, indem er von ihm behauptete: „Er isch nie kein rechter Musikant gsi (gewesen); er het si Sach herblose ohne Genie!"

Der Felix aber kritisierte den Bruder Gotthard in volkstümlicher Weise ganz echt, wenn er ihn „für einen närrischen Kerle hielt, der einen Sparren zu viel habe".

Echte Musikanten, Dichter und Sänger gelten im Volke als Abarten und „närrische Kerle".

Und es liegt tiefe Wahrheit in dieser Anschauung. —

Es war für den Gotthard ein schwerer Verlust, daß die Dorfkapelle, deren Seele er gewesen, einging. Dazu schied der gewiegteste Bandenführer im Kinzigtal, der Scherenschleifer von Hasle, auch aus dieser Zeitlichkeit. Es bildeten sich neue Banden unter neuen Führern im Tale, und der Stern Gotthards kam ins Sinken.

Zwar verband er sich anfangs der siebenziger Jahre noch mit dem berühmten Trompeter „Christian", den wir aus den „wilden Kirschen" kennen. Er begleitete mit diesem die Haslacher auf Ausflügen, wobei die beiden den musikalischen und gesanglichen Teil besorgten. Der alte Christian blies Trompete, der Gotthard geigte, jener sang Baß, dieser Tenor. Und es war keine kleine Ehre für den Dorfweber, mit dem berühmtesten Haslacher Pläsiermeister auf al pari zu stehen, mit ihm Gastspiele geben und die Städtle-Bürger unterhalten zu können.

Noch erzählte der Gotthard mir mit Entzücken, wie er 1874 einmal bei einem Ausflug des katholischen Kasinos von Hasle mit dem Christian Furore gemacht habe in Ettenheim.

Aber die Haslacher haben zu keiner Zeit ihre Pläsiermeister bezahlt, und so verdiente der Dorf=

weber nicht nur nichts mit seinen Gastrollen, sondern die Ehre kostete ihn noch sein sauer verdientes Webergeld.

Geld mit Musizieren verdiente er nur noch mit seinen Prechtäler Kompagnons, die ihn hinüberriefen, wenn drüben was los war, und die er, nachdem die eigene Kapelle eingegangen, herüberholte, wenn im Dorf gespielt werden sollte.

Aber ein armer Mann blieb der Gotthard allzeit, während der Felix mit Hilfe seines energischen Weibes ein Kapitalist wurde, was einem Dorfweber und Dorfsakristan höchst selten passiert.

Eines Tages stand ich in den neunziger Jahren mit dem Schneeballenwirt auf einem seiner Äcker, auf dem die „Mesmerin" taglöhnerte. Couragiert, wie sie ist, mischte sie sich in unser Gespräch und sprach im Verlauf desselben von Staatspapieren und besonders von den Portugiesen.

Mich erfaßte ein wahrer Schrecken ob ihrer Worte; denn ich hätte eine Minute zuvor noch meinen Kopf gewettet, daß in allen Bergen und Tälern ringsum keine bäuerliche Seele sich kümmere um Staatspapiere, Kurs und Börse.

Noch Tags zuvor hatte ich das Weib am Dorfbach gesehen bei einer urechten Volkswascherei. Sie wusch frisch geschorene Schafwolle, um ihrem Felix und den Kindern Strümpfe daraus zu stricken, und heute sprach sie von Portugiesen und vom Fallen der Kurse. Ich aber sagte mir, was soll aus der Welt noch werden, wenn unsere Bauernfrauen und „die Wibervölker" im Schwarzwald von solchen Dingen reden. Wie lange werden sie da noch Wolle waschen und Strümpfe stricken wollen! —

3.

Ein guter Tag ging dem Gotthard auf, als die alte Breithauptin das Zeitliche segnete. Sie hatte ihm aber die Zeit lang gemacht und war fast neunzig Jahre alt geworden, ehe sie ihre Herberge in der Gigergasse für immer verließ. Freudig folgte der Hausherr dem Leichenzug, denn jetzt konnte er unbeschrieen geigen, ohne mit seiner eigenen Habe das Spielgeld bezahlen zu müssen.

Die Hausiererin war so alt geworden, daß das „urkräftige" Kind des Webers, das einzige, welches die Hexe durch ihren giftigen Blick nur „gestreift" und nicht getötet hatte, zur Jungfrau herangewachsen war. Der Gotthard kann sie aber neben der zweiten Frau im Hause nicht haben, da Stiefmütter und Stieftöchter in der Regel zueinander stehen wie Hund und Katze. Die Tochter will deshalb „dienen".

Eine Weberstochter auf dem Land geht viel lieber ins Städtle zum Dienen als zu den Bauern.

Sie kennt die harte Feldarbeit nicht so wie die Töchter des Bauers und Taglöhners.

Im „Städtle" wohnte aber damals noch die Schlosser=Müllerin, eine Dame für alle Nöten. Sie war Magdverdingerin, Pfandleiherin, Beraterin und Kommissionärin in allen weiblichen Angelegenheiten.

Schon in meiner Knabenzeit war sie geachtet und gefürchtet. Sie verstand keine Hexenkünste und keine Sympathie, aber schlau war sie und nie verlegen in Auffindung von Hilfsmitteln.

Ihr Mann, einst Schlosser, in meinen Bubenjahren aber schon Taglöhner, war ein biederer Schwyzer, der, auf der Wanderschaft in Hasle „hängen geblieben", durch seinen vielen Durst sich rasch an die Haslacher Sitte und Luft angewöhnt, bald aber Hab und Gut verloren hatte.

In meinen Knabenjahren machte er jeweilig meiner Großmutter das Holz, das ich so ungern, wenn's gespalten, auf die Bühne trug. Der Schlosser= Müller schnupfte ebenso gern, als er trank, und so oft er Holz bei der Großmutter machte, mußte ich ihm aus deren Kramladen gratis seine Dose füllen.

In steinernen Häfen hatte meine Ahne den Schnupftabak, und mit einem hölzernen Löffel ward er herausgeholt. Und es machte mir viel mehr Ver=

gnügen, dem Schwyzer seine Dose zu füllen und möglichst voll zu pressen, als Holz zu tragen.

Seine erste Frau war noch mit meiner Großmutter verwandt gewesen, und er titulierte deshalb diese stets mit „Frau Bas". Die Frau Bas war aber auf den Vetter Schlosser nicht gut zu sprechen, und so oft ich kam und bat, seine Dose füllen zu dürfen, sprach meine Muhme: „Der Lump kann nicht einmal mehr seinen Schnupftabak bezahlen, er könnt's gut haben, hat aber alles vertan."

Hatte er seinen Tabak, so beorderte er mich nach einiger Zeit, ihm bei meiner Mutter ein Viertele Schnaps zu holen. Da hieß es dann wieder: „Der Lump hat das letzte Viertele noch nicht bezahlt."

In teils kindlicher, teils boshafter Art sagte ich ihm einmal: „Schlosser-Müller, die Mutter und die Großmutter schelten immer, wenn ich für Euch etwas holen soll, und heißen Euch Lump."

„Büble," meinte er ruhig und sägte sein Holz weiter, „loß d'Wiber schwätze."

Daß er den Schimpf so ruhig hinnahm, setzte mich in Staunen, weil ich damals noch keine Ahnung von der Existenz solcher Philosophen des Gleichmuts hatte.

Ich hatte den Schlosser-Müller, den sie schon vor Jahrzehnten begraben, längst vergessen, als der

Gotthard mir ihn wieder wachrief, indem er seine Frau nannte.

Die Schlosser=Müllerin hatte aber keinen „Platz" im Städtle für des Spielmanns Tochter und placierte sie deshalb in Bibere (Biberach) beim „Rebbur", zwei Stunden talabwärts von Hasle, wo die Bauern keine so beschwerlichen Höfe haben wie im Obertal und vielfach noch Weinbau treiben.

Trotz ihrer Einhüftigkeit findet des Gotthards Maidle nach Jahr und Tag einen Hochzeiter in Gestalt eines vermöglichen Bauernsohns. Der Gotthard will nun seiner Tochter „Paragraph 1 in der Gigergasse" samt Baumgarten und Schulden übergeben und nur seinem Weberkeller und seiner Geige leben, aber die Tochter will nicht. Drunten im Tal ist es schöner und die Leute sind lustiger, weil guter Wein gedeiht an den sonnigen Halden. Sie sitzt mit ihrem jungen Mann „z'Herbet"[1] in Fußbach und lebt von seinem Geld und seinem Taglohn.

Doch der alternde Spielmann läßt sich nicht lumpen; er gibt seiner Tochter, was er kann, einige hundert Mark, die seine Schulden vermehren helfen, aber zeigen sollen, daß der Gotthard kein Bettelmann sein will.

---

[1] Zur Herberg, d. i. in einer gemieteten Wohnung.

In Fußbach, oder wie die Kinzigtäler sagen, „im Fuoschbe", sind nicht lauter glückliche Sterbliche. Es ist dort die große Pflegeanstalt für die Armen des Kinzigtales. Manch „wilde Kirsche" verlebt dort ihre letzten Lebensjahre, nachdem Mißgeschick oder eigene Schuld sie unter die Armen gestoßen.

Ja, viele Originalmenschen leben in solchen Anstalten, denn der Originalmensch hat weit eher das Zeug zum „Verkommen", als der billige Denker und die Durchschnittsware unter der Menschheit.

Was die armen Kinzigtäler „im Fuoschbe" am meisten plagt, ist das Heimweh. Ehedem besaßen die armen, alten Leute wenigstens eines noch, das Recht auf ein Stüblein in der Hütte, in der sie geboren. Verarmten sie auch ganz, so blieb ihnen doch dieses Stüblein im Vaterhaus mit all den Erinnerungen an die selige Jugendzeit. Gute Menschen in und außerhalb der Hütte speisten sie — um Gotteslohn, und Berge, Täler, Wälder und Matten der Heimat erfreuten ihren Blick und ihr Herz.

Jetzt nimmt die gemütlose Humanität unserer Zeit sie fort aus der dunkeln Stube, aus der elenden Strohhütte und bringt sie in große, helle Räume, speist und tränkt sie besser, als sie es daheim an Sonntagen hatten, und doch sind die meisten dieser Armen sterbensunglücklich aus Heimweh.

Es ist so kalt ringsum in der Anstalt und so warm in der heimischen Hütte und so sonnig auf den einsamen Bergen der Heimat.

Schon mehr denn einen solcher Armen habe ich diese rührende Klage aussprechen hören und die Tränen gesehen, die sie weinten aus ungestillter Sehnsucht nach der Hütte, in der sie geboren, und nach den Bergen, auf denen sie gelebt.

Es ist unserer Zeit ganz eigen, in den Armenanstalten für den Magen und in den Schulhäusern für den Kopf zu sorgen, aber überall bei unseren modernen Humanitäts= und Bildungsanstalten geht das Herz leer aus. —

Bald sollte des Gotthards Tochter die Armut „im Fuoschbe" kennen lernen. Ihr Mann starb, und um seines hinterlassenen Geldes willen fand sie leicht einen zweiten, der einen schwunghaften Handel anfing mit Hühnern und Hähnen nach Straßburg. Weil er selbst dabei federleicht war, hatte er bald ausgehandelt, worauf er sich gleichfalls zum Sterben niederlegte.

Des Spielmanns Tochter aber wurde mit ihren Kindern „ortsarm" und holt ihr tägliches Brot in der Anstalt.

Der Alte in der Gigergasse kann ihr nicht helfen. Er kämpft selbst mehr und mehr mit des Lebens Not, aber er trägt sie, wie große Menschen sie tragen, und — geigt dazu.

Längst ist sein Ruf als Sänger dahin. Er thront nicht mehr auf der Empore der Kirche, sondern muß unten ins Schiff, wo die Nicht=Choristen und Bauern stehen.

Seine Hofstetter Kapelle ist tot. Er allein spielt noch fort mit den Musikanten im „Prächt". Aber auch diese sind nicht unsterblich, und andere treten an ihre Stelle, die von dem Spielmann jenseits der Berge nichts mehr wissen wollen. Und im eigenen Dorfe entsteht mit der Zeit eine neue Spielmannskompanie. Des Schreiners Buben und ihre Kameraden gehen nach Hasle, wo der Sohn Lamberts, des Schmieds, des großen Kapellmeisters meiner Knabenzeit, den Amboß des Vaters behämmert und ebenfalls Maestro ist. Bei ihm studieren die Hofstetter und errichten nach vollendeter Lehrzeit eine Dorf=Blechmusik, spielen bei den Hochzeiten und Tänzen und legen den Gott=hard zu den toten Spielleuten.

Das stimmt ihn bisweilen melancholisch, und mit Recht beklagt er sich über die neumodische Musik auch vom Standpunkt der Volkspoesie aus. Zu einer echten, rechten Volksmusik gehören die Geige und die Klarinette. Je mehr diese schwinden, schwindet auch der Spielmann, wie er auf dem Dorfe sein soll.

Aber wenn er melancholisch wird am Grabe seines Musikantentums, der alte Spielmann, dann nimmt er seine Geige, geht in der Stube oder in seinem Grasgarten auf und ab und trägt das ganze Weh seiner Seele in die Saiten seiner alten Volksgeige. Und das ist ein großer Zug des armen Webers in Paragraph 1 der Gigergasse.

Aber nicht bloß die Geige trägt nichts mehr ein, als den Trost in der Schwermut, auch zum Weben gibt's jedes Jahr weniger. Auf die höchsten Berge und in die einsamsten Täler kommt der moderne Hausierer, meist ein Sohn Israels, bringt allerlei Lumpenzeug und verdrängt die Kleider aus selbst= gesponnener Leinwand. Viele Dorfweber haben nicht mehr jahraus, jahrein Arbeit, und zu denen gehört vorab der Gotthard, dem die andern Meister im Dorfe, sein Bruder Felix, sein Vetter Gordian und der Leopold Schätzle im Oberdorf, Konkurrenz machen, weil sie weder Spielleute noch „närrische Kerle" sind.

Aber auch in dieser Not zeigt der Mann in der Gigergasse schon seit Jahren sich groß. Er webt, so lange eine Bäuerin ihm ihr Garn anvertraut, und ist diese Zeit vorüber, so sucht er Arbeit, wo er sie findet.

Bei den Bauern ist ein Musikant und Geigen= streicher kein gesuchter Arbeiter. Bei denen kann der

Gotthard also nicht wohl unterkommen, wenn sein Weberschifflein stille steht. Das weiß der Gotthard nur zu gut, und er sucht nach anderer Arbeit, um die wenig Menschen sich bewerben. Er entschließt sich, Steinklopfer zu werden. Aber die Steinklopfer in Hofstetten, welche die Steine zerschlagen für die Straße von Hasle bis auf die Wasserscheide zwischen Kinzig und Elz, bilden eine Zunft, in die nicht leicht einer aufgenommen wird. Es sind zwar nur ihrer zwei, der „Rain=Philipp" und der „Bühl=Felix", aber sie halten ihren Steinklopfer=Ring hoch.

Beide brave, fleißige, sparsame Menschen, lassen den armen Weber und Spielmann eintreten, aber nicht al pari, sondern nur als Untersteinklopfer, der von jedem Meter Steine, das er geklopft hat, den zwei Gründern am Rain und auf dem Bühl einige Pfennig Gewinn abtreten muß.

Auch das läßt sich Gotthards großer Geist gefallen, und seitdem sitzt er zur Sommers= und Herbstzeit auf der Straße, klopft Steine und philosophiert. Er verdient zwar selten viel über eine Mark, oft nur neunzig Pfennig pro Tag, aber es ist doch etwas, und große Menschen schaffen ja meist um kleinen Lohn.

Kommt dem geistreichen Steinklopfer am Abend bisweilen der Gedanke, daß er eigentlich pro nihilo, für nichts, auf der Landstraße gesessen, und will des

Lebens Mut darob ihm sinken, so greift er noch zur Geige, spielt und singt eins, und „alles ist wieder gut".

Selten trifft's ihm an Sonntagen einen Schoppen im Wirtshaus. Kommt er aber einmal dazu, so setzt er sich kühn unter alle Gäste und spielt nicht den armen Weber, sondern den kühnen Sprecher. Er wird dann böse, wenn er spricht und man ihm nicht mit der gebührenden Aufmerksamkeit zuhört.

Was seine Beredsamkeit stört, sind zwei Redensarten, die immer wiederkehren und die heißen: „Wia gsait"[1] und „dä Weg und jä Weg"[2].

Als er eines Tages im Wirtshaus zum Schulmeister sich setzte und begann: „Wia gsait, Herr Lehrer, dä Weg und jä Weg" — und der Angeredete sich alsbald entfernte, rief der Gotthard: „Der Malefiz-Schulmeister het kei Bildung, bim beste G'spräch stoht er uf und goht. Wia gsait, dä Weg und jä Weg!"

Bisweilen singt er auch beim Schoppen und erfreut die Gäste sowohl durch seine Stimme als durch den Text seiner eigenen Liederdichtungen. —

Die Sonntage aber, an denen es zu einigen Gläsern Wein langt, sind selten; drum macht der alte Spielmann an diesen Tagen öfters eine Fahrt

---

[1] Wie gesagt.  [2] Den Weg und jenen Weg.

auf die Berge, wo Bauern wohnen, die mit Kirschen- und Pflaumenwasser nicht geizen.

Ein Sonntag in Hofstetten ist ein stiller Gottestag, wie er sein soll. Schildern wir einmal kurz einen solchen aus dem Ende der achtziger Jahre, wo ich noch oft im Dörflein weilte.

Wenn der Felix das erste Zeichen zum Gottesdienst gibt, regt sich's im Dorf. Wendel, der Schmied, mein nächster Nachbar, kommt, frisch rasiert, in strahlend weißen Hemdärmeln unter die niedere Haustüre. Während die alte, fromme Dorfnäherin, die das Häuschen neben der Schmiede bewohnt, sich schon anschickt, zur Kirche hinaufzueilen, sonnt sich der Wendel noch in der lieben Sonntagssonne. Jörg, der Schneeballenwirt, erscheint ebenfalls hemdärmelig auf der steinernen Vortreppe seines Hauses und schaut mit verschränkten Armen das enge Tälchen des Ullerst hinauf. Dann ruft er seinem Nachbar zu: „Wendel, hüt komme fufzehn Lohrer und welle Forelle. Kannst mit Dim Vater noch a paar fange no der Kirch!"

Felix, der Mesner, gibt das zweite Zeichen, und allmählich kommt das Volk von den Bergen herab und aus den Tälern hervor, der Bühl-Felix, der Obersteinklopfer, unter den ersten; denn er versieht das prosaische Amt des Balgtreters.

Unter den Frauen mit den goldbordierten Spitzen=
kappen und neben den Mädchen mit den roten Röcken
und blauen Miedern nimmt sich der Bühl=Felix aus
wie eine entlaubte Trauerweide in einem Blumen=
garten.

Über die Dorfbrücke schreitet energischen-Schrittes
der Bürgermeister Maier, ein stattlicher Mann, der
schönste Bauernkopf im ganzen Tal, wenn er nur
die alte Tracht tragen wollte. Bald hinter ihm
kommt der Ratschreiber, ein kleines, kluges Männlein.
Der Lehrer überholt sie beide, mit seiner neuesten
Messe der Kirche zueilend.

Dort unten wandelt eben der Kaplan von Hasle
dem Dörfchen zu, Angst in der Seele, bis die Predigt
vorüber ist.

Auf dem Platze vor der Kirche ist jetzt ein ziem=
liches „Lütspiel"[1]. In Gruppen stehen die „Manns=
völker" beieinander und „halten Rat", bis der Kaplan
in der Sakristei ist. Jetzt läutet der Felix zusammen,
und alles strömt dem Gotteshause zu.

Wendel, der Schmied, zieht nun auch seinen
Sonntagsschoben an und geht langsam den gleichen
Weg. Ihm nach, eiligen Schritts, Jörg, der Wirt.

---

[1] Eine Menge Leute heißt im Kinzigtal ein „Lüt=
spiel" oder ein „Lütleben".

Der letzte Ton ist verklungen. Stille und immer stiller wird's auf der Straße. Da wandern noch zwei Gestalten von der Lindensteig her über die Brücke dem Kirchlein zu. Sie kommen näher, und ich erkenne den Gotthard auf dem Bühl, im langen, blauen Sonntagsrock, und neben ihm seinen Freund, den „Sau=Alise", im alten, trachtenechten, schwarzen Samtrock.

Der Alise, einst Besitzer eines schönen Gütchens und Sauhändler, hat längst ausgehaust und ist Straßenwart und so Freund des Steinklopfers Gotthard geworden. Auf der Straße verkehren sie täglich miteinander, besprechen den Wechsel der Zeiten und reden vom Durst.

Der Sau=Alise ist Realist in der verwegensten Bedeutung des Wortes und von Melancholie so weit entfernt, als sein Reichtum von dem Rotschilds.

Sie diskurrieren heute leise miteinander auf dem Kirchgang. Es ist Sonntag, keiner von beiden hat Geld, drum wird besprochen, welche Bauern sie am Nachmittag besuchen wollen. Hinter der Kirche verschwinden sie meinen Blicken.

Eine Stunde später, und das „Lütspiel" bewegt sich aus der Kirche dem Dorfe, den Tälern und den Bergen zu. Einzelne wenige ziehen gen Hasle, um zu „kromen", noch weniger kommen ins Wirts=

haus, der eine hat eine „Leidschenke"[1] zu zahlen, der andere bestellt ein Taufessen für die kommende Woche.

In hellen Scharen zieht das Volk, Frauen und Mädchen malerisch gekleidet, „heime zua"; Berge und Wälder ringsum glänzen in der Mittagssonne. Alles erinnert uns an die Worte des Dichters[2]:

> O grüne Täler, o dunkle Höh'n,
> O Schwarzwald, wie bist du so schön, so schön!
> Von deinen Bergen, o lieblich Bild,
> Wie lächelt der Himmel auf dein Gefild!
>
> Der Himmel, auf den dein Volk vertraut,
> Fromm glaubend und betend aufwärts schaut.
> Aus treuem Herzen ruf ich dir zu:
> O Schwarzwald, o Heimat, wie schön bist du! —

Bald nach Mittag schreitet der Felix wieder über die stille Dorfstraße der Kirche zu; wieder steht Wendel, der Schmied, hemdärmelig unter seiner Haustüre. Der Felix läutet zum Rosenkranz. Aber nur wenige Frauen und Mädchen aus dem Dorf folgen dem Glockenruf.

Hinter ihnen erscheinen abermals der Gotthard und der Sau=Alise. Der erstere hat sein Kölner=

---

[1] Essen und Trinken nach einem Begräbnis.
[2] Hans Grüninger in seinen Gedichten vom „Wegrain".

pfifle im Mund und schmunzelt vergnügt vor sich hin, den Worten seines Freundes lauschend.

Langsam gehen sie bergan. Ihr Ziel ist der „Tochtermannsberg", wo der „Brosamer" und der „Mittler-Berger-Bur" viel „Pflummenschnaps" haben.

Dort angekommen, gibt der Sau-Alise dem Bur und der Bürin Bericht, was „der Jud" die letzte Woche in „der Schneeballe" vom Viehhandel erzählt; der Gotthard singt zwischenhinein lustige Lieder, und beide trinken Schnaps dazu.

Spät am Abend wanken sie unter der Heidburg durch den Ullerst heraus dem Dorf zu. Beim Wirts-

haus will der Gotthard „dem Hansjakob" noch eines sin=
gen, aber der Jörg verbietet's ihm, weil der Anzusingende
schon zur Ruhe gegangen. Droben hinter der Lindensteig,
in der Gigergasse und hinauf bis zum „Rotbur" hört
man noch lange einsames Saitenspiel. Es ist der Gott=
hard, der seinen Gedanken noch poetischen Ausdruck gibt.

Am andern Morgen ist er aber in der Regel „tiefsin=
nig". Gegen diesen Tiefsinn, den er neben erblicher Bela=
stung gestern auf dem Tochtermannsberg geholt, hilft die
Geige nicht. Der Gotthard hat dafür ein ander Mittel.
Die ganze Woche fastet er bei Wasser und Brot und klopft
Steine dazu, und am Sonntag ist der „Tiefsinn" wieder
geschwunden. Schon mehr denn fünfzig Jahre ist der
Mann in der Gigergasse Sänger, Geigenspieler und We=
ber und schon mehr 10 Jahre Steinklopfer. Im Dorf und
auf den Bergen gilt er als ein „närrischer Kerl"; in meinen
Augen ist der Gotthard ein geniales Stück Volksseele,
das selbst die Melancholie großer Menschen besitzt. Ein
Zeichen seiner Genialität aber ist's, daß er den Hansja=
kob richtig durchschaut und beurteilt hat.

Öfters, wenn wir miteinander heimgingen oder er bei
mir auf meiner Dorfstube saß, sprach er warnend: „Aber,

daß Ihr mich nicht in so ein G'schmier ni (hinein) bringe!" Was wird er sagen jetzt, wenn er liest oder hört, daß er in meinem Gschmier steht. Er wird sagen: „Jetzt het er mi bigott do ni brocht, wia gsait, dä Weg und jä Weg!"

Seinen Bruder, den Kapitalisten Felix, haben sie am 9. Jänner 1894 begraben, der arme Gotthard aber saß im neuen Jahrhundert noch unter dem blauen Himmel neben grünen Tannenwäldern auf der Landstraße, klopfte Steine und geigte am Abend seine Melancholie fort: Wer war der Glücklichere von beiden? Ich würde es mit Felix halten.

Und wie steht's heute, 1910, da dies Buch neu erscheint? Noch neun Jahre lebte der Gotthard länger als sein Bruder Felix, und er endigte traurig. Im Jänner 1903 war sein Weib gestorben, die Walburg; das brachte ihn geistig aus Rand und Band, weil er niemand mehr um sich hatte und niemand ihm auch nur eine Suppe kochte. Vier Wochen ging's mit ihm um, und in der fünften schrieb er auf einen Zettel: „Ich weiß mir nicht mehr zu helfen. Ich muß aus dem Leben scheiden und bitte um ein ehrliches Begräbnis." Schrieb's, und dann ging er hin und erhängte sich.

Weil er allzeit als „närrischer Kerl" gegolten, wurde er am 19. Februar 1903 in Ehren beerdigt, 75 Jahre alt.

Sein Freund Alise war ihm einige Jahre im Tode vorhergegangen. Aber seine Mit=Steinklopfer, der Rain=Philipp und der Bühl=Felix leben heute noch, und der Felix klopft bei gutem Wetter immer noch Steine und tritt am Sonntag noch den Blasbalg.

Die Blechmusik aber ist auch schlafen gegangen, und seitdem der Gotthard aus dem Leben ging, der größte Musikant aller Hoffstetter Zeiten, schweigen alle — Geigen und alle Flöten. Die Frau Musika hat mit ihm das stille Dorf verlassen. —

Anmerkung: In der von uns benutzten Originalvorlage fehlten die Seiten 386 und 387; diese Seiten wurden nach Vorlage einer späteren Auflage neu gesetzt.

## HEINRICH HANSJAKOB

| | |
|---|---|
| 1837 | 19. August in Haslach im Kinzigtal geboren; Vater Bäcker und Stadtwirt (»Sonne«) |
| 1851 | Lateinunterricht beim Kaplan in Haslach |
| 1852–1859 | Gymnasium Rastatt |
| 1859 | Abitur |
| 1859–1862 | Theologie-, Philosophie- und Philologiestudium in Freiburg (Konvikt) |
| 1862–1863 | Priesterseminar St. Peter |
| 1863 | 6. August Priesterweihe |
| 1863 | November Philologisches Staatsexamen Karlsruhe |
| 1864–1865 | Lehramtspraktikant am Gymnasium Donaueschingen |
| 1865–1868 | Vorstand der Höheren Bürgerschule Waldshut |
| 1865 | Dr. phil. Tübingen |
| 1869–1884 | Pfarrer in Hagnau/Bodensee |
| 1870 | Festungshaft Rastatt |
| 1871–1881 | Badischer Landtagsabgeordneter |
| 1873 | Gefängnis Radolfzell |
| 1874 | Frankreichreise |
| 1876 | Italienreise |
| 1879 | Belgien- und Niederlandereise |
| 1884–1913 | Stadtpfarrer in St. Martin, Freiburg |
| 1892 | »Schneeballen« 1. und 2. Reihe. Erzählungen |

| | |
|---|---|
| 1894 | »Schneeballen vom Bodensee«. Erzählungen |
| 1897 | Niederschrift des Tagebuches »In der Karthause« |
| 1900 | Reise Schwarzwald, Baar, Hegau, Linzgau, Donauried, Hohenzollern, Württembergischer Schwarzwald, Kinzigtal (»Verlassene Wege«, 1902) |
| 1900 | Reise Österreich, Südböhmen, München (»Letzte Fahrten«, 1902) |
| 1901 | Niederschrift des Tagebuches »Stille Stunden« |
| 1903 | Reise durch die badische Rheinebene, Odenwald, Pfalz und ins Elsaß (»Sommerfahrten«, 1904) |
| 1904 | Reise in die Schweiz (»Alpenrosen mit Dornen«, 1905) |
| 1905 | Reise nach Alt-Bayern, donauabwärts bis Passau, am Alpenrand zurück zum Bodensee (»Sonnige Tage«, 1906) |
| 1909 | Erzählung »Aus dem Leben eines treuen Hausgenossen« |
| 1910 | Niederschrift des Tagebuches »Allerseelentage« |
| 1913 | Übersiedlung nach Haslach (Freihof) |
| 1916 | 23. Juni in Haslach verstorben und in seiner Grabkapelle in Hofstetten bei Haslach beigesetzt |

# ILLUSTRATIONEN VON CURT LIEBICH

## Die Karfunkelstadt

| | |
|---|---|
| Im Fischerbacher Tal | 15 |
| Der Gottesacker in Weiler | 45 |
| Die Karfunkelstadt | 53 |
| Die alte Ölmühle des Odilo in Welschbollenbach | 88 |
| Der Schillihof | 95 |
| Der Eckerbur und ein Schwarzwälder Uhrenhändler | 107 |
| Der Eckerburehof | 125 |

## Der Wendel auf der Schanz

| | |
|---|---|
| Das Dorf Schnellingen bei Haslach | 129 |
| Das Rößlewirtshaus auf der »Biereck« | 142 |
| Ein Bildstöckle am Weg zur Heidburg | 180 |
| Das Häuslein auf dem Helgenwasen | 190 |
| Die Schnellinger Mühle | 196 |

## Der letzte Reichsvogt

| | |
|---|---|
| Gengenbach | 199 |
| Empfang der Klosterherren im Harmersbach | 218 |
| Der »schwarze Hans«, der »lange Franz« und der »Kaste-Toni« in Zell | 248 |
| Die Bauern im Ratszimmer | 266 |
| Der Lunzenhof im Reichstal | 294 |
| Toreingang zur Porzellanfabrik in Zell | 315 |
| Die Hütte der Monika am Hermersberg | 319 |
| Der Hof des letzten Reichsvogts | 326 |
| Grenzstein Zell-Reichsthal | 332 |

## Abbildungsverzeichnis

*Der Gotthard auf dem Bühl*

| | |
|---|---:|
| Hofstetten | 336 |
| Das Gigergäßlein | 341 |
| Gotthards Hütte | 357 |
| Bauernfamilie nach dem Kirchgang in Hofstetten | 385 |
| Gotthard als Steinklopfer | 388 |

*Einband*
Schillihof (Ausschnitt)

# HEINRICH HANSJAKOB
## Tagebücher in 3 Bänden

Band 1: IN DER KARTHAUSE.
6. 6. – 31. 12. 1897. (1901)
Illustrationen von Curt Liebich
464 Seiten, Efalinleinen

Band 2: STILLE STUNDEN.
2. 1. – 31. 10. 1901. (1903)
Illustrationen von Curt Liebich
In Vorbereitung

Band 3: ALLERSEELENTAGE
28. 5. – 27. 9. 1910 (1912)
Mit Illustrationen. In Vorbereitung

Edition nach den Erstausgaben mit Illustrationen von Curt Liebich. Hrsg. und mit Nachwort u. Anmerkungen von Dr. H. Bender (Präsident d. Heinrich-Hansjakob-Gesellschaft).

Bericht und Rechenschaft, Kritik und Schilderungen kennzeichnen Hansjakobs Tagebücher. Ereignisse, Begegnungen und Charakterstudien gleichen einer großen Gesamtschau, die der Lebenserfahrene als Summe niederschrieb. In der Originalausstattung der Erstausgaben. Den Band »In der Karthause« verfaßte Hansjakob in seiner mehr als anderthalb Jahrzehnte immer wieder aufgesuchten, geliebten Dichterklause an der damaligen Stadtperipherie. Besonders aufschlußreich ist der vorangestellte Geschichtsabriß über die Freiburger Kartause. In Hansjakobs Texten sind ihm seine Leser unentwegte Gesprächspartner und Gefährten. »Memoiren haben nur Wert, wenn sie der vollen Wahrheit dienen« sagte der Autor.

WALDKIRCHER VERLAG

# HEINRICH HANSJAKOB
## Schneeballen · Erzählungen
Illustriert von Curt Liebich

*Schneeballen.* Erste Reihe: Die Karfunkelstadt. Der Wendel auf der Schanz. Der letzte Reichsvogt. Der Gotthard auf dem Bühl. Einführung von Dr. Helmut Bender. Lebens- und Werkdaten von Heinrich Hansjakob.
408 Seiten, Efalinleinen

*Schneeballen.* Zweite Reihe: Der Vogt auf Mühlstein. Der Jaköbele in der Grub. Der Eselsbeck von Hasle. Einführung von Dr. Helmut Bender.    ca. 420 Seiten, Efalinleinen

*Schneeballen vom Bodensee.* Wie ich an den See kam. Die zwei Prinzen. Mein Sakristan. Unsere Dorfschneider. Der Franzos. Einführung von Dr. Helmut Bender.
520 Seiten, Efalinleinen

Hansjakobs »Schneeballen« – abgeleitet vom Gasthaus »zu den drei Schneeballen« in Hofstetten bei Haslach i. K., allegorisch aufgefaßt als der von allen »Bällen und Ballons« am schnellsten geformte und damit auch als Aushängeschild des Schriftstellers gedacht, der anzeigt, was »der Mann feilbietet« – eröffnen sein belletristisches Werk. Die Einblicke in Land und Leute des für uns so wichtigen 19. Jahrhunderts sind enorm. Die »Schneeballen« gehören zu unserem klassischen Erzählgut vor und nach der Jahrhundertwende.

---

# HEINRICH HANSJAKOB
## Die Salpeterer
### Eine politisch-religiöse Sekte auf dem südöstlichen Schwarzwald

Reprint der Ausgabe von 1867. Mit einem Nachwort von Dr. Helmut Bender und historischen Abbildungen von St. Blasien und dem Hotzenwald.    48 Seiten, Broschur

---

## WALDKIRCHER VERLAG

# HEINRICH HANSJAKOB
## Ausgewählte Erzählungen

Herausgegeben und mit Nachwort von Dr. Helmut Bender
(Präsident der Heinrich-Hansjakob-Gesellschaft)

**Im Schwarzwald.** Die Heimat · Das Vaterhaus · Freunde und Kameraden · Wie der Schneider-Sepp zu seinem Teil Dummis kam · Vom Sterben des alten Hermesburen · Der Ristehansele und der Hansjörgle · Die Karfunkelstadt · Der heilige Leutnant · Die Leiden der Bauern im Dreißigjährigen Krieg.   Mit Illustrationen. 208 Seiten, Efalinleinen.

**Aus dem Leben eines treuen Hausgenossen.** Von Donaueschingen nach Waldshut · Erinnerung an die Jugendjahre in Rastatt · Auf dem Segelschiff über den Bodensee · Hagnau, das Seedorf im Abseits · Im Pfarrhaus von St. Martin in Freiburg · Freiburgs berühmteste Köchin kam aus dem Simonswald · »Jeder Mann hat die Frau, die er verdient« · Poesie der Frauenseele · Soziale Umwälzung.
   Mit Illustrationen. 200 Seiten, Efalinleinen

**Aus dem Leben eines Vielgeliebten.** Nachtgespräche. Es müßte kein echter und origineller Hansjakob dahinterstecken, wären nicht wirtschaftliche und soziale Elemente kunterbunt mit klugen Sentenzen in dieser originellen wie unterhaltsamen Erzählung verarbeitet.
Mit Illustrationen. 200 Seiten, Efalinleinen (In Vorbereitung)

---

# HEINRICH-HANSJAKOB-BRIEF

Mitteilungsblatt für die Mitglieder und Freunde der Heinrich-Hansjakob-Gesellschaft Freiburg. Erscheint 6 mal jährlich mit Informationen, Berichten und Ergebnissen zur Hansjakob-Forschung. Anfragen an die Geschäftsstelle:

Weidweg 11, 7800 Freiburg im Breisgau

---

WALDKIRCHER VERLAG

# HEINRICH HANSJAKOB
Reiseerinnerungen in 5 Bänden

Band 1: VERLASSENE WEGE (456 Seiten)
Band 2: LETZTE FAHRTEN (460 Seiten)
Band 3: SOMMERFAHRTEN (600 Seiten)
Band 4: ALPENROSEN MIT DORNEN (624 S.)
Band 5: SONNIGE TAGE (672 Seiten)

Ausgabe in der Originalausstattung mit Illustrationen von Curt Liebich und mit Nachwort und Anmerkungen von Dr. Helmut Bender (Präsident der Heinrich-Hansjakob-Gesellschaft).

Geschenkausgabe in Schuber

# HEINRICH HANSJAKOB
Leben, Werk, Zeitgenossen

1. Band: *Hansjakob – Leben, Wirken und Werk*
   148 Seiten (Badische Reihe 16)
2. Band: *Hansjakob und Freiburg*
   96 Seiten (Badische Reihe 17)
3. Band: *Hansjakob und seine Zeit*
   160 Seiten (Badische Reihe 18)

»Zu den bemerkenswerten Phänomenen im Land gehört das Wiedererstarken des Regionalismus, das seit einigen Jahren zu beobachten ist. Dabei fällt auf, daß die badische Traditionspflege intensiver betrieben wird als früher und andererseits im Württembergischen keine vergleichbaren Akzente gesetzt werden. Vor diesem Hintergrund ist auch die Hansjakob-Renaissance im Badischen zu sehen, die mit den vorliegenden Büchern von Helmut Bender einen kleinen Gipfel erlebt«. (Staatsanzeiger)

WALDKIRCHER VERLAG

HELMUT BENDER

## Hansjakob · Leben, Wirken und Werk

Mit einem Wiederabdruck der »Salpeterer« und einem Beitrag »Hansjakob und die Frauen« von Elisabeth Bender. Zeitgenössische Illustrationen. Aus dem Inhalt: Mein Verhältnis zu Hansjakob; Literarische Gattungen; Der Erzähler Hansjakob; Hansjakobs Reisen; Aus Hansjakobs »kranken Tagen«; Hansjakob-Widmungen; Literatur über Hansjakob; »Es leben unsere Volkstrachten!«; Hansjakob-Erstausgaben.    Badische Reihe 16 · 148 Seiten, Efalinleinen

---

HELMUT BENDER

## Hansjakob und Freiburg

Mit Holzstichen um 1885

Mehr als ein Drittel seines Lebens hat Hansjakob in Freiburg verbracht. Des Pfarrherrn, Politikers und Volksschriftstellers Lebensweg nachzuspüren, fasziniert und ergibt ein originelles Bild der Zeit um die Jahrhundertwende.

Badische Reihe 17 · 96 Seiten, Broschur

---

## Hansjakob und seine Zeit

Vielfältige Interessen, profunde Kompetenz und individuelle Charaktereigenschaften machen die Faszination aus, die der Schwarzwald-Schriftsteller und sein Werk gerade im Blick auf Gesellschaft, Kultur und Umwelt auf die heutige Zeit ausüben.

Zum 150. Geburtstag herausgegeben von der Hansjakob-Gesellschaft. Mit Texten von Helmut Bender, Heinrich Lehmann, Franz Nadler, Hermann Rambach, Waltraud Remusch und mit vielen Abbildungen.

Badische Reihe 18 · 168 Seiten, Efalinleinen

---

WALDKIRCHER VERLAG

# ALEMANNISCHE GEDICHTE
## von Hebel bis heute

Heiteres und Besinnliches, 94 Autoren aus dem Badischen, gesammelt von Hubert Baum, Karl Kurrus und Heinrich Lehmann. Mit einer Betrachtung von Jacob Steiner: »Zu Johann Peter Hebel.« Gedichte von J. P. Hebel, A. Siebold, H. Albrecht, R. Reitzel, A. Würtenberger, O. H. Raupp, A. Ludwig, E. Gött, K. Berner, R. Schlott, A. Ganter, H. E. Kromer, H. v. d. Elz, J. Thoma, P. Körber, H. Burte, I. Guldenschuh, H. Vortisch, F. Hasenfratz, L. Kromer, I. Preusch-Müller, H. Salm, K. Sättele, P. Sättele, D. Lutz, M. Vogel, F. Brossmer, R. Nutzinger, M. Hagmeier-Meier, E. J. Preusch, E. Niefenthaler, J. Albicker, H. Landerer, E. Walter, W. Füßlin, J. A. Bueb, G. Schafbuch, F. Träris, H. Matt-Willmatt, R. Gäng, P. Hollenweger, K. E. Wiemann, O. Reinacher, K. Zimmermann, M. Rieple, F. Wolfsberger, F. A. Hugenschmidt, M. Gerner-Beuerle, M. Flury-Lieb, E. Falk-Breitenbach, H. Zapf, E. A. Huber, A. Spitz, H. Baum, L. Meier-Küchlin, H. Hauser, A. Burger, G. Albrecht, E. Müller-Ettikon, F. Guggelmeier, K. Kurrus, M. Maier, H. Reiff, P. Brucker, G. F. Weber-Benzig, R. Vallendor, G. Jung, W. Fröhlich, M. Marquard, H. Flügel, W. Richter, P. Nunnenmacher, B. Epple, H. Brunner, R. Süß, L. Meier, T. Burth, W. Miessmer, W. Ohm, W. Scheurer, M. Schreiber-Loch, K. D. Reichert, M. Bosch, H. G. Huber, W. Wurth, R. Kroell, M. M. Jung, U. Führe, G. Wagner, J. Kaiser, J. Wetzel, M. Schneider, M. Kaiser, R. Ketterer. Mit einem Nachwort von Helmut Bender. Mit 11 Illustrationen. Badische Reihe 21, 144 Seiten. Efalinleinen

# BADISCHE SAGEN

Nach alten Aufzeichnungen und Sammlungen erzählt von Otto Fritz. Mit einem Essay »Gibt es Badische Sagen?« von Willi Thoma. Zeichnungen von L. Rohrer. Herausgegeben von Helmut Bender. Badische Reihe 20, 160 S. Efalinleinen

## WALDKIRCHER VERLAG

CIP-Titelaufnahme der Deutschen Bibliothek

*Hansjakob, Heinrich:*
Schneeballen / Heinrich Hansjakob. - [Nachdr.]. - Waldkirch :
Waldkircher Verl.
[Nachdr.]
Reihe 1. Erzählungen / Ill. von Curt Liebich. - [Nachdr.] d.
Ausg. Stuttgart, Bonz, 1911 / neu hrsg. u. mit e. Einf. von
Helmut Bender. - 1990
ISBN 3-87885-216-9

Heinrich Hansjakob
SCHNEEBALLEN · ERZÄHLUNGEN
Erste Reihe
Mit einer Einführung von Helmut Bender
Waldkircher Verlagsgesellschaft, 7808 Waldkirch
Printed in Germany 1990
ISBN 3-87 885-216-9